Les
mythologies
modernes

现代神话修辞术

孔德罡 著

漓江出版社·桂林

目录

作者按

1954—1956年，罗兰·巴特（Roland Barthes）在《新文艺》（*Les Lettres nouvelles*）杂志上开设“小神话学”（Petite Mythologies）专栏，后结集为《神话修辞术》出版，以索绪尔（Ferdinand de Saussure）的符号意指系统作为武器，试图对丰富驳杂的大众文化的语言做意识形态批评，深入揭露资产阶级创造的“文化神话”背后所隐藏的意识形态运作机制与大众文化迷思，破除其“普遍自然”的伪装面纱。

21世纪的现代，也如巴特1957年的回忆，“主要敌人（资产阶级的规范）依然留存下来”，光怪陆离的文化诸领域中仍旧涌现出无数的“今日神话”。笔者于2019年开始在“澎湃新闻·思想市场”板块开设“现代神话学”专栏，向罗兰·巴特致敬，从社会时事、文化思潮、文化产业、音乐、戏剧、影视综艺、电子游戏、青年亚文化圈层等领域中的热门现象着手，探索并揭露活跃在当代文化场域上众多“神话”背后持存的符号操演机制，在自然与历史的永恒缠结中，捕捉时代的面庞与意识形态的留存幻象。

本书精选2019—2021年来31篇“现代神话学”专栏文章，从后真相时代的东方学到非人类中心的赛博格女性主义，从“996”“蒸汽波”等网络文化思潮到周杰伦、孟京辉、超级英雄、开放世界游戏等“当代神话”，从乐队、狼人杀、偶像选秀、脱口秀的“综艺化”到《极乐迪斯科》背后的文化复兴，从抖音、快手到青年亚文化圈层……当今的“文化神话”不仅仅是资产阶级将“历史的”遮掩为“自然的”这一符号学制造机制，同时也是任何一个阶层文化话语权的创造与登堂入室。

在一个人人都有发言权利、人人都是艺术家的扁平化时代，“神话”更加容易产生，也更加速朽而浅薄；随着科技的发展，时代浪潮背后不变的符号意指逻辑不仅没有被击溃，反而进一步自我提升，依靠“异化”“拟真”“赛博格”等符号幻想，指向后人类性质对真实和虚假界限的模糊。

对于罗兰·巴特所留下的批判路线来说，21世纪的当代既拥有素材无限丰富的幸运，也是批判与破坏回归重构和恋物的起点——现代的神话修辞术，意味着现代神话对其运转机制的被揭露已经无所畏惧，意味着“Z世代”的人类逐渐显山露水，开始构建全新的赛博时代秩序：幻象在当代未尝不是一种现实。

序言

骆冬青

我以为，诗之至极，乃自由体；文之极至，是笔所未到气已吞意已至的随心所欲，灵气往来，超然意表！法国思想家中，我以为，入此境界者颇多。如帕斯卡尔，如狄德罗，如卢梭，如柏格森。如萨特，福柯，列维纳斯，甚至德里达。

罗兰·巴特也厕身其间。他的书和文章，有少数是高头讲章，有少数是庄严理论。但他最诱人的，却是自由体的神思荡漾。或是随笔，或是短章、断章的集合，或是寄生在别的文体中变形的情思综合体。总是随机而变，变变变，却是超级的变变变。出人意料的，不仅是文章，更是金圣叹所谓“因文生事”而生出的种种理论晶体——符号学、叙事学，结构主义以及解构主义的苗头。未必能结为崇山峻岭式的建筑，有的似乎已过气，却以其各自的硬度，掷地铮铮，有金石声，也有琳琅作响的其他声韵。最短的恐怕是《符号帝国》，在日本的浮光掠影中，却以刀锋般眼光切中了一些东西。一击而中，或一击而不中，那这一刀亦必潇洒而快意。中与不中间，见出巴特之思维与性情。

远方，远古，最能激发情思！远古“神话”，乃无中生有，有中生有，有中生无……“神话学”，则可能是有中生有，有中生无。巴特之“神话学”，所面对的非远古神性时代之叙述，而是现代社会之幻象。只是此种幻象，已成现代“意识”之“形态”，故其“讲述”技巧与规程，具有的特别重要性，唯若干会心者方可得之。我想，罗兰·巴特“有中生有”的论述固然可贵，即以现有的某种理论，刺透现实的幻象，揭示“合法的偏见”“真实的谎言”，令人陡然一惊，冷汗涔涔。尤可珍异者，乃是“有中生无”，由对象中忽然生发灵思，凌空起舞，感受离地而为思绪，幽眇者化为玄思凝结。这种拔着自己头发离开地球的神技奇能，古来大天才，有老庄慧能李白等少数人，西方有柏拉图康德爱因斯坦等，皆得神助，其才如海！但巴特亦得神的“半滴”！“半”在凝结的理论，“半”在“如梦幻泡影，如露亦如电”的美感。自然，亦有许多夭折在“中途”的“着意”中。“说似一物即不中”，此种灵悟式写作，妙在随心所发，死在“仁者心动”之“着意”。所以，巴特之“中性”，或者在此“中途”之“半”性？

孔德罡向巴特“致敬”之“现代神话修辞术”，所指“现代”，其实相当复杂：前现代、后现代，均交合浑融，分拆不开。所谓"神话"，其产生情境迥异巴特，机制尤其不同。其中种类，亦涵茹许多巴特未曾梦见者。但无论如何，"你是电，你是光 / 你是唯一的神话 / 我只爱你 / You are my super star / 你主宰，我崇拜 / 没有更好的办法 / 只能爱你 / You are my super star"。还是"神话"解析的重要内容。浸淫罗兰·巴特多年，且有颇为丰富的戏剧实践，孔德罡在书写自己时代的"神话学"时，心里装着的理论应是远多于罗兰·巴特，对文艺的敏感或许未必，但也未可自感不如。所以，孔德罡之文本，显然具有罗兰·巴特的某些品质和格调，书写时的自由纵恣，解析时的敏锐独至，似得其神。只是在"有中生无"上，尚有未逮——借助的理论资源早已"后罗兰·巴特"，使得解说显得游刃有余，但自己"发明"的思想乃至理论，犹在"半"途。所以，德罡乃"后罗兰·巴特"的"半"罗兰·巴特。

就此书而言，"半"即"中"也。儒家言，"中也者，天下之大本也""喜怒哀乐之未发，谓之中"。我想，罗兰·巴特恐怕不会同意。我们曾经举办过一个国际学术研讨会，会上，华裔法国学者韦遨宇，谈到罗兰·巴特强调基因文本（géno-texte）与所有其他文本之间的必然联系，并且从乔姆斯基的转换生成语法解释基因文本的复杂转化与流变。会上，韦遨宇教授特别重视罗兰·巴特去世前定义"intersubjective"（主体间性）曰：他人在我的头脑里思考，而我也在他人的头脑中思考，这才是真正的思想。

孔德罡此书，既是罗兰·巴特文本的“intertextualite”（互文性），必然也是（我们所有人均是）“intersubjectivite”。不过，罗兰·巴特强调的基因文本，必是根源、本原性的。思想理论，尤其是突破性的基因文本的产生，乃“唯一的神话”。“现代神话修辞术”在观照“现代神话”的同时，是否亦需进入创造“现代神话”的基因文本之中，或者进一步追根溯源到……直至某种新思想的产生？

那就是学术上创造基因文本的“SUPER STAR”（超级巨星）的诞生。但愿星斗满天。但愿德罡成为其中一枚。

I
“牛排与油炸土豆”：今日社会神话

吃带血牛排，既再现了一种自然状态，又代表了一种道德观……它将自身特具的民族光辉传递给后者，油炸土豆与牛排一样，也蕴含怀乡与爱国的特性。

——罗兰·巴特《牛排与油炸土豆》，屠友祥译

我在理发店里，店员给我一期《巴黎竞赛报》。封面上，一位穿着法国军服的黑人青年在行军礼，双眼仰视，显然在凝视起伏的三色旗。这是这幅图片的意思。但不管是否自然流露，我都领会到了它向我传达的涵义：法国是一个伟大的帝国，她所有的儿子，不分肤色，都在旗帜下尽忠尽责，这位黑人为所谓的压迫者服务的热忱，是对所谓的殖民主义的诽谤者最好的回答。

——罗兰·巴特《作为符号学系统的神话》，屠友祥译

弹钢琴的快递员和过劳的年轻人：从工人文化宫到“水晶宫”

刊发于2021年1月15日

根据某平台的官方声明，在其知乎官方账号发布那则引发广泛关注的评论的是一名品牌营销合作公司的员工[1]。从他发现切错账号到慌忙删除不到30秒，很难想象公司可以在这么短的时间内就给出命令；所以是他自己，一个对时代发展和个人奋斗过于骄傲的信仰者，大胆地对时代进行着喃喃自语的概括，但同时也明晰这样的话语不能够被公开说出。这究竟是何种奇异而双生的心理状态?

这似乎已经是当代中文互联网一个值得关注的普遍性心理矛盾现象：随着国际社会各种“典范”的丧失和价值的破碎，青年人

1　2020年12月9日，某平台员工在加班过程中猝死，引起网友对于“大厂996”工作制的讨论。6日后，该平台在其知乎官方账号发布“回应”，旋即删除，引起强烈反响。

逐渐培养起了对于宏大叙事范畴上“国家”未来的强大自信；与此同时，他们对私人生活和个体概念上的“自我”未来却报以前所未有的疑虑。“内卷”“996”“过劳死”等话语形式，似乎并不能被归结为某种被抛弃的政治话语的复活，因为它们是面向新时代潮流的全新存在。若我们如瓦尔特·本雅明（Walter Benjamin）在《历史哲学论纲》表现出的那样悲观的话，我们就还是要回到人类曾经经历过的历史时期去寻求一种循环；当无数人开始想起恩格斯描绘的曼彻斯特纺纱女工、“资本家”这一语汇再次回到当代中文语境之中时，1837 — 1901年的英国“维多利亚时代”中某些本质性的历史逻辑便仿佛正在重演。

实际上，在这样的时代建构里，最能够发出声响的，恰是广大中产阶层的自反性的焦虑。在近期有关“内卷”的讨论中，一条以家长角度的记述集中反映了中产对教育、阶层和文化的核心焦虑——一名对孩子钢琴考级殚精竭虑的家长，在一次意外看到外卖送餐员演奏钢琴之后，表达出相当程度的绝望并让孩子放弃学琴。这背后其实是一种不可以明说的、非常“政治不正确”的逻辑——如果学钢琴那么辛苦最后也只能当外卖员，那么还学它做什么？然而在中产阶层对教育和“内卷”的焦虑情绪之下，原本攻击性极强的“阶层自我保护”被模糊了，反之则好像遭遇到了一场实用主义的“解构”：钢琴作为“高级”“精英文化”的代称，被证明对改变人生、实现“阶层跨越”毫无用处——此时，阶层的分化终于来到了文化的范畴，我们最终讨论的问题变成“为了温饱生活辛苦奔波的大众还有没有必要和精力接触和掌握‘高雅文化’”。

这可能才是这个时代最“维多利亚”的部分：在网络信息化如此昌明的21世纪，人们反而开始接受掌握实际权力的人，用文化和文明的崇高性进一步把控话语的权力；在这样的情况下，高声批判大众不觉醒有用吗？19世纪那些失去土地、每日在煤炭工厂徘徊在死亡边缘的英国农民后裔，与现在高楼大厦里拼求福报的大众，他们根本都没有做错什么。

工人文化宫：文化跨越阶级的尝试与废墟

其实，从历史演化角度来看，“为了温饱生活辛苦奔波的大众还有没有必要和精力接触和掌握‘高雅文化’”的问题，正是以19世纪维多利亚时代为代表的“贵族文化霸权”被批判的立场本身。20世纪初，无论是无产阶级革命者们，还是脱胎自中产阶级的社会反抗者们，都曾旗帜鲜明地表达过对掌握政治和资本权力的阶级同时也握有“高雅文化”话语权的极度不满。且不提20世纪上半叶轰轰烈烈的抽象艺术、达达主义、超现实主义创作对于既有艺术规则反抗背后的情感动机，单看意大利未来主义者马里内蒂（Filippo Tommaso Marinetti）在《未来主义宣言》中的呼告，就存在着摧毁"高雅文化"、创建全新文化的原始诉求：

> 我们要摧毁一切博物馆、图书馆和科学院，向道德主义、实用主义以及一切卑鄙的机会主义的思想开战。我们歌颂声势浩大的劳动人群、娱乐的人群或造反的人群；歌颂夜晚灯火辉煌的船坞和热气腾腾的建筑工地；歌颂在贪婪吞进冒烟的长蛇的火车站；歌颂用缕缕青烟作绳索攀上白云的工厂……

十月革命的过程中，也出现了如《未来主义宣言》中所提到的摧毁沙俄建造的博物馆、毁坏艺术品和宫殿陈设的行为，革命诗人马雅可夫斯基也歌颂过其中一些事例，一直到这一行为被列宁等人禁止。固然，抢夺"资产阶级对文化的解释权"是革命的重要任务，但列宁等人认为，这一行为首先还是要建立在文化和艺术作为全人类普遍价值的基础之上的。因此，在苏联和后来深受苏联影响的社会主义国家体制建设中，"工人文化宫"先验性地成为了试图解决"高雅艺术"与"普罗大众"之间疏离和矛盾的建构手段。“工人文化宫”在全国各地的建立和其在20世纪80、90年代的逐渐消亡，也成为解读时代文化潮流的重要景观。

在后来一切以阶级而论的经典苏联式社会主义思想建构里，“工人文化宫”反其道而行之，代表一种超越阶级可能性的反映——资产阶级和“贵族老爷”们喜爱的文化娱乐活动本身是无辜的，艺术和文化没有阶级性，是全人类的美好精神作品，它们理应属于普罗大众，只是长久被掌权者把控和垄断，掌握了创作与解释的话语权。因此，建立工人随时可以进入的“工人文化宫”，让他们无需因为金钱的窘迫、华丽场馆氛围带来的“精神压迫”，以及社会眼光伴随的压力望而却步，轻松欣赏到歌剧、芭蕾、话剧、当代美术等曾经被资产阶级统治者所垄断的“高雅艺术”，这是建构马克思所说的“人的全面自由发展”的必然诉求。在马克思期待的理想状态里，人可以上午去读书，下午去打鱼；那么在“工人文化宫”从属的社会主义结构逻辑里，工人们每天八小时工作完成后，当然会有晚上来到“工人文化宫”进行娱乐和审美活动的需求。在这样的结构中，娱乐游戏、体育运动和艺术审美都是平等的，“工人文化宫”与体育馆和“工人之家”地位齐平，负责的是艺术审美的范畴，承载的是普罗大众对曾经的“高雅艺术”获取的可能性。

现在看来，绝大多数苏联式社会主义体系的建构都带有鲜明的理想主义色彩，而这份先验的（来自马克思著作）、由具有良好文化素养的列宁等领导人自上而下建立起的理想主义，很快就在两个维度的考验中暴露出弱点。从外部因素上来看，自斯大林掌权之后，苏联对“文化普适性”的理解开始出现转变，文化作为人精神和意识形态的产物，也必然被赋予足够的阶级性，这就使得“工人文化宫”不能只呈现昔日“贵族老爷们”所热衷的文化艺术，建立“无产阶级艺术”的呼声取代了“文化跨越阶级”的初衷。于是，“工人文化宫”的作用开始被窄化，因为创作和宣传“无产阶级艺术”的功用，要远比让工人接触和欣赏没有意识形态宣传积极作用的“资产阶级高雅艺术”来得重要。这也是为什么老一代人对“工人文化宫”的记忆，往往都是集体观看主旋律电影，而所谓的“高雅艺术”则通常对应国有主流院团的常规演出，其背后的根本逻辑是对文化无阶级观念的反对和改造。

作为一种文化跨越阶级的理想主义产物，“工人文化宫”的衰亡，本质上还是源自它所面向对象的文化品位根深蒂固——以“维多利亚时代”为代表的长久阶级性文化统治，早已经将所谓的“高雅艺术”构建为不历经足够的学习门槛和学习时间就难以被欣赏的艺术，距离普罗大众能够轻易理解并喜爱的“流行文化”距离遥远。以苏联早期的实践来看，在沙俄时期流行一时的歌剧和戏剧仅能因为大众的“好奇”得到暂时满足的观众，而真正在“工人文化宫”绽放异彩的，还是苏联本土的电影、本土的音乐和戏剧创作，以及早已内化入俄罗斯文化的芭蕾。

某种意义上，“无产阶级文化”的概念和“文化跨越阶级”的期待，与大众的文化品位和文化选择无法脱离关系，“人民群众喜欢，你不喜欢，你算老几”成为一种功利主义的大众文化武器——就像那位最后让孩子放弃学琴的家长，很显然，他对钢琴的执念绝非对音乐艺术的本质热爱；如果他能够自由地选择艺术和娱乐方式，钢琴一定不在他的选择范围内。本质上，这又是我们无数次探讨却也无数次暴露出来的关于“艺术与大众”的问题：创作者必须接受严肃的艺术创作与受众数量必然成反比的现实，长久如此。而今，“工人文化宫”所代表的“文化跨越阶级”的理想主义尝试只剩下各地其作为地名和交通站名留存的废墟。

“为了温饱生活辛苦奔波的大众还有没有必要和精力接触和掌握‘高雅文化’”这个问题，兜兜转转似乎回到了原点。经历了来自社会主义理想的建构之后，我们的进步在于看到了这一问题的根本立场冲突：这种矛盾的存在是人所固有的、永恒不变的，还是因为历史和阶级原因所导致的、可以被长久的努力所改善的？

我们必须诉诸某些力量来对抗对于个体、文化和文明长久持续的蚕食和异化。

无尽的“凡尔赛”：文化话语权的精神掌控性

人性论者可以提出，食色性也，人类本质对精神消遣的诉求，是不可能“高雅”的。类似毕赣《地球最后的夜晚》所引发的接受风波中，最值得注意的，其实是年轻一代暴露出的颇为“民粹”，却又被中产阶层品位美化、包裹的诉求：“我们每天工作已经很累了，怎么好不容易看个电影会看不懂，还要被创作者和看懂的人嘲讽？”就这样，在大众诉求与商业逻辑的相互媾和之下，中产阶层和资产阶级甚至可以用普罗大众的逻辑来维护自己的品位，从而彻底抢夺文化创作的话语权。这一割裂在如今的中国电影市场颇为明显——注重电影作者性和艺术性的观众，会认为中国电影相比于曾摘取金棕榈的上世纪90年代大幅度倒退，而在市场大获成功的电影却在艺术上乏善可陈；但与此同时，大数据调查下的电影业界和普罗大众却一致认为当今观众的品位和要求越来越高，商业电影对于制作水准的要求也一直在提升，这就是说，真正的“好电影”绝不会在票房上被埋没。

实际上，两种观点都有道理，而且这样的分析反而有益于我们破除“普罗大众的品位根植于不变的人性”的观点：既然随着中国电影市场的发展壮大，观众对商业电影的品位和要求开始提升，这就说明普罗大众的文化品位是可以被改善的，只是改变必然受到社会情况和时间的限制。那么，这些限制的根源从何而来呢？说得更加直接一些，当所谓“精英人士”痛陈当代文化的堕落，大众沉迷抖音和刺激性娱乐，而不再进行严肃和深刻的阅读和艺术体验的时候，难道我们应该仅仅满足于大声疾呼，满足于自我感觉良好地诉诸批判，以“众人皆醉我独醒”的姿态唤醒这些“醉生梦死”的大众吗？每天挣扎求生，只是在空余时间期待一点娱乐的大众又做错了什么呢？不，我们必须破除这种“来自不变的人性”的麻醉式人性论，真正将眼光投入到事情发生的根源——限制大众体验变得更加严肃的艺术创作的根源在哪里？如果说是因为大众的品位和选择，那么这些品位和选择，难道不应该是某些因素所造成的吗？

一大基本元素当然是时间：当基本的八小时工作制被加班、奖金和各种劳动压榨方式进行扭曲之后，哪怕“工人文化宫”还存在，工人们也很难抽出时间前去。他们的娱乐和精神消遣时间被缩减、被碎片化，无暇体验耗时较长的文化娱乐活动，也没有时间学习专业之外的文化审美知识，于是就自然需要更加直接、短平快的刺激，短视频流媒体的发展正是顺应这样的时代变化；与此同时，当代以互联网企业为代表的工作方式也具有其新时代的特点——它并不“枯燥”，不再是传统意义上平庸而无趣的“流水线”工作——大量这样的工作已经逐渐被机器和AI所取代，现代意义上的“工人”、互联网企业员工，往往在超出正常工作时间范围的时间段中，不断进行着沟通管理、人际交流、发现问题以及用创意和经验解决问题的多流程、多线性工作，而这样的工作对人精神的“占据”是极为可观的。如果说曾经的流水线工人可以分出“二心”用于思考和阅读，寻找大脑的“第二工作”以避免自己的异化，那么如今大多数高强度的工作不仅无法分出二心，而且到了哪怕分出多心都不一定能够完成的地步。对于如今一二线城市的很多上班族来说，下班回家就躺下、大脑直接放空已经是普遍现象。

如此耗费精神空间的工作性质，还必然需要更强大的精神调动。当代互联网企业采取的是“双管齐下”，即在薪水上给予优待（相对有限）的同时，在员工的思想教育上致以全力，以期掌握员工个人思考的评判权和对文化审美的话语权。不仅是互联网公司，近乎所有当代企业都将企业创始人的思想和经历，制作成整个公司所有员工都必须研究学习的教材。也就是说，一名普通工人在高强度、长时间的工作之下，唯一能够接收到、也是唯一容易理解的精神思想内容，可能就是“奋斗梦”式的企业文化。回到文章最初提到的某平台员工知乎发言事件，那些他骄傲写出的言论，很难说没有受到企业文化教育的影响；他彼时在精神上的强大和充实，其实让很多人望尘莫及。因而，他不到30秒后的自我删除就更值得玩味：这究竟是他思想中反对一面的体现，还是对公司可能的负面处理以及社会舆论必然带来的风暴的惧怕？在他的脑海里，会不会有一个瞬间，因“奋斗理想”而狂热地在认为自己正在抵抗整个世界呢？

这样的表述或许也可以用来描绘每一个冲进美国国会山、充满热忱和激情，甚至可说是纯粹的特朗普信仰者。批判他们的愚昧无知已是左翼的陈词滥调，可如果仅仅是这样，他们将永远无法明白为什么特朗普能拥有7000万支持者，也无法明白为什么美国的华人群体中始终有一群坚持写作虚假新闻并生活其中，进而以此来与整个美国进行战斗的“华人川粉”——他们的精神世界空虚而贫瘠，因此才会出现如此极端的群体极化。究竟是什么让这些本质不坏甚至善良的老兵、街头巷尾的助人为乐者、普通的农民和工人，成为占领国会山的“暴徒”？从某种层面而言，正是因为整个社会的掌权者不仅仅满足于掌握资本和公权力，还想要占据精神文化的话语权，因此他们试图垄断严肃的创作和艺术，让大众理解、学习和体验的成本无限制提高，确保大众只能接受简单易懂的普及性知识和追求刺激的流行文化，最终用情绪性的“个人形象”的卡里斯马（charisma）来构建一种精神上无可争辩的“权威”。如果分析“川粉”热衷阅读和分享的文章，尤其是华人川粉仿照新闻格式写作的中文信息，我们会发现，除了通俗易懂、斗争目标明确之外，这些内容往往都诉诸一种“权威”：在编造特朗普将要获胜的消息时，往往都伴随有类似大法院法官、FBI、商业巨亨、政界人士的背书，仿佛他们是独立于美国之外“从天而降”的客观的第三方力量，他们将帮助特朗普“战胜”民主党……

吉尔·德勒兹（Gilles Deleuze）[2]指出，资本主义尤其擅长学习和不断增殖。他们逐渐开始学习利用人的精神世界，仿佛一种升级版“维多利亚时代”的贵族辉煌，仿佛一幅永恒静止的赛博朋克图景。

“建造水晶宫”：时代的奇幻转向和拟像的反抗

1851年的伦敦世界博览会上，以钢铁和玻璃所建成的巨大建筑奇观“水晶宫”屹立在海德公园。这被认为是维多利亚时代傲视世界的奇迹，开幕当天竟有50万人争相涌入这一建筑，感知工业文明的无上辉煌。而此时恰好是席卷欧洲的工人革命逐渐走向失败的低潮期，马克思正躲在伦敦苏活区[3]，生活窘迫，显然无暇去体验水晶宫的壮丽；恩格斯则在曼彻斯特的纺织工厂考察着工人

2　法国哲学家，后现代主义主要代表人物之一。

3　英语：Soho。位于英国伦敦西部西敏市境内的一个区域。

们的生存状况。水晶宫里当然陈列了英国为之自豪的工业纺织品，但这个国家的辉煌与水晶宫的壮美，显然与挣扎在死亡线上的工人们没什么关系。

同样值得注意的，是这个时代在艺术上的相对平庸——它拥有精致华丽的美学风潮，拥有实用主义挂帅的科技发展，却仅剩狄更斯和福尔摩斯传奇作为文化上的代表。大众文化和中产阶级审美第一次如此深刻而彻底地影响了一个时代——夫人小姐们每天拿着连载小说与朗诵诗歌的过去已不复存在，铅字印刷的报纸将成就一切艺术家和创作者面向大众的声名。

那么，作为创作者、批评者和评论者的当代艺术家们，或许能在“维多利亚时代”的重演中寻找到一条更好的道路——不是整日沉迷于道德观念和禁欲神话，仅仅宣扬中产阶级审美与商业逻辑达成的合作，而是更加抓住当代流行文化中对奇幻、科幻、创造世界性作品的强烈热衷，抓住人们对于逃离到一个新世界的根本诉求。

综艺节目、古风电视剧、电子游戏，短视频……从被认为贫乏苍白的当代流行大众文化景观中，可以看到人们从未像现在这般对“世界观”和“设定”（人设）如此热忱。人们对于流行文化体系的诉求已经不再是简简单单的“好故事”，而是一个“好世界”，让他们通过电子媒介能够沉浸式地投入其中，达成一定程度上对现实的逃避。这恰好是任何严肃的艺术创作者最好的机遇之一。

“清醒”的批判者尽可以说这个时代的大众庸俗无聊，但这并不妨碍大众能够将《权力的游戏》中的维斯特洛大陆地图牢记于心，不妨碍他们对周杰伦的每一句歌词都如数家珍，也不妨碍他们对《GTA5》或者《赛博朋克2077》里巨型城市的每一寸土地都充满感情。这些东西固然都是鲍德里亚（Jean Baudrillard）[4]所谓的“拟像”，但“拟像”对人类的感官而言与真实世界一样是切实存在的。只要存在大众能够遨游畅想的精神世界，那么任何创作者都应该抓住良机。我们甚至更应该警惕那些不顾大众因受到难以抵御的限制和异化而导致精神贫瘠的现实，一味呼唤“警觉”的声音——这些声音未曾抓住这个时代不可逆转、但却又存在救赎的本质。后现代所展现的破碎、迷乱、颠覆、破坏、冒犯和挣扎，是人们贫瘠到近乎毁灭的精神世界中最华美、最直观的写照。如果有人厌恶这种破坏性和非建构性，他们应该要做的是将矛头指向造成这一切的力量，指向真正能够建构精神世界的当代世界性艺术，而非对大众展现出一番高傲的优越感，以前现代的套话对后现代的存在大放厥词：

---

4 法国哲学家、社会学家，是当代欧洲最负盛名的后现代理论学者。他认为在符号主宰的时代中，仿真取代了现实的真实，这一过程加速了从现代生产到后现代拟像社会的发生。

这样的“清醒”，在这个复杂的时代，是廉价的。

这篇文章的起因，是我在看到那则知乎账号的发言后，立刻想到了《刺客信条：枭雄》。这是一部很当代的娱乐作品，一部以开放世界的形式、完美呈现“维多利亚时代”的电子游戏，它似乎是这个时代文化庸俗的罪魁祸首，但请看一下游戏里这首叫做《地下》(*Underground*)的插曲。歌中唱道：

伦敦乃是被死尸之肉喂养
他们就在城市一英寸下埋葬
那些小声喃喃着梦想只会毒害我们的人
那些四处鼓吹进步却把我们扔进救济院的人
那些为更好的事物而奋斗的人
那些被教导该如何生活的人
都静了，泥巴将他们的嘴统统堵上
他们躺在烂衣里，再不出声响
都埋葬
都埋葬
任他们被埋葬

前赛博世代的“蒸汽波”未来挽歌

刊发于2019年12月19日

当朴树《New Boy》中的那句“轻松一下，Windows 98”通过《乐队的夏天》再度传唱的时候，当网易云音乐的首页一时间被歌名文字之间打着空格的“蒸汽波”（Vaporwave）所占领时，很多人仿佛一夜间发现自己年华老去——自觉尚在青春年少的当口，却突然意识到童年经历已然成为“复古潮流”的一部分。

站在青年和中年的交界、刚刚开始成为社会主导力量的85-95一代，可以被概括为亲身体验中文互联网从无到有的“前赛博世代”，与出生即被数字化的“赛博世代”相区分。提及朴树这首当初曾经是微软Windows 98操作系统广告歌曲的《New Boy》（更有趣的是，几年后朴树还有一首为微软Windows XP操作系统而作的广告歌叫《冲出你的窗口》），则是为了寻找某个看似自我矛盾的错位语汇背后的潜在现象——在中文语境下独特的中式“未来复古主义”（Retrofuturism）。

既是“未来”，又何成挽歌？因为它从未发生，却又被前赛博世代深信不疑，笃定为实体的存在。它起势猛烈，席卷全局，仿佛驾驶历史的车轮；却又恍然消亡，死得悄无声息，以至于在人心里从未死去，随时苏醒。它是大方向无误，却在执行细节和实际形式上南辕北辙的幻梦，它是十年不到就宣告结束的涟漪和浪花。

什么是“蒸汽波”？

狭义上的“蒸汽波”仅是一种电子音乐风格，且历史极为短暂，至今不到十年。北美电子音乐人Macintosh Plus（艺名）2011年发行的专辑《フローラルの専門店》（*Floral Shoppe*，鲜花专卖店）被认为是“蒸汽波”音乐的鼻祖，从音乐风格到视觉艺术的呈现都奠定了后来“蒸汽波”的基本结构。从音乐创作上来说，“蒸汽波”是一种“拿来主义”的电子舞曲制作形式：采样多年前的欧美、日本流行歌曲（多为日本80年代CITY-POP）的片段，加入大量如放慢、倒带、刻意做旧、反复循环、增添现代音效、扩大音场和回声等后期手法，指向两个明确的听觉感受：强烈的时空错置感所带来的拼贴、碎片和失真的迷幻氛围，以及如“蒸汽”般迷离升腾而又肆意蔓延的颓废、迷惘、空虚和无意义。

以专辑《フローラルの專門店》中被称为“蒸汽波国歌”的《リサフランク420／現代のコンピュー》（*Lisa Frank 420 / Modern Computing*）为例，本曲即是对1971年戴安娜·罗斯（Diana Ross）的*It's your move*的重新编曲。主旋律采样原曲的前奏并对其进行放慢和氛围处理，后半段则是音乐人对歌曲副歌部分的男声翻唱。而在中国大陆掀起“蒸汽波”热潮的《嘉禾天橙国际大影院》，则是以日本80年代CITY-POP代表歌手当山瞳（当山ひとみ）1983年的歌曲*Cathy*为主旋律的重新制作。

“蒸汽波”作品是“拒绝原创”的，它必须采样“那个年代”的流行歌曲来和现代电子音乐的处理手法进行时空错置。因而，“蒸汽波”音乐人的工作也就非常简单，运用电子音乐合成软件即可批量制作。Bilibili站上音乐人“孙长老”曾用“蒸汽波”手法重新编曲《纤夫的爱》《QQ爱》等歌曲，同样毫无违和感。从严肃的音乐创作角度来说，称“蒸汽波”是一种音乐风格甚至都是“过誉”的，这一完全建立在“抄袭”“拼贴”和“批量复制”基础上、堪称行为艺术的“创作”范式，显然不能以单纯的音乐视角来看待，就连听众也仅仅满足于在一瞬间识别出“蒸汽波”的风格存在。作为氛围音乐的一员它几乎难以被单独欣赏。

实际上，“蒸汽波”独特的魅力恰在于它“超文本”的多媒介性：当我们谈论起“蒸汽波”的时候，并不能确定究竟是在谈论一种音乐、一种视觉艺术风格，还是一种亚文化意识形态取向，甚至仅仅是最细微的、“文字之间打空格”的行为。《フローラルの専門店》的封面即包括了后来“蒸汽波”视觉艺术的三大基本元素：一、作为基本色调的粉红色、霓虹灯和作为视觉元素的网格、迈阿密海滩、汽车、棕榈树等，都来自对80年代日本的“赛博朋克”和Synthwave（合成器浪潮）复古电子音乐文化所包含的未来幻想；二、老旧电脑、任天堂游戏机、盒式录像带的噪波、故障画面、老式操作系统窗口和Windows自带艺术字和剪贴画，则来自80年代始电子网络时代上代表着“计算机”和“高科技”的视觉符号；三、古希腊石膏雕塑、廊柱和间距较大的文字，又来自日本80年代商场空间内部的陈设习惯和普遍的广告牌样式。

作为源自北美的亚文化，“蒸汽波”视觉艺术从根本上即是对曾经被深信不疑的“日本式高科技未来”的复古式怀念，而这蒸蒸日上、充满幻想色彩的资本主义消费时代的“未来”，随着经济泡沫一并迅速在90年代破碎，只剩下童年生长在日本文化影响之下的北美音乐人反复呢喃这“复古”的未来挽歌。等“蒸汽波”传播到中国时，尽管采取的依然是日本流行歌曲，视觉上也没有突破北美“蒸汽波”文化留存下来的范式，却明显对应中国语境下的

"未来复古主义"，指向的是90年代末、21世纪初大陆刚刚接触互联网的时期，以网吧、录像厅和电影院为核心地点的"小镇式回忆"。《嘉 禾 天 橙 国 际 大 影 院》等歌曲背后蕴藏着如粤语流行歌曲和电影入侵、小镇落魄现状与外来文化直接的"雅俗"冲突、校园爱情和"街头帮派"等集体记忆的元素，而这些"中国式"的嫁接使得"蒸汽波"与另一种以《野狼disco》为典型、经由短视频传播所掀起的"东北文艺复兴"运动得以结合起来——都指向前赛博世代的共同童年经历，指向以上世纪90年代东北工业区兴衰为代表的对旧秩序无可挽回的失落与迷惘。

"蒸汽波"与"未来复古主义"

更加值得注意的是，在中文网络语境中，让"蒸汽波"真正获得独一无二的名声的并非音乐作品和视觉艺术，而是"蒸汽波"亚文化中的一个非常不起眼的"边角料"——文字之间加空格的呈现方式。这一行为的出处和来源不可考，只能被理解为日本商场内广告牌的普遍写法，但如今"空格"几乎成为中文互联网环境内"蒸汽波"的代名词。通过对正常的名词进行"空格"，该文字符号多重复杂意指中能够贴合"复古"的能指就被迅速提取出来。强烈的“陌生化”使得遥远的历史文化语汇与现实生活产生了拼贴错置感，诸如“精 罗 狂 喜”“文 艺 复 兴”“中 国 人 民 真 蒸 汽”的用法将“空格”作为实现隐喻的新手段，已经出圈成为广泛的互联网流行，以至于“蒸 汽 分 子 间 距 过 大”这一“蒸汽波”式的最初解释已经被网络语境彻底丢失，习惯用“空格”来表达情绪的网络用户们已经无需得知这一切与“蒸汽波”的深切渊源了。

20世纪60、70年代，激浪派（Fluxus）通过邮政系统进行对作品的制作、发送与展示来表现人与人之间的“连接”，而“蒸汽波”的艺术实践则被认为是互联网时代真正到来后对这种前卫艺术的精神延续。激浪派艺术家杰夫·亨德里克斯（Geoff Hendricks）说：“今天，人们广泛地利用互联网交流艺术……这更像是邮件艺术或者激浪派曾经做过的事。艺术家之间存在另外一种交流形式和表达艺术的观念……这几乎就像是对因特网的预言。它不过是用了比较陈旧的邮件形式来交换想法，但是人们认识到这就是我们今天需要的交流方式：相互交谈，相互接触。”

这也正体现了“蒸汽波”作为一种21世纪后现代亚文化的重要特征：由网络发起、以数字化形式产生、从本质上反对版权、反对原创、以剪辑、拼贴和碎片化作为存在形式、以前赛博世代最初面对互联网的童年集体记忆为基础，最终以行为艺术的面貌和不妥协的态度直面当代资本主义消费文化和乌托邦理想。也就是说，尽管各个国家的“蒸汽波”音乐人有着不同的成长背景和各自怀念的“黄金时代”，但是他们面对着资本主义消费社会的诱惑时却有着共通的无所适从感。他们都在怀念一个曾经以为必定到来，却从来没有到达过的未来；他们以为自己终于借助技术的进步来到了时代的前沿，却在不经意间无声地被时代所遗忘抛弃。

在欧美语境下，深受日本文化影响的“蒸汽波”艺术运动基本可被归纳为广义的“未来复古主义”中的一种类型，专指对于80年代“高科技日本”的幻想。实际上，广义的“未来复古主义”有关一切人类在过去的对未来进行幻想的重新检视。从对苏联初期的先锋艺术和构成主义、20世纪初的未来主义等艺术运动的复古和致敬，到20世纪80年代由“差分机”幻想所激发的“维多利亚蒸汽朋克”艺术，广义的“未来复古主义”最根本的特质，即是对最终未能实现的未来一纸挽歌性的书写。

大陆语境内的“前赛博世代”

正如朴树所唱，上个世纪85–95一代的中国大陆青年人作为真正意义上的“前赛博世代”，处于亲身感知互联网从无到有的独特节点，拥有大量如今的赛博世代无法想象的独特记忆：使用“猫”

进行拨号上网最快速度仅为56kb / s；用1.44MB容量的3.5英寸软盘安装软件和游戏；刚刚习惯于Windows 98界面不久就迎来革命性的Windows XP；小霸王学习机、文曲星词典、GAMEBOY、红白机等当时的“智能设备”；必须存载在CD上的音乐和影视以及淘碟文化；以聊天室、BBS和论坛为主的网络讨论形式；以计算机为主题的纸质媒体的兴盛发达；早期QQ空间的网络生态和最初的“网络小说”与“网络红人”……这些对于1985—1995年间出生的青年人来说是往往数如家珍的“互联网记忆”，与当今的网络环境和“赛博世代”对网络的认知是完全割裂的。

以史蒂夫·乔布斯（Steve Jobs）推出触屏智能手机为节点，“前赛博世代”设想的是一种无限趋向拟真，但不可能取代真实世界的“多线程”生存态势，真实世界与网络世界是并行不悖的。当时的网络世界无法看到完全取代真实生活的可能性，只是提供一种逃离现实的出口，因此在“前赛博世代”的大众传媒中，网络和电子游戏往往以“电子海洛因”的形式被与其他打发时间的恶习联系在一起。而当我们不再需要区分“输入设备”与“显示设备”的那一刻，我们也同时意识到了网络技术的发展已经触及到了“真实”的边界。在云端可以控制一切，人与人的沟通交流完全借助智能设备和网络架构的当代，我们再也无法区分网络世界与现实世界。赛博空间与真实世界达成了数字性的化约与共享，一切来到了云端下共同的“单线程”。

在“前赛博世代”，没有网络只是错失一个多彩的机遇；而在如今，没有网络意味着无法生存——亲身体验了真实世界是如何被互联网和计算机所“拟真”的“前赛博世代”，与刚出生就知道IPAD屏幕是可以点击的“赛博世代”相比较，在世界观和意识形态上已经是完全不同的两代人。

“前赛博世代”当然也是期待网络发展并且给予生活以无限便利的，线上购物和宏伟的物流网络即是他们所寄托的未来幻想得以实现的例证。但是，对“前赛博世代”来说，他们没能实现，或者说发生了偏差的未来幻想则更占据主流。仅从细微之处就可以看到网络空间对用户“自由性”的逐渐剥夺：习惯于Windows视窗开源操作系统的人，就很难适应如今苹果主导的扁平化闭源操作；早期中文论坛学术性、逻辑性极强的说理环境也与如今微博、朋友圈的“黑箱”环境难以融合；纸媒，尤其是计算机主题纸媒的彻底消亡后迎来的是自媒体的鱼龙混杂；FTP、共享种子式数据分享下载模式被平台式版权付费模式彻底取代；甚至对于传统的角色扮演电子游戏的游玩习惯也与如今浸没式、感官刺激式的游戏体验大相径庭。这一切的变化伴随着每秒可以传输的数据提升而来，指向我们作为人类的存在和作为互联网“用户”存在的完全趋同。

在当代剧场重要的青年创作者孙晓星2015年的“超文本剧场”

《——— 这里是分割线 ———》中，除了出现了如火星文、QQ空间非主流文字、博客、单机游戏论坛等这些“上古”遗存外，还为中文互联网初代红人“ck沉珂”立下了一块互联网意义上的“墓碑”。这位引领了早期“残酷青春”风貌的网络歌手在宣布“死亡”后便彻底消失在互联网之中，以至于大批网友一直认为她的确已经去世。然而就在《——— 这里是分割线 ———》“上演”后不久，“ck沉珂”注册了新浪微博，宣布回归。这正是“前赛博世代”独特的两个世界“多线程”结构——任何一个人可以在网络上“死亡”并回归现实生活之中继续默默无名，同时享有以另外的身份再次回归互联网的自由。可在如今个人信息云端化、网络世界与现实世界同步的“单线程”状态下，任何个体已经很难像“ck沉珂”那样实现仅在互联网意义上的死亡。一个机遇、一个选择和一个来去自由的世界变成了彻底的命运和存在本身，网络不再是可供逃避的桃花源，而只是世界与你更加可怖的交流与控制方式。

后人类将无法写作“未来挽歌”？

技术迭代的速度之快，也是“前赛博世代”对于互联网发展的未来幻想存在挽歌式情感的重要来源。从零到有、逐渐学会运用网络的“前赛博世代”意识到数年累积下来的经验可能遭遇突然性的失能，曾站在前沿的“弄潮儿”可能迅速就会被时代所拉下。作为体验过计算机课程进入校园的一代，他们众多的软件操作技巧和网络知识都是通过传统的课堂教学所习得的，至今中国校园还有通行的“计算机等级考试”，“学会使用电脑，拥抱新时代”也仍是一种耳熟能详的话术。而很快一切有关计算机操作的教材和说明都面临“过时”的窘境，而很多曾经习以为常的记忆在如今看来也显得特别陌生：不断跳出来的报错窗口、画图软件和红白机游戏、千千静听等多媒体播放软件，Office软件自带的“回形针助手”…… 这些刚刚被熟悉就又被抛弃了的互联网存在，成为不断漂浮着的能指链幽魂，无法在全新的赛博世界里注册，才诞生了几年就被迫成为“复古”的符号。

“前赛博世代”的命运也同样如此。曾经自认为掌握了复杂的计算机知识而敢于嘲笑老人们不懂电脑的一代，看到如今老人们掌握了简单易懂的智能手机，自己却面对飞速发展的网络技术深感迷惑。因此，谁又能保证“赛博世代”不会迅速被另一种世代所取代呢？也许属于他们的“未来”能够存活的时间甚至更短于十年。面对只会不断提升的数字化、云端化、去肉体化的“后人类”进化速率，我们或许还有足够的时间感叹网络世界对现实世界的占领，却不再有时间感叹后人类对人类的真正侵袭。

后人类意味着我们将重新定义自己，也意味着我们对过去一切存在的评判都会改变。尽管技术进步是人类永恒的未知恐惧，文学和艺术创造的“伊甸园”“桃花源”“避难所”始终暴露着抵御技术异化的自闭性，然而还存在一种人类意识的本体论抗争：我们应该将技术和形式彻底改造，指向解放性的终极超越。为了换取这种超越，我们将不得不面对异化，面对人类中心的消亡，面对赛博时代“后人类”的诞生。

当我们成为赛博格和“后人类”之时，我们或许也将丢失对过往的“怀念”，丢失坚守“人类”的信念，丢失写作更高维度“未来挽歌”的可能。也就是说，“前赛博世代”的“未来挽歌性”书写是一种残存着最后人类记忆传统的把握。无论是当代中国的“蒸汽波”艺术运动、“苏俄转播”为代表的苏联科幻复兴，还是流行文化领域的“东北文艺复兴”等尝试，都不仅仅是在为一种失落的未来幻想而写作挽歌，而是同时在为一种可能到达的未来提前写作挽歌，是一种预言性的、圣歌状态的神学书写——因为那个未来里，人类已经不再是人类，也失去了写作挽歌的能力。

所以，我们应该关注，甚至应该感谢专属于中文语境下“前赛博世代”的这些未来复古主义潮流，因为它们是一首真正的未来挽歌，以亚文化的形式、从细枝末节和历史洪流里，保存了每一份感情和思维、每一场欣喜和失去的切实书写。我们可以提前为“人类”立下墓碑，点燃一代代人灵魂里“复古”的刹那焰火，从中折射出“前赛博世代”宿命般的必然悲剧结局，以及在能指链条上永恒的无所皈依。

"苏俄转播"
和21世纪中文语境俄罗斯文化拟像

刊发于2020年1月30日

大多数人对当代俄罗斯流行文化近乎一无所知。这是一个违背日常经验的结论：作为中国的重要邻邦，在当前中文互联网生态环境下，俄罗斯／苏联文化传播广泛，占据着亚文化的重要位置。但这些文化的来源都并非一手信息，它们欠缺主动传播的能力。与此同时，俄文在国内并不流通，当代俄罗斯文学、艺术和流行文化的引进也显衰微。弱势语言（俄文）的失语，造成有关俄罗斯文化的言语行动实际上被其他语言所占据，使得当下有关俄罗斯的叙事神话丢失了当代俄罗斯本身。

21世纪中文语境下的俄罗斯文化拟像是丰富而繁盛的，依靠两种"二手"传播线路实现：一、以英文为信源，从欧美视角对俄罗斯进行的外部理解；二、基于中国和苏联的历史渊源，以共产主义信仰为意识形态基础进行的自我诠释性理解。这两条意识形态和利益诉求都截然不同的传播线路，塑造出当代中文语境下奇异而“穿越”的俄罗斯文化形象。

“俄罗斯戏剧热”：三种个例

俄罗斯戏剧的引进是近年来国内舞台演出市场的灵丹妙药，客观上促成了大量当代俄罗斯一线戏剧导演和戏剧作品在国内的广泛传播。相较于文学、电影或流行音乐，戏剧反而成为俄罗斯当代文化的入场券。市场和观众喜爱俄罗斯戏剧的原因是什么？或者说，在中国获得成功的俄罗斯戏剧是如何“击中”中国观众的？恐怕还是要归因于由符号反复操演而形成的中文语境下的自我诠释。

首先，俄语台词、中文字幕的演出直接抛弃听觉领域。观众面前完全是陌生的语言，演员俄语台词的表达方式、节奏、语气和言语活动都几乎难以传达甚至是被完全忽略的。国内观众对俄语戏剧的感知，是一种视觉性、音乐性和文本性混合而缺乏言语行为层面信息的“纸面”化影像。2019年底，立陶宛戏剧大师里马斯·图米纳斯（Rimas Tuminas，图米纳斯的创作大多数是在俄语区完成的）导演的中文演出《浮士德》即遭遇此类尴尬：观众对演员“非生活化”的中文台词演绎难以忍受。但是从演出的各类介绍和报道来看，演员们的台词处理基本是尊崇导演诉求的。那么可以提出的问题是，如果国内观众能够像熟悉中文和英语那样熟悉俄语，如果观众对“生活化”“说人话”的台词的普遍需求和对所谓“拿腔拿调”“装腔作势”的“话剧腔”的广泛反感的确成立，这一系列在国内广受好评的俄罗斯戏剧会不会在台词演绎的听觉层面受到争议呢？这当然是一个完全不可能的假设，问题的答案在非俄语区将永远不得而知。这个问题的提出只是为了说明中文语境对俄罗斯戏剧的理解首先就缺失了声音和言语活动这一环节，某种意义上甚至完全是文本性的，这就指向了大量所指的丢失和拟像生产的无限放纵。

我们以近年来在国内演出的三种俄罗斯戏剧为例，分别指向拉康（Jacques Lacan）[1]所谓的“想象界”“象征界”和“实在界”，喻指着国内观众对三种俄罗斯文化形象的相异理解，也对应两种俄罗斯文化在中文语境下的传播线路。

一、里马斯·图米纳斯导演的《叶甫盖尼·奥涅金》，是一次近乎完美的“古典俄罗斯文化”演绎。它以经典普希金文本为基

1　法国精神分析学者。其“三界理论”是对西格蒙德·弗洛伊德（Sigmund Freud）“本我-自我-超我”理论的发展。

础，讲述传统“贞洁”概念与当代女性自由追求相结合的爱情故事，同时将芭蕾舞、民谣、熊与大雪的俄罗斯“刻板印象”的糅合，用近乎音乐剧的创作方式做出了一种大众文化式的呈现。

《叶甫盖尼·奥涅金》代表想象界，是对俄罗斯文学经典的接受和普遍的异域文化的想象。俄罗斯从普希金到苏联建立之前的文学成就，经20世纪的翻译工作已成为“世界名著”建构的一部分。同时伴随着英语国家为数众多的改编和演绎，连带俄语的陌生性共同创造出了一种纯粹“东方学”式的俄罗斯或者斯拉夫文化形象。其中流行的元素是对俄罗斯文化遗产符号性的读解和提取，在中文翻译语境和欧美视角共同组成的“去意识形态化”的情境下，组成了“民俗性”的形象，也自然导向了大众文化和商业成就。

二、列夫·朵金（Lev Dodin）导演的八小时史诗《兄弟姐妹》（此处可以对照圣彼得堡马斯特卡雅剧院的八小时版《静静的顿河》），采用了纯粹写实性的传统表演，和对历史的“反思性”呈现。它的文学性超越了戏剧性，对意识形态的追捧超越了对艺术领域的讨论。对这部戏剧的评价和称赞甚至完全忽略演出本体（除了“八小时”这一空无的符号之外）而只专注于对原著文学的评价，甚至仅是对原著所蕴含的意识形态的赞誉。

《兄弟姐妹》和《静静的顿河》（必须备注，这两部作品的艺术成就不可同日而语）指向象征界，即作品被提升到了象征层面而脱离艺术的讨论范式。对这些作品的评论显现出对剧场性探讨的弱化和对原著的极度赞扬。评论者对《普利亚斯林一家》和《静静的顿河》这两部早就具备经典文学史地位的作品无甚新意的称赞，甚至有刻意抹杀剧场性之嫌，而这些称赞从“话术”上又在取消其文学性而突出意识形态的倾向。也就是说，如果戏剧的原著从文学性来看是佳作，在意识形态上又是“正确”的，那就可以推理其在剧场性上也是佳作，可以获取大众好评和商业效益，可以作为资产阶级右翼神话与消费主义共谋的经典范例。这里的“俄罗斯文化”，被扭曲为鲜明的政治取向和意识形态武器，并伴随着对原著文学价值的抹杀。

三、尤里·布图索夫（Yury Butusov）导演的《三姐妹》，依旧以经典文本为依托，但用后现代理论和当代剧场探索为本体。大众反响两极，讨论和关注基本集中于从业者和评论者内部，并不“出圈”，若严格以商业标准判断则属失败案例。

也就是说，类似尤里·布图索夫《三姐妹》这样直观反映俄罗斯当代戏剧成就的作品反而抓不住中国观众的痛点。看似紧跟当代俄罗斯文化前沿的戏剧领域，实际上也仅是在创造为国人所用的拟像，“实在界”是无法被把握，也无法被真正接触。如果说“俄罗斯戏剧热”具有商业价值之外的意义，它可以是我们关注当代俄罗斯／苏联亚文化的一大方法论窗口：对比强势的英语文化，俄罗斯文化是无法向国内进行倾销的弱势文化，无论其在中文互联网语境下是多么枝繁叶茂，其本体是可以被忽略的。可它在这样的文化劣势之下，却又激发出了中文语境下如此丰富的自我生产和自我消费——我们创造了一个乌托邦式的，只属于国人的“俄罗斯/苏联”。

从音乐角度管窥“精神俄罗斯/苏联人”

凡是热衷于在网易云音乐、Bilibili等当代互联网重镇漫游的用户，都不可能不注意到所谓“苏联风”音乐的传播和逐渐走红。曾经，俄罗斯/苏联民歌还都仅仅是老一代人的记忆，属于退休人士家中的怀旧金曲。而如今，亚历山大红旗歌舞团的演出结束之后，无数青年人在剧场台阶前高唱《国际歌》，众多其他风格的歌曲被竞相改编为斯拉夫民歌风格的“小调”，以“苏联味”为卖点占据着各大音乐视频网站。

当然，他们的审美偏好与老一辈颇为不同。相较后者喜爱类似《山楂树》《莫斯科郊外的晚上》《红莓花儿开》这类曲调优美、讲述爱情美好的作品，当代的“苏联风”则更偏好如苏联国歌、《神圣的战争》《莫斯科保卫者之歌》《红军最强大》这类歌颂苏联红军革命战争和反法西斯战争的作品。而受到欢迎的“苏联风”改编，也往往是将风格迥异的原作改编为颇具“杀气”的“红色军歌”。国庆阅兵期间受到广泛欢迎的《钢铁洪流进行曲》其实也是作者深受此类文化影响的产物（“钢铁洪流”这一命名本身即有致敬苏联红军之意）。观察者普遍认为这是青年一代在爱国主义熏陶下的“危险”倾向，与此同时也体现了群体性的对苏联和俄罗斯文化某种意识形态的亲近。

若从音乐领域“管窥”这种“精苏 / 俄”现象，我们同样可以找到两个历史案例，也对照两种对俄罗斯文化的传播线路。1980年莫斯科奥运会之前，曾因《成吉思汗》一曲在欧洲歌曲大赛上红遍欧洲的西德迪斯科流行乐队“成吉思汗”创作了奥运歌曲《莫斯科》（*Moskau*），并在莫斯科奥运会期间受邀演出。《莫斯科》的歌词在某种意义上是创作者对当时被塑造为“冷战对手”的俄罗斯的一种难得的善意印象，塑造了酷爱饮酒、热情好客、追求自由，某种意义上与乐队成名作《成吉思汗》里描述的蒙古人差不多的俄罗斯人形象，对“莫斯科冰天雪地”这样粗略的叙述，显然也仅是遥远的文化想象。

成吉思汗乐队后来迅速解散，但《莫斯科》这首德文歌曲却一直流传于整个俄罗斯。此曲不久后因为乐队西德的“敌国”属性很快就被下架，甚至成为了80年代苏联地下迪斯科舞厅的传奇

“禁曲”和解放象征。21世纪初，重新成团的成吉思汗乐队到莫斯科演出，受到广泛欢迎，此曲甚至成为俄罗斯国家电视台每年新年庆典必备的歌舞节目，成为了俄罗斯文化和国际友好的一部分。尽管《莫斯科》里描述的俄罗斯形象刻板而不太准确，但这种对俄罗斯文化的善意热爱还是得到了广泛的大众认同。与之类似的是，尽管俄罗斯当代的流行音乐文化在中国几乎无落脚之地，但国内最为出名的俄罗斯歌手维塔斯（Vitas）正满足了国内对俄罗斯“古典”“高贵”的文化想象。这也造成了他在中国的名气远远高于俄罗斯本地，“出口转内销”地成为了中俄友好的符号。

另一个案例则可能是当前国内流行的“苏联风”音乐的起源：2000年，美国公司EA发行了电子游戏《命令与征服：红色警戒2》，因为热心玩家制作了有中国军队可选择的版本，该游戏在当时的中文互联网爆红。游戏中美国制作方特意为苏联方写作了一首军歌，即后来成为游戏史上经典配乐的《苏维埃进行曲》。从艺术上来讲，这首歌曲是对苏联军歌的“拙劣模仿”，从军国主义气息浓烈的曲调到刻意展现霸权主义思想的英文歌词，都可算是美国制作方对“冷战对手”的一种矮化。可出乎意料的是，在美国人看来丑化苏联的歌曲，在中国则成为了“苏联强大”的文化符号。歌曲“霸道”的气质也变成一种标榜“强大”的自我拟像——前文提到的《钢铁洪流进行曲》等作品显然受其影响，某年春晚甚至还出现了针对《苏维埃进行曲》的“模仿风波”。哪怕《苏维埃进行曲》都不是原汁原味的苏联歌曲，可它作为最早进入中国的一批“苏联风”音乐，完美满足了部分国人对军事实力增长和因为意识形态的天然亲近而产生的“接棒”心理。有一条原作者已不可考，在“苏联风”歌曲的网易云音乐评论席屡屡出现的评论是这样说的：

> “同志，您知道列宁格勒和斯大林格勒在哪吗？我在地图上找不到它。”
>
> “没有了，再也没有了，我们失败了。白匪和资本家再一次骑到了我们的头上。如果你要追随那颗红星，去东方吧：穿越第聂伯河，翻过乌拉尔山脉，西伯利亚平原的尽头，那里还燃烧着星星之火。”

尽管有说法认为这条评论翻译自俄文，但无论如何，其满足的是国人对于苏联解体后俄罗斯人观念的期待式想象，以及某种政治性的“传承”使命感。可俄罗斯依然是当代重要的国家，何来“传承”？也就是说，当代俄罗斯伴随着语言和文化的弱势已经几乎“失语”，除了国际新闻、普京和“战斗民族”这些刻板印象之外，当代俄罗斯在中文语境内几乎不复存在。对俄罗斯 / 苏联文化的热衷和传播可能是一种国人视角下历史性的对“失落荣耀”的挽歌和自我映照——这是属于中文语境下独特的未来复古主义。

苏俄转播:“另一面和灰烬的趣味”

由留俄艺术家吴鞑靼2014年创立的自媒体“苏俄转播”，是近年来俄罗斯/苏联亚文化的重要发声渠道。“苏俄转播”很少关注俄罗斯其他时期的文化，仅专注于苏联时期，同时也对苏联时期各加盟共和国的文化加以关注，这一点是其他俄罗斯文化爱好者缺失的。与“苏联风”军歌的“慕强”倾向和对意识形态的传承自觉不同，“苏俄转播”的立场完全可以用吴鞑靼的个人博客名“后苏维埃”来概括。正如那颗发掘自西伯利亚、在50年前写下“你们已经生活在共产主义了吧”的时间胶囊所带来的感伤一样，“苏俄传播”也宛若一种后现代时期独有的、对曾经设想过的未来所进行的挽歌性书写。

相比于欧美视角下所谓“战斗民族”的刻板印象和国内基于意识形态亲近的激进印象，既可以研究第一个五年计划的建设成就，也可以众筹制作戈尔巴乔夫文化衫的“苏俄转播”，显然想走出一条去意识形态的新路——“另一面和灰烬的趣味”。“另一面”，是介绍大量因为信息壁垒和年代古早而难以被国内知晓的苏联风貌，如20世纪初苏联的构成主义、至上主义艺术运动，20世纪下半叶的黄金时代科幻文学，苏联各加盟共和国的历史，苏联人民日常生活的记录，20世纪80年代解体前夕苏联内部东西融合的奇异文化形态等；“灰烬的趣味”，则是对苏联解体这一“失落的存在”进行的废墟崇拜，如对苏联时期遗留的废弃建筑的关注，对苏联遗留的科学研究和科学幻想的追寻，以及展现如今俄罗斯“失落面貌”的当代废土艺术。“苏俄转播”始终在寻求一种与当代意识形态斗争所切割的后现代性，单纯指向对“失落”与“残余”的迷恋，是一种废土文化影响下的虚无主义感伤。这种后现代虚无气质与2015年俄罗斯导演小阿列克谢·日耳曼（Aleksei German Ml.）拍摄的艺术电影《电子云层下》颇为贴近，某种意义上也许正与当代俄罗斯文化中部分现代颓废气质共通。

“苏俄转播”以及其他一些关注俄罗斯/苏联亚文化的自媒体（如“X博士”）的重要贡献，是将苏俄时期以科幻文学为代表的一些少为人知的艺术成就带进了当代中国的亚文化视野之中。因为冷战的缘故，以20世纪初构成主义艺术运动为渊源的苏联科幻艺术，虽与美国近乎同样繁盛，对当代中国来说却颇为陌生。但近年来“苏俄转播”等自媒体对电子游戏《地铁》系列、《潜行者》系列，以及如《路边野餐》《火星女王阿丽塔》《陶威尔教授的头颅》等科幻文学，塔可夫斯基《潜行者》《索拉里斯》等科幻电影的传播，对构成主义、至上主义艺术和斯大林时期、赫鲁晓夫时期建筑艺术的介绍等等，都极大丰富了中文语境下对“苏联风”本来较为单纯浅薄、偏重军事化的理解——一条“未曾设想的道路”逐渐为国人所熟悉，也同时为中国当代的科幻文化事业推波助澜：电影《流浪地球》中的工业美学设计显然是20世纪50年代东北工业基地所传承下来，被戏称为“傻大黑粗”的苏联风格，在去意识形态的基础上，国人依然可以寻找到一种自我映照。

同样被国人引为自我映照的，还有苏联著名的政治笑话。这些在冷战期间被欧美广为传播的幽默，随着苏联的解体已经很少大范围流传，但很快却通过翻译在中国获得新生。无论是基于何种意识形态立场的“精神俄罗斯/苏联人”，对苏联笑话都普遍抱有“借古喻今”的积极态度，在网络上生产了无数“同人”性质的互文。如果说早期苏联笑话的传播还具备有特定文化传播的性质，那么如今已经变为流行梗的这些笑话已经完全成为了可沿用的符号，人们可以添加世界各地的人名地名，从而广泛用于时事、文化甚至体育运动的评论里。其原本对体制的评价功能也被忽略，成为中文互联网语境下一种独特的亚文化生态。

为何中国网民如此热衷苏联笑话？同样的问题也可以被表述为，在俄罗斯当代文化处于劣势的现状下，是如何在国内产生“精

神俄罗斯 / 苏联人”的？ 21世纪中文语境下的俄罗斯文化形象建构究竟是什么性质的文化运动？

至少有一点可以肯定，这是一种仅属于国人的意识形态自我实现和自我生产，是一种全新的文化形态——与其追问国人是从俄罗斯 / 苏联的历史文化，还是从当代俄罗斯的后现代气质里看到自己，不如说是期待全新意识形态的国人对当初俄罗斯立国的“救赎”使命感同身受。就如一看到东罗马帝国灭亡，就迫不及待为自己的国徽绣上双头鹰，自称“第三罗马”的基辅罗斯公国，在走向国际社会的道路上，当代中国部分国人潜意识里也以苏联的“传承者”自居。第三罗马绝非罗马，21世纪中文语境下的俄罗斯文化仿像也不能代表俄罗斯，而是当代中国正在寻找的全新的自我认知和普遍认同，是人们在感受着上升与强盛的同时，也幻想着失落与虚无。

后真相时代的东方学：朱一旦、庞麦郎和《尚气》

刊发于2019年7月30日

一种普遍的观点是，萨义德（Edward Waefie Said）在上世纪70年代末所著的《东方学》中提出的观点已经过时了，或者说没有出路：反殖民主义和后殖民话语被认为与民族主义的陈词滥调本质上是共通的，不能成为一种新的主体性话语，无法提出能够被接受的新规范，也难以超出被称为“西方理论体系”的限制。这背后是依然飘荡在理论形态中的某种“历史终结论”，即“现代化”是否与“西方化”在本质上是一致的。如果真是这样，《东方学》所留下的也许只能是某种批判的姿态，若将这种姿态在中国语境内陈述，其合法性和客观性就会被提出疑问：这是学术观点还是民族主义情绪？

但是，“东方学”的批判话语一定只能被用于殖民主义体系批判这样的国际场域和宏大叙事中吗？萨义德的批判植根于西方对东方的“集体性想象”，而实际上，任何一个群体对另一种群体的集体想象，都可以将其归纳为“东方学”的领域。这种集体性的猎奇想象通过狡计抹去客体的所指只留下能指，从而实现了符号霸权。其运作的逻辑是让客体在失去反抗和质疑能力的基础上得以取消其价值。在当今的“后真相”时代，媒介和信息的力量更让这一主体性操演如鱼得水，潜意识里的舆论压力更让我们举步维艰：当我们产生对东方学话语的反抗情绪时，第一反应往往被引导为自我反省和批判。我们会开始觉得自己不够宽容，甚至失去对主体存在的信心——我们在被实际规训之前就已经屈服了。

这个标题也许是荒谬的，但在对这个三个对象进行集体性想象和被想象的符号历险中，我们必须要求某种后真相时代的东方学，也就是说，当集体性想象诞生并丰满起来的时候，我们必须赋予这种想象以统一的应对态度，而不能是基于立场的多重标准——尊重集体性想象、批判集体性想象和破除集体性想象之间，不能是有所选择的。

朱一旦：你们凭什么反对“皇帝的金锄头”？

我们都听过“皇帝的金锄头”的笑话，有趣的是这个段子本身就是知识分子对农民阶层的想象性描述。即便这样的对话是真实的，记录者却包含有一层不言自明的预设，即说话者是出于无知和基于自身认知范围内的想象，未有任何反讽的意义。在此前提下，“皇帝的金锄头”这一“集体性想象”才成为了局限性的象征和嘲讽的对象。那么，“流淌着蜜与奶的土地”“东方遍地黄金”这些来自马可·波罗等外来者的集体性“臆想”，与皇帝的金锄头又有多大本质上的区别呢？这里暴露的问题是，批判者在面对同样类型的集体性想象时，采取的是对想象主体一方的双重标准。

近日来在抖音短视频平台一炮而红的博主“朱一旦的枯燥生活”，某种意义上正是在嘲讽这种双重标准的存在。首先，朱一旦本人在视觉形象的呈现上，极力将社会主流话语对富裕阶层“金锄头”式的想象进行了具象化——中年男人、脑满肠肥、爱好书画、附庸风雅，一身Polo衫，泡壶热茶，整日在办公室里无所事事，炫耀自己手腕上的劳力士表，满口几十个亿的大生意，与酒肉朋友日夜笙歌——这种形象从每一处细节都是夸张而具有批判性的，尤其是反复对“劳力士表=社会地位”的讽刺命题进行了繁复的强调。在这里，“皇帝的金锄头”式的想象所揭露出的本质并非出于无知，而是出于敌意：社会主流话语对富裕阶层的此类形象描述的确来源于现实真实，但这种扁平化的描述和刻板印象更多则是来自主观性的污名化动机和情绪上的负面反馈。“金锄头”本身的荒诞不经是大家心知肚明的，越是对劳力士的价值进行强化，越是在加重鲜明的反讽意义。

然而，当朱一旦真的把这种漫画化的刻板形象细致入微地呈现出来后，这种与真实现实强烈不符的滑稽感，反而消解了社会主流批判话语的反讽意义，反戈一击成为一种对原本主观集体性想象的元批判。习惯于用这种形象来嘲讽富裕阶层的我们突然发现了自己的可笑，就像拳头打在了棉花上。

不过，如果朱一旦采用的是这样的立场和动机，他就不可能取悦于抖音观众了。他的下一步是在荒诞的外表中揭露出当代中国“社会达尔文主义”的真实心态：这个形象十分漫画的“土豪”展现出了他的真实力量——一个电话把下属调到非洲工作；轻而易举开除公司的业绩骨干；对下属进行心理战，挑拨内部矛盾；“施舍”穷人，使其感恩戴德——一句话，有钱人在现实中可以为所欲为并且不受任何限制、不用承担任何责任、也不会被任何人反对和批判，是普通人对其无条件的崇拜所导致的。社会主流意识与真实的社会现实是矛盾的，朱一旦用他极其辛辣的讽刺视频将其展现了出来。在荒诞的外壳下，朱一旦的视频呈现出极为尖刻但写实的现实意义，我们嘲讽的对象也从富裕阶层转向了在视频中服从于金钱和权力，信奉社会达尔文主义的丑态百出的普通人。我们不希望成为他们，我们又有点担心自己曾经就是他们。

就在我们感受到这种被揭穿，甚至被投入自我反省语境中的绝望时，朱一旦的作品又适时地用第三步将我们解脱出来——即回到朱一旦本人的“不真实性”上来。每部视频结尾必须要重复的那句“有钱人的快乐就是那么朴实无华且枯燥”，再次强调了朱一旦形象的荒谬性。我们又一次从他刻意滑稽的形象、刻意简陋的视频布景、刻意档次较低的视频制作水平上，意识到其实“朱一旦”也只不过是一个脑子里都是“金锄头”的普通人，而非真正意义上的“有钱人”，我们再次改换了代入的角色，被视频引导着代入到一种理想化的、乌托邦的“普通人”“旁观者”角色，确保了作为观众本体的绝对安全，也确保了视频可以被广泛接受和传播。你很难说朱一旦本人的立场是什么，他到底有没有在作确切意义上的讽刺性表达？他到底是不是一名严肃但隐秘的社会批判家？但有一点我们是确定的，朱一旦的视频最后是要消解批判性从而与商业性抱团的——也是这一本质导致他的视频迅速爆红，又迅速因为创意枯竭而重归沉寂。

但是无论如何，朱一旦用他的实践证明了集体性想象的本体意义：这种想象的价值是符号性的，它与是否符合社会真实无关——如果符合，它可以拥有现实主义的卖点，如果不符合，它也有反讽和荒诞的贩卖价值。我们凭什么嘲讽这种“皇帝的金锄头”？皇帝对它不屑一顾不重要，知识分子觉得说这话的人无知不重要，重要的是说这话的和听这话的人得到了快乐，同时也完成了反讽和批判情绪的传达。

传统东方学认为，我们无法描述自己，只有借助别人来描述自己。而后真相时代的东方学或许是，我们不想描述自己，我们只有借助别人来避免描述自己：此时，指责我们描述别人的说法不准确，根本毫无意义。

庞麦郎：我以为你们喜欢“农夫的铁锄头”

庞麦郎已经是一个陌生的名字了。依然有团队在运营他的城市巡演，但档次和制作水平和最草根的民谣演出已基本无异，也很难有任何商业价值的可能——属于他的时代已经过去了。他作为一系列“神曲”的创作者，因为各种各样的原因居然就这样“出局”了——他的歌曲依然在各大音乐平台可以听到并且享受版权法保护，然而这些收入似乎都归属唱片公司所有，他本人与其毫无关系。庞麦郎为何沦入这种现状不是本文要关注的，但他的现状正是当代神话学的一个鲜明例证：我们得以清晰地看见，符号运作和操演的过程中是如何彻底地主动丢失符号中的重要所指，从而达到了符号创造者本体都可以被取消的地步。

《我的滑板鞋》的爆红本身就源于一种对社会底层的集体性想象。庞麦郎歌曲里描述的这个“我”也是荒诞的，是一个完全童话化的形象——当然，对滑板鞋和街舞的热爱对当代青年是普适性的，庞麦郎描述的那种“圆梦”和“求之不得”激发了全民的共鸣，这也是作品得以成功的原因。但是，庞麦郎本人在歌曲中表达的这种不顾一切的心态和非“生活化”的取向则是被忽略的：在听众看来，他们共鸣于生活中一朵追求精神满足的浪花；而在庞麦郎看来，他以为听众共鸣的是一种抛弃生活寻找精神可能的极致。对于他来说，音乐是将他解救出底层生活的解药，穿着滑板鞋在月光下的舞蹈，就仿佛能够飞上月球从此永远不再被地球和生活所禁锢——而对于听众来说，甚至是在被这首歌感动到泪流满面的同时，他们也不会忘记在月光下的舞蹈只是这一个晚上而已。这一事实最终导致了，庞麦郎以为自己从此成为了一名真正的歌手，大众却只认为这是一个不重要的草根唱了一首网红歌曲。

庞麦郎本人的一切都是超出集体性想象的，是这种“底层东方学”不需要也不想去讨论的：他自以为是所指，是意义本身，在成为新的社会符号后应该占据主导地位，可实际上他发现，哪怕没有他，集体性想象依靠歌曲这一表象作为能指，就已经成立了——从他之后，我们逐渐适应了大众平台上流行歌曲的新局面，即“歌红但都不知道人是谁”，后来这些“神曲”的写作者更加聪明地，用交换名声的方式获取了更多物质利益，这是庞麦郎没有选择到的。

在这里，集体性想象的欺骗性和纯粹的自我，与被想象对象真正的表达之间产生了不可调解的矛盾。相比于朱一旦的反批判，庞麦郎的案例更体现出东方学的批判层面。在朱一旦的世界里，被想象的对象本身是缺席的，那个“富裕阶层”从头至尾就不在场，也不需要在乎他们被想象成了什么形象：这种情况换算在传统东方学话语里，类似于欧洲19世纪开始的“埃及学”研究从来没有遭遇过埃及人的质疑，“埃及学”里也根本不需要现代埃及人在场，被西方建构和想象的古埃及本体早已经消亡，也没有传承。然而在庞麦郎这里，他本人就是那个被想象的对象，他就是东方学的被研究者，他被重塑和建立了一套完全不属于他自己的话语，而他却没有充分的能力来正确、有效地传达出自己的真实观点，研究者也没有足够的耐心和必要聆听他的声音。

庞麦郎的案例甚至能够为本文开端所提到的“反东方学”观点提出证据：庞麦郎本人的诉求是有价值的吗？如果他的诉求只是如他本人那样否认自己的出身，否认自己的生活，坚决要将自已转变为“明星”，那便仅仅是一种自我需求而已。这也就意味着作为“东方”本身没有提出一种有价值的话语来描述自己，而“西方”所创造的描述和建构可以正常运作起来，那么此时空谈“西方”的描述是一种误解又有什么意义呢？回到“皇帝的金锄头”的笑话上来，大家固然知道“金锄头”是一种夸张和嘲讽，但大家同样知道“铁锄头”再怎么样也不如“金锄头”。庞麦郎认为别人喜欢的是他的“金锄头”——“歌星”，而真正赋予他的集体性想象，无非是一双“滑板鞋”而已。

在这个“后真相”时代，我们从正反两面都看到了“集体性想象”的意义：在没有也不可能存在客观统一的“真相”的时代，如果“东方”已经消亡，那么“集体性想象”可以为所欲为；如果“东方”尚算薄弱，“集体性想象”同样可以碾压和反噬；在这个网络时代，这一切都同话语权和意识形态的构建有关，同媒介的边界和覆盖有关。那么，接下来的一个案例，则提出了两个新的问题：如果存在一个对等的“东方”，“集体性想象”是否还能逃脱批判？更进一步是，这种将“东方学”与民族主义话语汇聚糅合的话语建构，是“西方”蓄意的反攻还是东方学话语本身的结构性矛盾？

漫威《尚气》："请您双倍赔偿我"

在中国疯狂收割票房和粉丝、形势一片大好的漫威影业，也许没有预料到《尚气》这一项目的公布所遭遇的争议是如此难以被平息，网络争端最终不可避免地走向谩骂，阵营分裂并且各自宣布胜利，接着老死不相往来。一天后，被选为男主角的加拿大籍华裔演员刘思慕大致表达了"电影属于全体亚裔，不仅仅属于中国大陆""长久以来大洋两岸虽然同属亚裔，但在互相理解上还是有困难"等观点，再度让争议火热起来。如果说萨义德所著《东方学》出版的1979年，还是一个在努力为没有话语的"东方"呼吁话语的时代，如今的局面则是"东方"已经有了一套鲜明而强烈的话语，问题仅在于这种"话语"是否是可以被接受的。

《尚气》漫画诞生于李小龙功夫片火爆的上世纪60、70年代，漫威创造这一有"山寨"李小龙之嫌的功夫英雄形象当然是简单的商业考虑，而引入"黄祸代表"傅满洲的形象，同样也是为了商业——在那个歧视亚裔是美国社会主流意识的时代，要求漫威当时就划清界限显然是不现实的。这一问题在2019年的争议，根本在于"西方"与"东方"对于清算当初的历史原罪的程度和方式互不认同：漫威认为"尚气"是一个展现亚裔正面形象的超级英雄，电影的拍摄有助于激励整体亚裔，一如当初《黑豹》的成功；而

“黄祸代表”傅满洲的存在是时代的差错，如今对作品进行一定程度上的修改，更换人设或者重写故事，让没有太多歧视色彩的角色“满大人”出现（同样存在很多认为“满大人”也涉嫌歧视的声音），已经可以完全清算和去除掉时代所带来的歧视信息。

而大量批判者在指出因为多年的文化熏陶，“西方”只要提到《尚气》就不可能忘却傅满洲、漫威如何修改都并不能完全做到清算的同时，更多的是对好莱坞熟稔的东方学叙事的一种反抗，也就是说，哪怕《尚气》已经完全没有了“种族歧视”的问题，恐怕也难以逃出“东方学”叙事的窠臼，这甚至是比傅满洲形象的存在还深刻的“原罪”。

这一叙事，即“东方”的反叛者在认识到“东方”的落后封闭并进行“弑父”行为之后，主动拥抱“西方”而达成共同的“国际化”。在《尚气》的原著漫画故事里，主人公“尚气”的父亲（无论名字是否还是傅满洲）是一个邪恶的存在，他身后是一个封闭落后的东方帝国，而“尚气”也一度被父亲的教育所蒙骗，直到通过与“西方”的交流了解到“真相”，最后亲手击败了自己的父亲，让东方帝国得到改变，真正“强大”“自由”起来，成为亚裔的代表超级英雄——这几乎已经是“东方学叙事”的一个范本了。

曾经，对这种“东方学叙事”的批判是被普遍认同的，甚至可以称之为一种“政治正确”。这种叙事被认为是西方殖民主义概念的衍生，与之对应的则是反殖民、民族主义和国家独立自主概念的崛起。然而在当代，我们不得不意识到，民族主义在经历了众多失败和灾难之后，已经失去了意识形态上的“正义”；而大量选择生活在西方国家，决定融入西方国家的“东方”后裔，对作为仅仅是血脉的“东方”本国并没有认同，也不享有共同利益。在这一“东方学叙事”里，那个“东方本国”是虚无的，“尚气”成为英雄所保证的是亚裔在美国环境内的强大和不屈，而这一形象和电影的拍摄本身体现的也是美国内部族群文化意义上亚裔要求话语权和自强的象征——其叙事本身是对于“东方”的误解甚至敌意，因为“东方”在故事里也是缺席的，作为主体的西方亚裔群体并不100%需要这一存在。

那么，这似乎是个“朱一旦东方学”的案例吗？在《尚气》同样也要在中国上映，其要“激励全体亚裔”的期待并没有将中国人区分出去的情况下，“东方”明明是在场的，它被刻意“缺席”了。

“东方”要求在这个故事里有更加积极的形象，甚至要求“尚气”本人的思想和形象不能是对“东方”的反叛，这一诉求在“东方”看来也许并不算过分，但对“东方学”叙事本身，对西方的文化话语传统来说，则都是颠覆性的——在当今的舆论环境内，“东方”同样被很多身为“东方”的群体认为不应该是积极的，对“东方学叙事”的批判话语也被认为是煽动民族主义的——根本上，这一展现了“东方”主体性话语权的声音在本体上被质疑，从而连带《东方学》理论的本体价值也同样被质疑。借用孙柏评价《狮子王》的话来说，“险被推翻的资本主义世界秩序得以匡复，第三世界注定的命运终于得到又一次的认证，而且，因为他们曾经的反抗、斗争，在这庆典时刻，他们还被要求双重赔付。”

那么，对于中国观众来说，《尚气》也意味着一种“双重赔付”吗？我们不仅要继续接受这个“东方学叙事”，还要因为我们曾经对这一叙事进行的反抗致以歉意吗？这个问题恐怕已经不再是本文可以回答的了，而在这里，本文想提起一首2003年的冷门歌曲《双刀》作为总结，该曲出自周杰伦当年发行的专辑《叶惠美》。

在这首歌的MV中，一位生长在唐人街的小男孩遭遇到了歧视和霸凌，施暴的群体什么族裔都有：小男孩前来寻求饰演MV男主的周杰伦帮助，男主前去理论却遭遇无视——在这个架空的艺术作品里，最终的剧情是男主手持双刀，对施暴对象进行了血腥残忍的彻底复仇，歌词里唱到“上一代解决的答案是微笑不抵抗……我看不惯尊严受伤家族如此不堪”。

这一歌曲本来是周杰伦惯用的对李小龙形象的致敬，编曲中插入的红白机格斗游戏音效更体现出创作本身的赛博时代图像意义；但MV故事的结局，以及歌曲结尾中极其哀婉忧愁的民族乐器、歌词中“那颜色中国黄”所带来的宏大叙事表达，无意间指向了对华夏民族百年苦难的一种回应，指向了一种极端而鲜明的“东方”主体性话语：暴力解决和对“国际化”的根本不信任。

这一最终的诉求和解读该如何评判，此处不表。最后我们可以用《双刀》中方文山写作的第一句歌词，作为本文所要关注的“后真相时代的东方学”的精准概括：

“透过镜头重新剪接历史给人的想象。”

存在一种赛博格女性主义和进步主义吗？

刊发于2019年6月30日

赛博格意象可以提示一条走出二元论——我们以此来向自己解释自己的身体和工具——的迷宫的途径。这是一个关于有力的异端异质语言，而不是关于一种共同语言的梦想。它是以使新右派的超级维护者害怕的方式说话的女性主义者的想象。这意味建构和破坏机器、身份、范畴、关系、空间、故事。尽管两者被绑在一起旋舞，但我宁愿是赛博格而不是女神。

——唐娜·哈拉维《赛博格宣言》，严泽胜译

（引文对“Cyborg”改译为“赛博格”）

注：本文将严格区别两个被中文网络翻译所模糊的名词。赛博（Cyber），意指

网络空间；赛博格（Cyborg），半人半机械生命体。中文网络世界往往将两个名词都翻译成“赛博”，造成较多误会。

唐娜·哈拉维的赛博格女性主义

唐娜·哈拉维在英美女性主义理论研究者中，是一个独特的跨学科“异类”：她的动物学和哲学背景，使她打通了一条灵长类动物学研究－人类学－身份文化批评－政治学的独特理论进路，而这条理论路线潜藏着的是对科学主义辩证性的批判，和对女性主义理论本体论的质疑：她一方面对科学主义进行批判，揭露其建构本质，同时却又对技术改造充满热情和希望；她强烈呼唤女性主义思潮和女性问题的解决，却又对当代的女性主义理论抱以釜底抽薪的颠覆态度。正如她所说，这一切都是“被绑在一起旋舞”的。

《灵长类视觉：现代科学世界中的性别、种族和自然》（*Primate Visions: Gender, Race, and Nature in the World of Modern Science*）是她的成名之作，缺乏相关动物学、生物学研究背景的读者往往会被本书前一半细致繁琐的灵长类动物研究成果（甚至可以说是考察数据报告）所吓退。作者用如此篇幅是真的要做灵长类动物的社会学研究吗？其实哈拉维更多地是在还原灵长类动物学研究的学科发展史，是一种“知识考古学”：通过动物学观察实践方法对灵长类动物的生活习性和社会构成进行的研究，在哈拉维看来就是一种男性观点科学体系建构的过程：在人类与灵长类动物的近亲和进化关系是公认的普遍“真理”，并可作为研究前提的基础上，对灵长类动物的研究也就直接导向人类学的结论，灵长类动物内部的种族、性别和阶级状态，也就理所当然地在人类学范畴内被“合法化”。哈拉维甚至就此评论道：“灵长类学是女性主义理论的一种。”

哈拉维这一论断看似荒诞，其实却就在我们身边。比如网络女性情感咨询明星Ayawawa的“女性”理论，就建构在她对各类猩猩生活习性的分类上，她也时刻借此标榜自己有关女性、婚姻和家庭的看法具有“充分的科学理论依据”。这一理论建构正是哈拉维所批判的一种科学主义的话语权力运作，即将自然界、动物界雌性地位较低的事实塑造为“自然而然的”科学真理和自然界运转规律，从而为在人类社会政治语境中压榨女性的事实提供理论基础。

然而哈拉维的这一论断在击破了男权理论话语霸权的同时，也彻底将所有把生理因素纳入到理论建构中的女性主义理论划出另册：作为一个动物学背景，本身应对男女性别的生理差异了如指掌的理论家，为何竟要如此冷酷地将生理因素彻底踢出女性主义讨论之外？实际上，以波伏瓦《第二性》（*Le Deuxième Sexe*）为代表的认为女性完全是被建构出来的观点，以及哈拉维所坚信的“性别、种族或阶级意识是由父权制、殖民主义以及资本主义充满矛盾的社会现实与可怕的历史经验强加于我们的结果”的观点，在当代早已受到广泛的修正和反拨：女性主义理论，尤其是文学艺术作品的女性视角几乎是不可能完全消除生理色彩的，甚至有更进一步的观点认为，对女性独特生理状态的书写是女性主义建构不可或缺的重要组成部分——类似严歌苓在《金陵十三钗》中以书娟的月经初潮为开场引出南京大屠杀这一时代背景的技巧，几乎已被认为是女性主义书写的经典例证。

哈拉维对女性主义理论发展方式的异议在于一种实际的社会问题关注视角：单纯地突出“差异”只能带来越发强力的对立和撕裂，而对男女性别生理差异的强调，同时也是在反面建构一种普遍的集体认知，制造某种“总体化”，取消女性内部的个体差异，从而湮灭个体的存在价值——如哈拉维所说，要是我们试图制造一种适合所有女性的女性主义理论，那这和制造一种全人类都必须相信的帝国主义理论又有什么区别呢？

此时，哈拉维“以一种后现代主义的、非自然主义的方式，在想象一个无性别的世界——也许是一个没有遗传的世界，但也许也是一个没有终结的世界——的乌托邦传统中，促进社会主义女性主义的文化和理论”，她在《赛博格宣言》中毅然提出了这样一个看起来非常“科幻”的问题：如果人机融合技术的发展可以抹平一切性别上的生理差异，那么性别问题还有必要存在吗？

她断言，“毕竟，性别不可能是普遍的身份。”也就是说，当鼓吹赛博格技术的理论家们热情、欣喜地看到人机融合为人类作为一个“集体”的存在所能带来的巨大变革和发展的同时，赛博格技术对于每一个“个体”的影响和变革也同样重要。在赛博格技术高度发展的前提下，不仅是性别的生理差异可以被抹平，一切有关性的、有关生理性的、有关少数族裔群体的、种族的，甚至文化的差异都可以被技术浪潮轰然推平——技术的担忧者往往忧愁于技术将我们同化为单向度，却遗忘了有时候差异对个体本身所带来的痛苦。技术可以不反对差异，技术完全可以只反对那些会引发痛苦和争议的差异，而我们能够享受的“差异”，理应是我们自己选择的。当赛博格理论进入的时候，不仅是女性主义，一切亟需斗争的群体都获得了全新的方向，因为传统意义上的逻辑二元论和认识论从根本上被打破了：“赛博格颠覆了西方文化起源的中心神话……对女性主义赛博格来说，最为重要的是菲勒斯-逻各斯中心主义（phallogocentrism）的起源故事。”

现在看来赛博格女性主义也许还只是一种不曾实现的“科幻”，但它彻底撕下了试图掩盖前现代传统与后现代主义被统一在某种群体（如女性、黑人族裔、酷儿集体）之中时，其斗争过程中产生的不可调和的矛盾之上那层温情脉脉的面纱——是否承认二元论和传统认识论？是否需要规范的统一言语建构？既有的“差异”究竟该被视作斗争的武器还是应该被超越的藩篱？女性主义理论需要一种范本吗？哈拉维的赛博格狂想，令所有弱势群体和少数族裔理论研究者们，都不得不回头重新反思自己的初衷。

我们能够接受“后人类”的进步主义吗?

哈拉维的赛博格女性主义对技术的态度是辩证的。它提供了一条完全不同于法兰克福学派传统渲染技术异化、具有恐惧色彩的态度，采用的是女性视角、个体视角而非男权思维、集体主义的技术乐观态度，这在理论界较为少见。哈拉维同样通过对灵长类动物学学科体系建构的推演提出了她的技术恐惧，但她同时也指出，如果女性仅仅是因为这种技术被男权统治力量所使用而因此拒绝技术，无疑是在本质上“对男权主义复制梦想的滑稽模仿”。在她的赛博格狂想里，技术完全可以被主体所运用和掌控，只要破除了对技术带有男性视角的科学主义建构，技术就可以成为个体追寻自由和差异的一种绝佳手段——哈拉维的“技术”可以说经过了黑格尔所谓的“扬弃”，螺旋上升为全新的理念。我们惊讶地发现，在后现代主义的、非自然主义的乌托邦图景下，依然存在一张进步主义的黄金图式，我们终究可以对人类的未来抱以信心。

然而在当代中国对女性主义的公共讨论中，技术时常以一种代表男性权力的“魔鬼”样貌出现。通讯和信息技术的发展必然带来大规模的控制和监视：这几乎已经是从批判理论的学养中诞生的某种社会共识，在几十年来的“赛博朋克”文学中成为一种颠扑不破的世界观：技术被传统的、前现代的规范和意识形态，塑造成了需要被控制的魔鬼。

数周前，一名试图运用大数据搜索和人脸识别技术分析色情网站上女性面部并以此“为男同胞提供福音”的程序员激发了大规模的女性愤怒——隐私权的被侵害、对女性强烈的物化意识都成为了批判的风暴中心。几日后，一则由女性发布的，希望相关部门运用大数据曝光并公开男性犯罪分子记录的微博呼吁却也遭受到男性观点的反噬。“隐私权”这一被普遍认同的伦理此时成为性别对立双方共同的争辩武器，连同技术也成为一种被争夺的手段，其价值仅仅在于斗争中如何仅为其中一方服务：我们已经默许了技术的无所不能，也默许了我们的生活和未来将彻底为技术所改变。

而这样的状态，正是意大利理论家、德勒兹主义者罗西·布拉伊多蒂（Rosi Braidotti）所提出的“后人类”的概念：无论是离不开智能手机，随时被各类设备所监视的当代人类，还是未来实现人机融合的赛博格人类，我们都已经不再是过去的人类形态，技术终将改变我们，而我们也必须思考如何作为一种全新的人类生活下去。也就是说，很多我们津津乐道的“伦理问题”是没有讨论价值的，这些讨论也许会延缓一些技术的革新和运用，但终究无力改变我们作为人类主体根本上的被改变。

“后人类”意味着高度去人类中心化。一切从启蒙人文主义时代所建构而来的有关人类身体独一无二、人类精神无比高贵的论述都过时了，我们唯一珍贵的仅仅是我们的存在本身。也因此，将大脑意识上传至云端从而放弃肉体获取永生，成为了后人类意义下的一种赛博格形式。种种类似的狂想都指向一种对身体性的厌弃：如果之前的赛博格主义是运用技术来弥补身体性的不足，从而以身体性的完美而达到纯粹自由的话，“后人类”的赛博格甚至认为身体性正是束缚人类自由的一部分，我们完全能以数码形式存在。可如果身体性被彻底抛弃，是不是一切身份认知、政治理论和少数族裔的理论斗争问题都会得到技术性的解决？从智能手机开始起步的“后人类”，是否更有可能是要取消一切身体差异而不是让身体变得完美无缺？诉诸云端的人类和机器的差别还会清晰吗？我们究竟会以一个什么样的形态迎接这必然到达的未来？

布拉伊多蒂反复试图将德勒兹与瓜塔里（Félix Guattari）的批判话语引入到她的“后人类”语境中，“游牧机器”“逃逸线”“微观政治”等反抗语汇的闪耀似乎意味着，面对汹涌而来的技术和机器对我们的控制欲望，人类只有同样运用机器武装自己，甚至借助技术生成、升华为全新的形态，才能够彻底反抗并击溃所有异化我们的东西——我们必须主动选择一种我们能够接受的异化，从而避免我们无法接受的异化，即寻找到全新的“想象的主体性”。

我们真的愿意接受这条道路，接受这一进步主义的黄金图式吗？归根结底，这种对于未来的愿景究竟是一种对人类的乐观，还是恐怖科幻故事“缸中之脑”的再现呢？其实，这一切都关乎于我们如何理解马克思那句引发人类永恒为之而奋斗的箴言：“实现人类的全面发展”——我们究竟还需不需要以一种坚实的动机来鼓舞前进呢？还是当我们生存在这个世界上的时候，我们就已经不可避免地在向前行进了呢？

身处神话开端的我们还有选择吗？

1914年，英国外交大臣爱德华·格雷（Edward Grey）爵士望着深夜关灯打烊的商场，突然说道："我看见欧洲的灯火正在一盏一盏熄灭，我们的有生之年再也见不到重新点亮的时候了。"那是一个尼采刚刚喊出"上帝已死"的时代，那是一个既有的人文主义和启蒙价值刚刚被开始质疑的年代，那是一个现代性的不确定和震颤开始普及大众的年代，那是一个马里内蒂在《未来主义宣言》里公开宣扬"我们要歌颂战争——清洁世界的唯一手段"的年代，但却没有人会真正预见到接下来的两次世界大战和数十年的冷战，几乎将人类送到了地狱的边缘。

新世纪到来，我们从此对20世纪下半叶玄之又玄的文学转向理论失去信心，我们试图重新用理性的、看似正常的、客观的东西来重建信仰，我们试图相信某些概念是人类永恒不变的价值。可现在的我们解决问题了吗？我们是否会觉得问题最终没有办法解决呢？我们是否都只是在斗兽竞技场上被无形的力量划分了阵营的角斗士，只是借助网络空间进行着不流血的斗争与厮杀？

事实是，公共空间上的性别讨论随着每一次女性受害犯罪事件而变得更加撕裂。面对女性受害的悲惨状态，女性观点逐渐走向斗争性和不妥协——仅仅针对犯罪分子本人和法律应对措施的讨论已经不能满足女性的诉求，性别对立、对男性的无差别谴责和恐惧成为观点上的某种主流。面对这种观点的反驳是苍白的，因为女性一方彻底的斗争姿态和真实情感，使得所谓“客观”“理性”的讨论，更像是纸上谈兵、麻木不仁的空谈。

同时，这种斗争性的直接矛头，或者是被普遍认为的直接对象，大多也指向单身青年男性群体。因此，面对如此直接的斗争性，男性观点使用一种“另开战场”式的对恐惧情绪的贩卖，完成了对“女权”的强烈污名化：当女性观点将所有男性都纳入到斗争对象时，即意味着“理性”的彻底退出和性别讨论的终结（在男性观点话语中，“理性”某种意义上也具备性别独占的优势）。于是，在各自话语无法沟通的情况下，撕裂、战争和抱团取暖的舆论带来了双重的“污名化”。网络赛博空间带来的是无差别的发声渠道，也同时带来难以跨越的、群体性的透明信息茧房，以及对斗争的彻底浪漫化想象：网络和技术给予了女性问题（或者说很多其他问题）极大的讨论空间，也同时暗中为空间划定了界限。

那么神话故事的开端是：就在我们逐渐意识到信息自由并不能带来沟通交流的自由，身怀各种利益牵制的我们，其实是在运用信息建造更高的信息壁垒、加强沟通成本的同时，5G时代又在技术突破的大环境下悄然来临。实际上，不仅是普通人，哪怕是通信科研从业者也很难预计技术在未来是如何使用的，一如当初只以为加载图片会更加迅速的4G带来了铺天盖地的网络直播和交互时代那样，我们对未来5G时代可能带来的生活变革也一无所知：这种透明的信息茧房是会被塑造得更加难以逾越，还是有可能在信息的洪流中轰然崩溃？

我们人类仅仅能够满足于作为技术的裹挟对象吗？我们自己能不能向新的存在形式发展，从而主导和控制技术呢？实际上，当人类意识到技术改变了我们的生活时，技术似乎也就真的成为我们改变理论困境和社会困境的一种可能性——马克思当初预言的"物质条件高度丰富的时代"，也许是在指一种技术解决物质条件的"后人类"未来。我们因为技术的广泛运用而越发撕裂，其根本也许是我们还没有去主动改造自我？赛博格主义是否带来了一种创造新世界的进步神话？

神话的开端，选择已经给出；神灵在哑口无言，人类在诚惶诚恐。

新反智主义：非人理论下的赛博朋克时代

刊发于2019年5月31日

近日南阳“水氢发动机”新闻在各大新闻平台的发布和其被当作“科学创新”典型的事实，暴露了相关政府管理者、新媒体平台记者和运营团队科学素养的严重缺失，而社会各界对其科学性一本正经的讨论，也颇令人费解。如果你曾经历过上世纪80、90年代各种“气功”和“伪科学”狂潮，那么可能会疑惑，为什么20多年过去，“水变油”的经典伪科学骗局居然还能成为新闻讨论的焦点？到底是什么样的社会神话，造成了我们还在停滞不前？

“反智主义”于1962年由美国历史学家理查德·霍夫斯塔德（Richard Hofstadter）在著作《美国生活中的反智主义》（*Anti-Intellectualism in American Life*）中提出，但实际上这并非一个严格意义上的理论名词，只是一种对社会现象的观察和概括。多年来，对“反智主义”的批判建立在对“常识”的推崇和对“科普”的诉求上，仿佛“反智主义”的根基只是“愚蠢”和缺乏教育。这样的论断也许在需要由葛优亲自演绎现身说法（电视剧《我爱我家》中葛优扮演发明“水变油”的纪春生）才能够扭转社会观念的上世纪90年代尚算成立，但在当代，似乎具备一股更加强烈而无形的力量，让“反智主义”不仅不再愚蠢，甚至成为一种难以辩驳的逻辑陷阱：指责某些人或事物是“反智主义”，反而是不具备开放思维的体现。

实际上，某种“后现代”的“反智主义”，不仅不能被归结为愚蠢或是教育缺失，而且还恰好来自理论前沿和知识分子，带有“反科学主义”的意味，而这一切都走向了当代某种流行甚至会成为时代缩影的症候：非人理论和人文主义的破产。

不知不觉间，我们来到了没有霓虹灯的赛博朋克时代。

知识考古学和科学主义的建构

任何一种体系和思潮建立的同时都必然伴随着反思。随着古典学意义上的“知识”已经无法满足人类对世界探索发现的需要，启蒙运动宣扬“理性”的一大具体实践，就成为对“科学”的定义和对“科学主义”的推崇，而当代社会观念中对“科学”的普遍尊崇和尊重，也绝非自然产生、理所应当的，同样经历了非常复杂的建构过程。

当我们谈论起“科学主义”时常会疑惑于这一名词的模糊性。实际上，启蒙运动思想家们和后来的科学史家们并不常用这个词汇，这个词汇往往是在当代理论家的笔下以被批判的性质存在的，宛若一个被构建出来的“枪靶”。粗略地说，有两种不同概念的“科学主义”：第一种是本体论的，认为科学可以探索认识整个存在世界的运转规律并加以运用。法国“百科全书派”主将，《百科全书》副主编达朗伯（Jean le Rond d'Alembert）说，“宇宙只不过是一个事实和一条伟大的真理”。后现代理论家们往往将此作为批判对象，从而渲染科学主义以自然科学方法统治人类一切认识模式的“霸权”行为，“反科学主义”“非科学主义”的论述不绝于耳。

米歇尔·福柯1966年发表的《词与物》（*Les Mots et les choses*）和1969年发表的《知识考古学》（*L'archéologie du Savoir*）看似石破天惊，实际上只是将当年启蒙运动思想家们进行的建构活动，重新揭露在早已认为“科学”不可辩驳的大众意识面前。福柯以“知识型”来将人类的知识认知体系概括为一种可以被分析、被构建和取消的客体，用语言学的方法发现了人类历史上各种“知识型”之间的系谱关系和内在的某种断裂——“科学”概念也绝非先验存在的，成功的分类方式、数学计算和实验结合的科学方法、人类被认为固有的可作为获取真理保证的“理性”这些元素共同组建了“科学”的神圣性；这种建构的理论基础，则建立在对“真理”本体论的确信上。

有趣的是，真理的本体论本身就是被怀疑的。启蒙运动思想家激昂宣扬理性和科学的当时，就有如休谟这样的“不可知论”者，对组成科学方法和真理本体论的重要部分“因果关系”做出质疑——甚至可以说，20世纪从尼采、弗洛伊德等人开始的现代和后现代主义思潮，有很大一部分来自对休谟不可知论的难以反驳。于是在这里，科学主义发展出了第二种面貌，即认识论意义上的“科学主义”，即科学认知活动是人类目前最有效的、最准确的认知活动，我们也许无法做出对“真理”彻底的本体论证明，但将各门学科中获取的单一的、有限的原理综合起来，还是能够还原部分，甚至全部的“真理”。这正是康德用“物自体”理论对休谟提出的“因果关系”悖论的解决方式，而“还原”也是后来现象学认识论继承康德并期待超越康德的理论路径。

不过，虽然本体论和认识论上的科学主义在思想根源上截然不同，但在实用层面还是给出了同样的答案——科学主义的方法是最好的，是必须被尊崇的。这种殊途同归显然不能化解所有质疑：只要“真理”的本体论一天不被确证，“物自体”的阴影还笼罩在存在世界上空，“现象还原”和科学认识论就都有崩塌之虞。科学主义的建构在经过“知识考古”后实际上被证明是脆弱的，它反复被理论家和各种话术塑造为某种先验的存在，但福柯早已指出，一切知识体系都无法摆脱其实际上是被当时的话语和权力所掌控的事实。

无论是真的“反智主义者”还是严肃的学者，都能够找到如下的一些事实：地心说、质量决定下落速度说、牛顿三大定律等曾经被认为是自然世界最纯粹“真理”的科学理论，随着时代发展和认识推进，都有可能被证明是错误的或者是不完善的。而这种“错误”并不会让人类的探索和建设活动完全“南辕北辙”，因为它们在其“知识型”内部是自洽的，是被实践证明最“实用”的，在既定的时空范围内甚至可以被当作“真理”。这就更让人开始对启蒙运动以来对科学主义的先验性建构产生质疑：我们所知道的“常识”，究竟真的是“常识”吗？什么是真的，什么又是假的呢？认识论的科学主义提供给我们的所谓“最优解”，真的就是“最优”的路线吗？

这也许是一个从人类诞生以来就被打开的“思想魔盒”，后现代理论则再度将这个幽灵还魂复生——而这些复杂的“反科学主义”“非科学主义”式的思维实验和理论阐述，却又意外与“反智主义”和身份政治合流。如今欧美盛行甚至流传到国内的某些“反科学理论”，如“地球是平的”“XXX病是假的”“进化论是骗局”等等，已经不再是一句“破除愚蠢”能够解决的了，其背后是深层次上人们对阴谋论的热衷、对阶级分化对立的情绪、对个人生活状态的不满、身份政治和平权意识的自我保护乃至对宗教传统的笃信。这些都成为当代全新的“反智主义”的理论根基。

我们面对着这样一种振聋发聩的质问：你为什么只坚守你的科学主义信条，而不用开放、包容的态度去认识与你思维不同的事物呢？在无言以对的同时，我们面对的将是这样一个永恒的问题：“后现代”如何不萎缩退化为“前现代”？我们究竟是否在“前进”，而“前进”本身又是否是先验正确的？

应该怪罪的是理论自己吗？

对于这种困境，一个非常简单直接的反应方式就是：应该怪罪后现代主义的“非理性”本身。这一批判和反击的路径，早在后现代主义理论尚在雏形时就已经在场，而他们的批判和质疑，有的并不成功，反成为后现代思想本身扬名立万的阶梯；也有的“蛇打七寸”，敲响了人文学科内部危机的警钟。

1963年，罗兰·巴特发表《论拉辛》(*Sur Racine*)，遭遇到专门研究拉辛的学者雷蒙·皮卡尔（Raymond Picard）的愤怒反击。他写作《新批评还是新骗术？》（*Nouvelle critique ou nouvelle imposture?*）一书，指责巴特的拉辛研究罔顾事实，是激进而边缘的"怪癖"。皮卡尔对巴特的批判更多是站在学术共同体利益立场上的自我保护，他站在拉辛研究专家的角度，完全拒绝巴特对拉辛自由的文本解读，也误用了"新批评"一词。巴特迅速写作《批评与真实》（*Critique et Vérité*）进行反击，这场轰轰烈烈的论战被巴特提升到了反抗学院建制主义的高度。而这一理论高度的攻占，宣告了皮卡尔在舆论阵地上的彻底失败：皮卡尔本意是想指责巴特的研究对拉辛"原意"的不尊重，对某种文学"真理性"的不尊重，但这种指责却暴露出传统文学研究学术体系的僵化和傲慢，其对"真理"的坚持恰好正是巴特所反抗的权力话语。于是，此次论战反而让巴特声名鹊起，使其成为文学领域内解构主义和后现代主义理论的领袖。

然而相比于皮卡尔的"作茧自缚"，1996年的"索卡尔事件"则是一次对后现代主义理论的精准打击。量子物理学家艾伦·索卡尔（Alan Sokal）向著名的文化研究杂志《社会文本》（*Socail Text*）递交了一篇名为《超越界限：走向量子引力的超形式的解释学》（*Transgressing the boundaries: towards a transformative hermeneutics of quantum gravity*）的论文，这篇文章看似是用解释学方法来重述量子力学的尝试，是现象学认识论与科学认识论的融合探索，因此得到了审稿专家们的高度重视并得以发表。然而文章发表后索卡尔才揭露真相，这篇文章是他故意写作的一篇“诈文”，其中埋藏了大量的科学常识性错误，而文章中所谓量子力学与解释学的关联也完全是他胡乱捏造的——在他看来，某些后现代理论家打破学科壁垒的尝试就是某种“相对主义”的学术骗局，他的动机就是测试《社会文本》的审稿编辑和专家们是否能够分辨出来。“索卡尔事件”爆发了当代理论视野中科学主义与后现代主义理论之间剧烈的冲突，后现代理论和“文学转向”后跨学科现象显著的人文理论遭受到大众的广泛质疑。

“索卡尔事件”也绝非孤例。就在2018年，海伦·普拉克罗斯（Helen Pluckrose）、詹姆斯·A.琳赛（James A. Lindsay）和彼得·博戈西昂（Peter Boghossian）三名学者宣布，他们一年之内以女性主义语汇、少数族裔身份话语、动物保护和生态主义主题，附加随机编造出来的数据、引用和人名，拼凑出了20篇论文进行投稿（甚至有一篇文章大量拼贴了希特勒《我的奋斗》中的段落），最终竟也有7篇通过了严肃的审稿流程被发表。人文学科的思想理论前沿与科学主义开始分道扬镳，而不再像启蒙运动时代那样携手共进，这是“索卡尔事件”和这些后续事件所暴露出来的最大危机。

对后现代主义和解构主义理论“非科学主义”的抨击在美国学

者理查德·沃林（Richard Wolin）2004年的著作《非理性的诱惑》（*The Seduction of Unreason*）里来到争议的巅峰（数年之后理查德·沃林本人也对自己的观点做出了部分修正）。沃林认为后现代知识分子从根本上对“理性”的厌弃和对“非理性”的热衷，直接指向了他们对自由主义和当代文明的敌意，认为如尼采、海德格尔等人的思想之所以与纳粹关系密切并非意外，而正符合后现代理论的内在逻辑，因此对整个后现代理论做出了“法西斯主义帮凶”的指控。相比于“索卡尔事件”中站在科学主义立场上的指控，沃林的批判则更像是人文理论内部的立场之争，是某种“诛心之论”。

这些指控是有道理的吗？毫无疑问是的，但现代理论作为当前欧美国家意识形态下的一种反抗力量，本身所处的环境是险恶的。单仅本文所提到的与“反智主义”的合流就是例证：如果反智主义者以开放思维的话术来宣传“地球是平的”，以尊重信仰的话术来宣传“进化论骗局”，以阶级斗争的话术来进行医疗、科研方面的阴谋论，我们更应该怪罪的是反智主义本身，还是被利用了术语的后现代理论？是何种话语权力将后现代理论的话语与反智主义勾连起来？又是何种社会神话塑造了科学主义在“神圣不可侵犯”和“只是一种观点”之间的能指漂浮？人文理论与科学主义之间不可调和的冲突，究竟是与科学方法、与“理性”概念的冲突，还是实际上依然是与既定结构、社会体系与国家意识形态机器的冲突？科学主义又是如何被国家意识形态机器引为对抗后现代理论的先锋的呢？

乔纳森·卡勒（Jonathan Culler）曾经在《文学理论入门》（*Literary Theory: A Very Short Introduction*）中自嘲，现在的理论家（theorist）更像是恐怖分子（terrorist）。然而，这种自嘲的背后，何尝不是又一种神话般的、宛若当年建构科学主义那样的话语权力运作呢？

真正的危机：我们不在乎“high tech, low life”了？

如果说理查德·沃林的《非理性的诱惑》被情绪裹挟理性判断，做出了很多超出正常批判范畴的论述的话，他有一个观察却是清晰的：后现代理论对“非理性”“潜意识”的关注，的确动摇了人文主义和自由主义的根基：“理性”，导致了当代对“人性”的理解走向了新的层次。对于人性被“异化”和“单向度”的重视在意识形态批判的维度下，从文艺复兴开始的人文主义和“理性人”的基本概念，在非人类中心主义和“非理性”思维的影响下遭遇到前所未有的危机。

这种思维的一大标志即是当代科幻、奇幻类流行文学中非常鲜明的价值取向转变。随着《三体》获得雨果奖、《流浪地球》票房热卖，科幻艺术成为国内所关注的热点——刘慈欣的作品价值观复杂，风格各异，但他最受欢迎的作品，如《三体》第一部和电影版《流浪地球》，都展现出类似欧美20世纪40年代到60年代间，以海因莱因（Robert Anson Heinlein）、阿西莫夫（Isaac Asimov）和阿瑟·克拉克（Arthur Charles Clarke）“三巨头”为代表的“科幻文学黄金时代”风貌，大致可以粗略概括为对科学主义的信仰式弘扬和对人文主义、人类精神的热情赞颂。然而实际上，随着“黄金时代”过去，从威廉·吉布森（William Ford Gibson）的《神经漫游者》（*Neuromancer*）开始，欧美科幻文学就进入了以“high tech, low life”（高科技，低生活）为特色的“赛博朋克”时代——虽然追求解放和自由的思维本质没有变化，但对于人类自我存在的神圣性、集体利益和生存意义的重视性显然大为降低，德勒兹所谓的“游牧性”“逃逸”和“微观政治”成为了意识形态上的共识，赛博义肢、网络空间、高科技生命体、人工智能等语汇都指向唐娜·哈拉维所说的“赛博人”的概念，人类寻求自我价值和独立解放的方式，已经完全超出了黄金时代的人文主义维度。

这一思潮在当代中国与刘慈欣这些“黄金时代”风貌的作品产生了巨大回响。在一次公开讨论的沙龙活动中，刘慈欣谈到了一个思想实验，即如果你必须吃掉一个人才能保证人类种族的延续，你会如何做出选择。刘慈欣站在人类中心主义的角度认为“生存是文明的第一要务”(《三体》中著名语录)，因此选择吃人。他的回答在网络讨论场域内爆发了巨大的争议。其一是因为现场假定举例要“被吃”的是一名女主持人，从而引发了性别主义上的争议；其二则是“如果人类要靠吃同类才能生存下去，这样的种族还不如灭亡”成为了观点主流，而这一观点是站在宇宙和自然的生态角度，鲜明呈现非人类中心主义的，这也与《流浪地球》所表达的价值观冲突。本来试图以国际主义视角化解意识形态争端的影片主创们无论如何也不会想到，很多观众借此质疑的，是“人类种族生存高于一切”这一人类中心主义语汇——某种意义上，这更多是大众对集体主义意识形态的激进反抗，但与此同时，也将后现代“非人理论”的可能性播种到了日常公众讨论的场域之内。这种可能所带来的重大危机，现在或许还不能想象。

我们已经进入了一个没有霓虹灯闪烁的赛博朋克时代。科学主义和技术进步是不可置疑的宗教信仰，网络空间是我们的精神家园，智能手机就是我们的赛博义肢。一切集体性的、崇高的、生存主义的话语都是被唾弃的，我们在异质空间里的交流对话孤独寂寥，却又自得其乐。

从这个意义上，“水变油”再次成为讨论话题，反智主义开始不受教育水平影响的根本原因，也许是我们真的相信科学可以让一切都成为可能。然而这一相信也同时意味着我们对科学主义的敬而远之和对我们自己的自我异化——当生存只是生存本身，所指等于能指，符号仅仅就是符号的时候，我们也许真的会发现自己已经不再是人文主义维度下的“人”：而我们做好了成为“非人”的准备了吗？

Ⅱ

“葛丽泰·嘉宝的脸”：时代 icon

嘉宝的脸再现了这一靠不住的时刻，此时电影欲从本质的美中抽去出实存的美来，原型将转向容易衰朽的脸的魅力，对肉体本质的观念让位给女性的诗情。

——罗兰·巴特《嘉宝的脸》，屠友祥译

（神话）除了口头言说之外，还可以是其他事物；它可由文字或表象构成：不仅写下的言辞，而且照片、电影、报道、竞技、戏剧表演、广告，这些都可以用作神话言说方式的载体。神话不是以其主题来界定，也不是靠其材料来确定，因为任何材料都可以被任意地赋予意义……神话的言说方式（措辞）是由为了恰到好处地传播而已经精心加工的材料铸就的。

——罗兰·巴特《神话是一种言说方式》，屠友祥译

周杰伦与21世纪的前两个十年

刊发于2019年8月19日

周杰伦是真正的当代神话。

90后掌握话语权后周杰伦曾获得无可争辩的话语地位，但如今,21世纪第二个十年刚开始时的周杰伦，正处于非常艰难的时期：《跨时代》《惊叹号》两张专辑连续未达预期，电影道路也因糟糕的演技和反响基本堵死。从大环境看来，虽然他始终未曾跌下过华语乐坛的神坛，但那个时候的华语乐坛神坛正在缓缓下沉。我们似乎看到了一个时代的落幕，他的身影突然开始狼狈不堪。有些人一定还记得，并没有多久之前，他染了一头韩式金发，炫耀出几层腹肌，开始唱卖萌歌词，他说他不能被新一代的听众抛弃。

不过很快，他就被扶上了新的宝座，也以娶妻生子宣布回归常理。在这个全新叙事里，已经不再有一个作为整体出现的“华语乐坛”的位置。而当“周杰伦”被作为一个叙述客体进入到现代神话学分析的时候，我们也要指出这并非是“盖棺定论”：我们探索的是他所有作品所组成的一个文本场和多重符号，而并非单指他个人——当然，他个人是这个多层符号操演中不可抹去的所指。

但是，神话学的根本逻辑是不变的：每个时代都需要它的偶像和英雄。这个偶像一定有能力改变这个时代，同时也会产生自己能够抵御时代的错觉。等到他失败之后，人们将他推上神坛，再去感叹神话和英雄的不复再临。

赛博时代的图像式音乐

传统的流行音乐研究人士，会指出周杰伦在华语乐坛范围内引进R&B和说唱音乐的独特贡献。相比于同期进行华语R&B创作的歌手，周杰伦从一开始就展现出天赋与才华：他的作品几乎毫无源自外国的学习痕迹。从《娘子》诡异的切分节奏，到韵母短发音甚至不发音的独创汉语说唱方法（周杰伦曾直言“字正腔圆”的汉语发音会造成“数来宝”的听觉感受，这一观点在数年后的多期华语嘻哈综艺节目里得到了普遍印证），周杰伦对于华语流行音乐的革新是划时代的——他也无可争议地拥有最多的模仿者，甚至可以说他决定了一代人的“QQ音乐审美”；而后期被广泛注意的则是他与方文山合作的“中国风”歌曲，《东风破》《菊花台》《千里之外》等让周杰伦完成了与上一代人的和解，改变了“长辈们嗤之以鼻”的定位，在全年龄受众被打开的同时，也被推上了极致主流的平台；另外，不可忽视的是其长期稳定的旋律输出能力和出众的传唱度，保证了其作品能够在风格和写法不被听众熟悉的前提下，依靠旋律的亲和力增强理解和接受。

然而，仅限于流行音乐范畴的讨论并不能完全解释周杰伦的成功。当我们回忆起21世纪第一个五年中华语乐坛巅峰时期的诸多代表作品时，我们会不经意发现周杰伦的歌曲仅仅在歌名和主题上就与众不同：周杰伦的作品缺乏一个鲜明的“抒情主体”，也缺乏较为直接的“抒情主题”。诚然，传统意义上的“芭乐情歌”是永不过时的，周杰伦自己也有稳定的“芭乐情歌”输出（比如一代学生恋爱名曲《晴天》），但也只有那个周杰伦，以及在那个时代与周杰伦过从甚密的歌手们和模仿者们，会推出一系列演唱者本人在歌曲中几乎不存在的作品，没有“我爱你”，也没有“我对这个世界怎么想”，仅作为叙述者、吟游诗人、画家或者世界构建师，最后也不存在明确意义和理性表达，留给观众的是强烈的画面和世界性体验：

我们可以把这类歌曲称作“图像式音乐”。

可以进一步指出的，是从吸血鬼古堡到日本伊贺流忍者，从教父三部曲到唐人街的双刀，从三国、魔兽的游戏世界到米兰的小铁匠，从印第安的老斑鸠、爱喝牛奶的牛仔到黑人爵士的夜航船，周杰伦的灵感来源基本来自电影和电子游戏——因此，我们可以称之为一种在21世纪网络时代里，以赛博空间为传输媒介的独有的图像生产。

这本不足为奇，电影和电子游戏正是80后、90后这两代人普遍了解世界的方式，但不同的是，周杰伦的这些创作是将传统意义上被认为是“素材”的材料重新组合为作品，以图像思维而不是理性思维的形式再现于音乐中。以周杰伦近乎创作巅峰的《以父之名》为例：作为一首灵感来自电影《教父》三部曲的歌曲，其重点并非是创作者对《教父》的思考与感悟。作为音乐创作者，周杰伦抓住的是稍纵即逝的孤独又决绝的情绪，他以长篇累牍却并不愤怒的说唱和低落的和弦长音旋律模拟了这一绝望而有力的情绪空间。与此同时，作词人黄俊郎赋予了作品大量繁杂绵延的视觉符号，编曲者洪敬尧用意大利语祷告、花腔女高音的歌剧段落、枪声、女子尖叫声与古典钢琴等听觉意象赋予作品极强的图像感。

一场五分钟的多感官冲击之后，我们依然不知道周杰伦想要借由《教父》三部曲告诉我们什么具体的东西，但我们已经完全熟悉并共情于这个独特的，由周杰伦阐释构建的“教父”世界。在《以父之名》这首歌曲中，属于创作者周杰伦的文本与《教父》既有文本之间的界限已经被彻底模糊，整个作品从根本上可以归结为一种文本场域的拓展式图像生产。这一图像某种意义是不可能单独成立的，它从结构上都是对既有符号的提炼，能指的升华和符号的重新组合，从肌理上根本是“超文本”和互文性的：它不生产意义，同时又把明确的意义生产可能暴露出来。

周杰伦、方文山以及他的“编曲三剑客”洪敬尧、林迈可、钟兴民，MV导演邝盛，都曾有意识地表达过他们在构思和创作中要求的“画面感”与“电影感”。他们指向的是一种对传统流行音乐主体性抒情诗歌传统的革命，重新赋予了无主体的、音乐图像式的、面向客体的认知功能：在文本自由生产的同时，互文创作带给听众的是世界的认知性。我们已经无法考量，周杰伦通过电影和电子游戏创造的这些世界在知识普及和开拓眼界方面对80后、90后的数代听众产生了多大的、堪称世界观构建级别的影响：不仅仅是通过《爱在西元前》了解到底格里斯河与幼发拉底河，更是了解到一种全新的艺术作品的存在形式，以及借助文本和网络直接投入到创作的可能性——这一可能性指向的正是网络赛博时代“人人都是艺术家”和“对宏大叙事的不信任”的一种强烈的、在中文语境内迟到的后现代性。

但就像中国改革开放近乎以一个瞬间消化了世界几十年来多层次的文化与思想那样，周杰伦引领的图像音乐时代似乎也并没有那么长久。从21世纪第二个十年开始，一切都改变了。

回归“人设”并远离情动时代

周杰伦自从出道以来一直伴随着“没有改变”的争议，这种争议根源来自其独特的个人风格化与大众地位之间的强烈割裂。大众推崇的位置决定了周杰伦被要求满足一切审美口味，必须多元、妥协和圆润，这与周杰伦本身直观的、风格强烈的艺术气质是脱离的。实际上，周杰伦在21世纪第二个十年的开端，是存在明确的创新意识的：这种创新意识来自欧美流行音乐风格走向电子主导的强烈驱动。然而，如果说21世纪初周杰伦的创新适逢其时，那么这一次周杰伦的创新则过早了，或者说，出现了水土不服。

平心而论，《跨时代》《惊叹号》两张在华语流行乐坛以大规模发售为标准，近乎最早的电子舞曲、Auto-tune风格的专辑，从音乐制作上来说是不成熟的。同时，也因为周杰伦当时过快的创作频率和精力不足，在旋律亲和力上也是缺失的，它们在商业上和艺术上的失败咎由自取。但不可否认的是，当时的华语乐坛完全没有做好迎接全新风格的准备，周杰伦自己的粉丝群体对他这些尝试的唾弃和不认同是遭遇失败的一大原因。

当时的华语乐坛出现了一种传统抒情主体回归的现象，以陈奕迅等人的流行为特征——图像音乐遭遇不可避免的式微。一方面是经过十多年的文化传播，新一代受众已经彻底打开了艺术视野，周杰伦等人带来的图像已经不再是了解世界的唯一途径，周杰伦本人在电影、音乐、游戏等领域的审美品位也已经不能满足听众的需要；而另一方面，这也是图像时代和互文理论所代表的后现代性，在被网络介质所扩展到极限后必然的自我收缩——能指的空无来到极致，必然预示着所指的重新归来。近乎十年缺乏抒情主体的华语乐坛，急需传统意义上“芭乐情歌”的回归。面对这样的局面，周杰伦（准确地说是以周杰伦为代表的这群创作者和音乐制作主体）不得不屈服于商业逻辑选择了退缩。十年前，适逢其时和才华充沛保证了周杰伦的创作趋向与商业逻辑达到完美结合，那么十年后，时代的巨轮和周杰伦自身创作灵感的枯竭（直接表现为旋律亲和力的大幅下降），使得周杰伦不得不以《十二新作》《哎哟，不错哦》《床边故事》等“守成”作品进行回归和自我人设的构建，从而符合当今的商业逻辑。

于是，一个“人设”性的周杰伦成为了他21世纪第二个十年的注脚。周杰伦回到自己第一个十年的风格上进行了更加精细也更加程式化的生产，也彻底抛弃了概念专辑创作的可能。如今周杰伦的作品已经是他既有成功模式的精准复制，快慢歌的比例、必然要有的“中国风”、偶尔出现的图像音乐风格以及“芭乐情歌”的持续产出，21世纪第二个十年的周杰伦才真正符合第一个十年中评论界对其“没有改变”的指摘。然而有趣的是，评论界和受众却从此对周杰伦亲切了起来——如今的受众和音乐评论界对周杰伦的创作期待，已经变成了希望他保持风格并继续保证旋律输出即可。

这两年，通过日韩偶像团体模式在大陆的生根发芽，Auto-tune风格的电子舞曲终于侵入了华语乐坛并成为了主流形式——然而这一入侵是以传统华语乐坛的崩溃为代价的：伴随着传统唱片业的崩盘和偶像团体粉丝时代的开启，传统的抒情主体也开始如同当初图像音乐一样也被抛弃了。电子节奏、去文本化、歌舞同步的新时代流行音乐带来的是一个全新的“情动音乐”时代。情动模式代表着对认知性和理性之间难以弥合的断裂的彻底失望，流行音乐被再度拉入到音乐“表达情绪”的本质范畴内。然而这种表达情绪的纯粹，是以对认知性的图像的抛弃，和对抒情主体的理性的彻底背离。在红遍世界的《江南style》的节奏中，流行音乐通过去除歌词的存在感，让音乐与节奏成为纯粹的共通性语言，从而达到一种当代的“国际化”乌托邦——传唱度也由此被抛弃了。时代认为我们无需开口，只要跟着音乐舞蹈就可以相互理解；流行音乐此时的互文性已经不再模糊而是干脆摧毁了边界，也因此

“华语音乐”开始通过不唱华语的方式来“走向世界”。

如今周杰伦曾经在《跨时代》《惊叹号》里的尝试开始被粉丝和评论界“平反”，但这种“平反”同时还蕴含着一种鲜明的“到此为止”的训诫：时代和商业逻辑肯定周杰伦在情动时代的创新尝试，但却也冷酷地要求周杰伦作为一种活化石停留在图像时代。时代和我们，比周杰伦本人更希望把周杰伦盖棺定论，锁进那个过去的印记里。

对国际化的反思和潜在拒绝

如果有人还在撰写华语流行音乐史，一个当今网络公共讨论空间所共识的观点是：周杰伦作为21世纪第一个十年的时代icon（标志），可以和邓丽君、罗大佑、李宗盛这些华语乐坛的教父级别人物一起进入最高殿堂。广泛的讨论认为，周杰伦因为其成长经历、时代的影响、审美品位的限制，以及电影、电子游戏塑造的世界观等各种原因，距离罗大佑这类华语乐坛顶级的“立言”标准，还有一定差距，也就是说，尽管周杰伦已经是华语流行乐坛少有的写作过家庭暴力题材的《爸我回来了》、反毒题材的《懦夫》、环保题材的《梯田》、反战题材的《止战之殇》、家庭关怀和创作反思题材的《外婆》等具备社会关怀和社会责任的创作者，但相较能创作出《东方之珠》《皇后大道东》等“代表了一个时代”的创作者，其在具备深厚历史和社会反思性上还有一定距离，而这一距离也许是永远不能跨越的。

我们可以说这是一种苛求：因为这正是时代所给人的根本藩篱，罗大佑不可能完成周杰伦式的图像音乐革命，周杰伦也不可能再引领如今的电子舞曲风潮，时代从根本上限制了每一个创作者。但这种思考提醒了我们，如果我们从更广阔的社会层面和意识形态层面来看待周杰伦的轨迹，可以发现一个全新的维度，那就是周杰伦对“国际化”的尝试和最终的拒绝，以及台湾地区作为21世纪第一个十年华语流行文化中心的不可复归。

周杰伦音乐生涯的最标志性事件，毫无疑问是《双截棍》的爆红。《双截棍》这首歌曲在专辑《范特西》里最初并没有特别重要的地位，仅仅是周杰伦图像式音乐的又一种生产而已，源自他对李小龙电影文化的痴迷，正如同专辑内《忍者》是源自周杰伦对忍者文化和红白机游戏的痴迷一样，作为早在出道前就写好的歌曲，周杰伦甚至都没将其放在自己的第一张专辑里。

《双截棍》的爆红，从各种意义上激励了周杰伦开始主动选择民族题材。接下来我们看到的，是《龙拳》中极为纯粹的民族主义诉求，和《双刀》中对于“唐人街式华裔文化”的强烈反思与背离

（关于《双刀》的讨论可以参阅本书第4篇《后真相时代的东方学：朱一旦、庞麦郎和〈尚气〉》）。接下来，我们看到的是周杰伦一方面在《霍元甲》《千山万水》《本草纲目》等歌曲中完全以华夏民族后裔视角进行的操演，一方面则是《东风破》《发如雪》《青花瓷》等对于传统诗词文化的现代阐释。“中国风”一开始并非是周杰伦的个人标签，但它最终成为了周杰伦强烈个人印记的原因，是大陆市场同官方的积极外力，和周杰伦本人潜意识驱动的共同结果。

周杰伦这一朴素的“民族的就是世界的”的潜意识是他开始“国际化”尝试的重要推动力。和一般意义上尝试国际化不同的是，周杰伦是以自己作为华语音乐的顶级代表，而华语音乐因为人口和受众也本该成为世界主流的心态来进行他的“国际化”的——《双刀》中那句“上一代解决的方式是微笑不抵抗”鲜明地体现了周杰伦“以我为主”的国际化态度。

周杰伦歌词中几乎不加入英文（他多次自嘲英文不太好），多次呼吁“华语的才是最好的”，出演好莱坞电影接下的也是李小龙曾经扮演过的角色。然而事实证明，周杰伦显然不是亚洲范围内在国际市场上最成功的歌手，最终他的音乐并未漂洋过海，最终他依然是仅属于华语世界的。相比于成功打进国际市场、制造出世界热潮的“韩流”，周杰伦在题材、风格和语言上的强烈坚持，某种意义上几乎是一种“反东方学”式的对国际化的潜在拒绝：当我们意识到周杰伦用如此以我为主，也如此民族主义的态度来进行国际化尝试，基本规避了被猎奇的“东方学”视角收编可能的同时，也明确得出了在当代华语文化还极为弱势的现状下，其国际化的不可能其实早在他刚出道时《双截棍》《龙拳》《双刀》的一组潜意识进程中就已经被决定——周杰伦代表的视角和意识形态是以完整的华语世界为基础的，他在潜意识里对华裔以纯粹的国际身份进入欧美文化语境的选择是不认同的。

流行文化正是一个时代的缩影。周杰伦对“中国风”并非一种外部的亲近，而是意识的主动体现，这种意识也广泛出现在那时台湾地区的流行文化中。由此，我们甚至可以将眼光投入到曾经在21世纪前十年可以被称之为华语世界流行文化艺术中心的台湾地区——那时的台湾地区不仅代表着华语流行乐坛的最强音，也以超强的主导力把控着华语世界的影视创作和艺术创作。而这一切的根本潜意识，在于当时创作者对“华语世界”普遍高度统一的认同，是华夏民族意识与自我意识的先验融合。在这种高度认同之下，对西方文化的认知和融合则更具备开阔的心态和平衡的气度。中国“仙侠文化”在21世纪网络赛博时代最鲜明的代表，电子游戏系列“仙剑”与“轩辕剑”系列均来自台湾的创作团队，而他们在这个时期创作的经典作品如《轩辕剑三：云和山的彼端》，以横跨欧亚大陆的法兰克王国、阿拉伯帝国和大唐王朝为背景，这一世界性的、以国际主义为中心而非东方学视角的气魄和眼界，也只有当时的社会文化意识可以支撑——之后的岁月，仙剑系列被大陆团队接手延续，而轩辕剑系列则开始浮现些许台湾本土意识形态色彩。

而这正是我们为什么要讨论周杰伦的原因。他是一个时代的神话，也可能最终屈服于时代之下。他引领的图像音乐时代也许已经彻底远去而不可再得，但他的“中国风”和“国际化”尝试则永远是镌刻在历史上的一道背影。我们难以预测流行文化、思想和艺术将在未来以一个什么样的形态出现，我们也不知道资本的逻辑还将束缚和内化我们的人性和艺术多久，我们不知道属于人类的共识和沟通还是否可能，但我们至少可以记录一个永不复归的黄金时代，这也许是我们以后可能想到的，在思想、艺术和文化意识上，将中西融合做得最好的时代。

从此，自然而然的，不再陌生的，一切的一切都在断裂和对立中，走向不可预知的未来。

正传完结十年，“后哈利波特时代”的魔法世界觉醒了吗？

刊发于2021年10月26日

2021年9月7日，很多人意外地接到了一通录音电话：电话里播放着熟悉的“海德薇主题”，一个优雅的声音宣布了无数“哈迷”年少时最想听到的那句魂牵梦萦的通知——“你被霍格沃茨魔法学校录取了”。这当然只是网易开发的全平台卡牌游戏《哈利波特：魔法觉醒》通过大数据所做的一次情怀营销活动，但“重返霍格沃茨”的诱惑准确击中了数量庞大，同时在日常生活中较为低调的“哈迷”群体。一时间“霍格沃茨新生”如雨后春笋般涌现，游戏颇为可观的商业成绩，令人感叹“哈利波特”这一IP在曾经有目共睹的爆发力和大众性之外还有惊人的“续航能力”：陪伴书籍、电影、后续IP开发，到现在的手游，一路前行的粉丝群体已是几代人的跨度，“哈利波特”这一文化IP似乎真的经受住了时间考验，从“时代神话”走向“永恒经典”。

然而，质疑始终存在。自2011年7月系列最后一部正传电影《哈利波特与死亡圣器（下）》上映后，十年来有关于哈利波特IP已经过时的危机和质疑就如影随形。原著和电影的终结并不意味着IP影响力的必然消褪，但这也不意味着可以无所作为。这十年来，原著作者J.K.罗琳始终站在时事评论和社会运动的风口浪尖，甚至遭遇了“被开除作者籍”的争议；“Pottermore”设定补完计划定时更新，试图构建全新“魔法宇宙”的《神奇动物》电影系列尽管命途多舛，但还是稳步推进，已宣布第三部的上映计划；剧情颠覆，被认为是“同人OOC（out of character，脱离人设）”的舞台剧续集《哈利波特与被诅咒的孩子》虽然争议如潮，但在奖项和商业成绩上获得丰收；全球各地的哈利波特环球影城蓬勃建立；电子游戏IP的跟进在开放世界角色扮演游戏《霍格沃茨：遗产》遗憾跳票后，也迅速由网易的《魔法觉醒》填补空白……

“哈利波特”IP在正传完结后堪称罕见的动作之频繁，究竟是体现了IP本身非凡的、穿越时间的生命力，还是凸显出一个曾经具备爆炸性影响力的“时代icon”，在面对过时危机的慌乱无措？这十年来“哈利波特”IP的后续开发可以算是成功的吗？回到最根本的问题，“哈利波特魔法世界”的IP究竟还可以“打多久”？“哈利波特”真的可以在这个文化“神话”被批量制造的速朽时代，摆脱时代印记成为真正的“永恒”吗？

《魔法觉醒》：“与时俱进”是对IP的不信任？

网易游戏开发组显然是做好了游戏被“骂上热搜”的心理准备的，从一些内部爆料来看，他们甚至怀着将“原著原教旨主义者”排除出游戏受众群体的心思：对于一款卡牌手游来说，原著粉丝的“挑三拣四”相比于广大路人群体的消费数字来说根本不堪一击，趁早让看不惯改编的原著粉丝离开游戏，消除他们的负面影响，力图吸引更加广阔的路人群体参与，将这个IP“大众化”，是《魔法觉醒》游戏运营的主打理念。

资深“哈迷”无一不在游戏中感知到一种创作态度上的“二律背反”——在具体执行细节上的极度“忠实”，和在指导思想、创作方向上的颠覆与破坏。游戏制作的具体执行工作显然集结了一批资深的哈迷群体：从每一张咒语卡上都有原著或电影出处的原画、互动动画和文字解说，到整个霍格沃茨学校出众的美工、还原的建模，再到主线剧情类似《猎魔人》系列“另起炉灶新写故事，但新的故事都在致敬原著”的创作思路，以及时不时出现对应的原著彩蛋，都让哈迷们感到会心熟悉。但是这些还原IP氛围的“宠粉”行为显然不是《魔法觉醒》最令人关注的地方，那些被“骂上热搜”的，从策划和改编本质上进行的改动与颠覆，才是这个游戏引发大规模反响的动因。

网易将“哈利波特”这一IP，准确来说是“前往霍格沃茨上七年魔法课程”这一粉丝的核心体验，进行了“与时俱进”的手游化改造，一切都要为了对战和社交来服务。为了突出卡牌类游戏真正的竞争力：对战体验、“决斗俱乐部”“召唤兽”“魔法大战”这些在原著中并不占主导地位的内容，构成了游戏的主要玩法；为了突出网络游戏的社交性，“舞会”“服装打扮”“社团”“学院杯”“宿舍舍友”这些在原著中仅是为了构建游戏世界观的内容，构成了玩家体验的主导结构 —— 相反，分配学院、挑选魔杖、探索对角巷与霍格莫德村这些原著粉丝非常重视的内容，也就是那些真正在城堡中学习和冒险的个人体验，《魔法觉醒》是忽视的。

一系列在原著框架下极为荒谬的场景和事件成为游戏体系中的日常：一年级新生公然违背校规，就为了一些无关紧要的药材和战斗资源，整天往新生禁入的危险魔法禁林跑；一年级新生刚刚学会最初级的咒语，就可以完成哈利·波特四年级才勉强完成的击退火龙的伟业；“不可饶恕咒”变成随意可抽取的咒语卡；决斗俱乐部里整日“阿瓦达索命”“钻心剜骨”乱飞，俨然一副阿兹卡班监狱活动室的样子；每个玩家都仿佛神奇动物专家纽特·斯卡曼德，神奇动物召之即来挥之即去，原著的魔法技艺对决成为了召唤兽们的代理战争；日常上课和打魁地奇球同学院分配根本没有关系，不是一个学院的人组队组得不亦乐乎；为了三强争霸赛才举办的舞会现在每日开放，学生不上课整日在舞会上奇装异服，夜夜笙歌……而更让仅仅因为IP被吸引，并非熟悉卡牌类游戏的“哈迷”们难受的是，作为一款战斗系统颇为硬核，实力差距被氪金需求划分地异常鲜明，本质上重竞技、轻休闲的游戏，其任务过度具有目的性，游戏中赤裸裸的氪金暗示，更有利于战斗爱好者琢磨玩法，而绝非旨在让粉丝群体享受IP魅力——在“原著原教旨主义者”看来，这座霍格沃茨的所有学生都该被送到阿兹卡班监狱去，这座恐怖的、非人道的、充满杀戮、竞争与仇恨的学校，怕是伏地魔获胜的平行世界里创造给麻瓜做梦的幻影。

其实，一如《哈利波特》原著从第四部开始为了“从儿童文学走向大众文学”，将本来天马行空的魔法校园幻想日常，逐渐转化为“大魔王把自己分裂为七份，英雄一路升级打怪最终消灭大魔王”的古典英雄冒险套路，若不是文笔出众外加设定和审美依旧在线，本质与传统网文无异一样，《魔法觉醒》在游戏策划本质上也是一种“与时俱进”的行为，即将十多年前的“哈利波特”IP与现在市面上最赚钱、最具有吸引力、参与人数最多的抽卡制卡牌手机游戏模式相结合。这种转化的过程甚至是精妙的，“无一字无出处”，策划团队巧妙地在魔法世界中找到了无数可以被“平移”过来的概念和典故用以“当代”目的，甚至正是这种亦步亦趋地“用典式颠覆”，增强了原著粉丝的愤怒和整体的荒诞感：比如霍格沃茨的图书馆成为玩家抽卡的房间，因为学习魔法要看新的魔法书，所以看魔法书其实就是抽卡；走进妖怪银行古灵阁点击办业务，发现游戏里的古灵阁负责的是玩家的氪金服务；至于长袍服装店和奥利凡德魔杖店，更是给玩家充钱购买“皮肤”的宝地；霍格沃茨的魔法禁林就是工会要组团打的副本，决斗俱乐部就是玩家每天日常攀爬的“战力天梯”，舞会做成音乐游戏，魁地奇球做成神庙逃亡……

最终，当哈迷玩家们在读到网络上流传的各类复杂而精巧的“决斗攻略”，意识到那些文字本质只是披了皮的、用了“哈利波特”IP人名的卡牌游戏战斗心得，并将其戏称为“哈利波特版皇室战争”时，我们不得不怀疑这个游戏的策划者们的“与时俱进”，究竟是想壮大发展这一经典IP，还是觉得这个IP已然过时，只能提取出一些还有价值的内容，填充进如今时代流行的游戏框架里。他们无时无刻不在用这个游戏的一切设定表达他们的潜台词：“哈利波特”的原著和原来的IP是不能吸引这个时代最广大的玩家群体的，必须用最符合当代玩家审美的游戏逻辑和框架进行如此大刀阔斧的改造。策划人们甚至会骄傲于他们的“点石成金”“化腐朽为神奇”，而这其实意味着，游戏制作者对“哈利波特”这一IP是否能继续延续下去、“红旗能够打多久”的不信任。如果这个哈利波特游戏没有复杂的对战系统，没有超强的社交性和诱导抽卡的用户粘性，仅仅依靠对原著的“还原”，还能够成为2021年9月最火爆的游戏吗？这个问题对游戏厂商来说不会有任何迟疑，抽卡制手游的运营逻辑能够坚持多久也不是他们所关心的，但就“哈利波特”IP本身的角度来说，这个问题的答案，将取决于我们如何看待十年后“哈利波特魔法世界”留存下来的生命力。

“神奇动物”和“倒霉孩子”：世界扩展还是计划补完？

J.K.罗琳毫无疑问是一位高产而勤奋的作者，在完成《哈利波特》正传七部曲后，她没有躺在天价版税上封笔享福，一边写作严肃侦探“斯特莱克”系列，一边也没有忘记延续和扩展“哈利波特”本就比较完善的故事。当然这份“勤奋”背后必然是赤裸裸的商业开发压力，在2011年7月“正传完结”后，想要延续“后哈利波特”时代IP的生命力，不能只信任那已经被反复开发利用研究的七本原著小说，类似《魔法觉醒》这样的IP开发工作也需要更加丰富的素材宝库（实际上《魔法觉醒》中拥有大量《神奇动物》的内容）。因此，负责人物设定补完、同人小说创作和收集的"Pottermore"网站，试图开发全新魔法世界故事的《神奇动物》电影系列，以及力图延续哈利·波特本人的故事，满足粉丝幻想的舞台剧《哈利·波特与被诅咒的孩子》，堪称"后哈利波特时代"的三板斧。

"Pottermore"网站在正传电影上映之后很快上线，提供了大量原著因为叙事小说的体裁限制而无法纳入的人物设定，基本上书中的重要人物都在网站上有了自己的人物小传。在粉丝圈中，因为网站上的文字都来自罗琳亲笔，"Pottermore"的文字拥有与原著相等同的地位，也是如今考验一个粉丝对"哈利波特魔法世界"是否熟悉，"哈学"水平是否过关的重大指标——以至于当《神奇动物2：格林德沃之罪》中对麦格教授的描绘，违反了"Pottermore"上人物小传（而非原著文本）的设定时，粉丝们同样以"吃书"的理由对罗琳口诛笔伐。"Pottermore"网站如今最大的作用，即是对网络上无数的"同人文"写作提供背景素材和基本标准，规范了一些过于"OOC"的同人本写作。然而"同人圈"自始至终都是粉丝圈内部的行为，固然"哈利波特"系列的同人写作规模之庞大已达到无法想象的地步，也不可能期待没有经历过原著发行和电影上映的路人，依靠一堆都不知道正主是谁的"同人本"入坑——"Pottermore"网站对延续和留存既有粉丝的价值，远高于其吸引新粉丝的能力。

相较于“Pottermore”网站，荣获多项奥利弗奖和托尼奖的金牌舞台剧《哈利·波特与被诅咒的孩子》(因为剧情本身颠覆性过强，难以接受的粉丝圈称呼其为“倒霉孩子”)，则承担着扩展IP边界（迈向舞台剧）和满足粉丝幻想（写作哈利·波特成年后的故事）的双重期待。然而这个与原著第三部《阿兹卡班的囚徒》创意完全重复的无趣故事，并非讲述已经被设定安排得毫无波澜的哈利·波特的成年生活，只是凭空捏造了一个“伏地魔的女儿”，又因为如成年赫敏的选角争议等问题，高度违背了原著和“Pottermore”网站对既有人物的人设，遭到批判。“倒霉孩子”因为罗琳署名“创意”而非编剧躲过了不少批判，这部虽然票房极佳，运用高科技舞台技术展现“魔法”因而得到众多戏剧类奖项的“佳作”，本质上无非是一个由舞台剧演员呈现的大型OOC同人文而已，对“哈利波特”IP来说，与其说是“拓展”，更不如说是一次竭泽而渔的“消费”。

同样的问题，最终还是反映到“后哈利波特时代”的十年中，罗琳和商业开发主导华纳兄弟电影公司最重视的项目——《神奇动物》电影系列上。按照罗琳最初的设想，五部《神奇动物》电影将以全新的时代背景，全新的人物故事，配合美国纽约、法国巴黎、巴西里约热内卢（未上映第三部）等正传七部曲从未涉及过的故事发生地，大力拓展“魔法世界”的深度与广度。华纳影业更是在电影第一部《神奇动物在哪里》宣发时打出了“魔法宇宙”的概念，试图与红极一时的“漫威宇宙”对台。然而在历经第二部票房和评价双双滑铁卢，主演约翰尼·德普因为丑闻退出，格林德沃这一重要角色被迫换人，疫情到来第三部的拍摄上映延期等一系列打击之后，《神奇动物》系列电影最初恢弘磅礴的设想，最终落到从片名“格林德沃之罪 / 邓布利多之谜”就可以看出来的窘迫境地——还是沦为了“前传”和“同人文补完”。

最初设想的由神奇动物学家纽特·斯卡曼德为主线，漫游世界展现魔法世界全貌的想法虽然没有被放弃，但是对拓展“世界”的动机还是不可避免地输给了粉丝们对于“人物”的兴趣。从第二部《格林德沃之罪》开始，这个系列正式确认成为原著（“魔法界二战”）的“前传”，讲述1945年邓布利多与格林德沃之间“魔法界一战”的来龙去脉，主打粉丝圈中红极一时的同人cp“GGAD”（邓布利多与格林德沃之间的情愫）。从实际表现上，两部《神奇动物》全部的精力都还是在邓布利多与格林德沃两个老角色身上打转，除了新主角团三人组塑造尚可之外，可以说没有一个新角色能够被人牢记，拓展新故事，拓展世界观的目的基本没有达到。就算是如今系列主打的“GGAD”，其来龙去脉也早被原著第七部的相关文字和卷帙浩繁的粉丝同人文所覆盖，哪怕历经艰辛未来这五部曲得以成功拍摄完成，也无非是满足了粉丝们长久以来的夙愿，并未给“哈利波特的魔法世界”和IP本身增添其他的什么东西。刻薄一点说，一个最初设想辉煌壮阔的全新“五部曲”，最终如果只是为了满足原著中一个红火的cp，为了详细解释一个原著的背景设定，那么《神奇动物》系列最后的影史地位，且不谈IP续作的标杆“星战前传三部曲”，恐怕连与已经被很多人认为是“狗尾续貂”的《霍比特人》系列相比还要差上不少。

这里的本质矛盾在于：从作者角度来说，如果为了延续原IP的生命力，必须要创造全新的内容，那么为何不一开始就写作新的内容呢？可在IP粉丝看来也是同样的，如果写作的是新的内容，那为何还要用这个IP来蒙骗我们呢？在批判罗琳等人的“倒霉孩子”和《神奇动物》本质还是原著同人文的同时必须指出，这绝非作者不思进取，而根本在于作为既有IP本体论的内在性张力——它必须是某种“补充”才能成立，但“补充”却又不可能成为真正的主体，只能成为所谓意识形态的崇高幻象。

把时代对其的考验交给大众和环球影城吧！

2021年9月，拥有“哈利波特魔法世界”的北京环球影城正式开业，和《魔法觉醒》上线同时为国内的“哈利波特”热潮添上一把火。相较于对《魔法觉醒》和环球影城铺天盖地的讨论，其实《神奇动物》第三部也在差不多相同的时间公布了“邓布利多之谜”这一片名，但这之间的讨论热度堪称迥异。一方面，这与《神奇动物2》的失败和系列拍摄因疫情延期，导致大众对本系列印象下降，期待值冷却有关，一方面也体现出，对于一个IP的开发和延续而言，针对粉丝圈方向的小众性狂欢，哪怕伴随着新内容的生产，也不如在既有素材之下面向广大路人的亲民举动。《魔法觉醒》的大多数用户和环球影城的大部分游客恐怕对“哈利波特”的印象仅仅是几部看过却又不太记得的电影，但这对于他们享受快乐的目标来说，就已经足够了；相比于没读过原著，甚至是看了原著但不熟悉同人文就没法看明白的《神奇动物》系列，无论有多少原著粉丝的怒吼，《魔法觉醒》和环球影城都有其不可取代的地位。

实际上，“后哈利波特”时代历经十年之后，依旧能够具备如此强大的文化影响力，其根本原因恐怕也不在于罗琳和商业开发者们如此频繁的后续举措本身的质量，其根本依旧在于“哈利波特”这一IP本身能够持续：只要“哈利波特”这一IP还在不断地输出内容，哪怕是重复的、没有新意的内容，但只要得到持续曝光，其闪耀光辉的原著文本必然会被一代代人所注意到。相比于

“星战”、《指环王》这些国内“冷圈”，相比于“过把瘾就死”，在最后一季跌落谷底从此无人问津的《权力的游戏》，“哈利波特”系列的原著陪伴一代人成长，改编电影陪伴下一代人成长，接下来继续依靠新系列、游戏和主题公园能够陪伴下下一代人成长。并且它已经作为儿童文学的典范之作，出现在下一代人必读的儿童读物序列之中，已然开始有成为以百年、数百年为时间单位来计算的“文学经典”之势——这个势头已经与现在的罗琳无关，与《神奇动物》这些可能是比较失败的后续开发无关，甚至也与“哈利波特”原著的文学成就无关——在21世纪初的天时地利人和之下，这个世界将“哈利波特的魔法世界”铸造为一个不可取代的，几乎化约了人类一切对童年、成长和“魔法”幻想的永恒性神话。

这种永恒性，在20世纪时是困难的，因为缺乏如此强大的文化传播载体和宣传机器；在21世纪第二个十年之后也是困难的，因为如今的互联网一是将信息的过载和速朽做到了无可挽回的程度，二是高度的圈层化摧毁了一切“集体记忆”，像“哈利波特”这样能够陪伴整整两代人，并即将继续影响下一代人的“集体记忆”几乎是不可能再被复制的。在小学课堂上互相传阅翻烂了的《魔法石》与《密室》是一代人的记忆，在电影院或者B站观看《死亡圣器（下）》是另一代人的记忆，在环球影城品尝黄油啤酒，打开手机在“图书馆”里找平斯夫人抽卡，更是新一代人的记忆。然而无论他们是谁，都会在自己的书架上找到已经成为“儿童文学必读书目”的原著，无论他们是否会打开书页，都会意识到“哈利波特”已经成为了一种与人类其他精神文化遗产并列的某种不朽。

这几乎是如今汹涌而来，然后迅速沉寂消失的“现代神话”们所不可企及的伟大成就：21世纪初的互联网和全球化如今已然成为一页泛黄的书卷，留下一道最早享受到时代的红利，然后登堂入室成为经典的传奇背影。这正是《魔法觉醒》所谓“与时俱进”背后最彻底的悲哀，因为诞生于这个十年的抽卡制手游的运转逻辑，终将不会比任何一种来源于21世纪初的事物来得持久。

所以，不需要担心“哈利波特”这个IP还能“打多久”了，把时代对其的考验交给会阅读的大众和遍布世界各地的环球影城吧！可能在一些严肃的、理性的、爱好“唱唱反调”的人看来，这只是一部“世界观设定稀烂、战力设定混乱、主题思想幼稚”的儿童文学，有很多幻想类文学作品有超越之的实力和潜力，但我们最终只会有一个“哈利波特”，“哈利波特”也会陪伴我们许久：因为我们只拥有了那一个全球化的互联网时代，那个时代就像我们当初没有收到的录取通知书那样，就算以录音电话的形式重新给到你，也不再是我们希望和想象的模样。

因为魔法世界，总是“在结束时打开”。

乔布斯与苹果的闭源理念：数字资本主义时代的政治美学

刊发于2021年6月26日

史蒂夫·乔布斯（Steve Jobs）已经去世十年。这十年尽管有所波折，也不再一枝独秀，但苹果公司依旧还是移动智能手机和个人计算机领域上的巨鳄。iPhone即将发行第十三代，而在刚刚举行的苹果开发者大会（WWDC2021）上，苹果公司也公布了他们的第十五代操作系统iOS15——离开了神祇一般的乔布斯本人，苹果公司依然保持着统治地位，并进一步通过如iWatch、Siri等智能手机功能，将苹果的设计理念根深蒂固地融入到使用者的日常生活之中，创造一种人机共存、取消主体性的赛博生存状态。

讨论乔布斯和苹果公司的传奇总有很多角度，而2015年上映、由金牌编剧艾伦·索尔金编剧，奥斯卡最佳导演丹尼·博伊尔导演的《史蒂夫·乔布斯传》（*Steve Jobs*）则将乔布斯终生经历的核心，概括为对闭源理念的迷恋。在所有人对其本人因沉溺于闭源系统而展现出自大、骄狂、为我独尊的独裁者式卡里斯马的厌恶和反对之中时，镜头始终对准了乔布斯对这一系统的不懈坚持和逆流而上。电影没有将重点放在一些大家耳熟能详的经典苹果产品（如iPhone 4）上，而是以1984年第一台Mac电脑问世、乔布斯离开苹果后创立NeXT电脑公司以及1998年苹果首次推出iMac这三次发布会为剧情轴线——影片本质上呈现的是一个乔布斯坚持闭源理念，历经数次失败但最终取得胜利征服世界的故事。

随着苹果倡导的闭源理念在智能手机和个人计算机领域的不断推广和发展，如今的电子产品使用者们似乎已经不再沉溺于“开源”还是“闭源”的争论，闭源所带来的便利和人机共存的去主体化状态几乎已经成为一种当代日常——然而，当微博和日常生活中时不时出现80、90后惊奇于00后计算机知识之匮乏的场景时，我们还是必须将这一现象归结于乔布斯去世之后苹果的闭源理念依然高歌猛进的现实。曾经有人认为，闭源系统这一本质上些许“反人类”“数字资本主义”“数字法西斯”“美丽新世界”式的理念，将随着乔布斯天才的卡里斯马的远离和破碎而逐渐消亡，然而十余年后的事实绝非如此：当我们逐渐习惯甚至热爱上闭源理念，当我们观看《史蒂夫·乔布斯传》并为乔布斯的最终胜利共情赞叹的时候，我们已经缓缓掉入了一个美丽而暗黑的无底深渊。

在这个灿烂而绝美的深渊图景里，乔布斯以一个非凡的、优雅的、现代的、非道德的美学形象，为我们带来了一个宛若“塞壬之歌”般，展现诱惑力和崇高力量的数字资本主义未来——作为个体，我们已经无法逃离。

“开源”/“闭源”：仅仅是如何理解“知识财富”的问题吗?

完整经历过从UNIX、DOS、再到Windows的个人计算机系统发展历程，或者经历过移动电话、塞班系统、安卓系统再到iOS系统的移动设备系统发展历程的80、90年代的“前赛博世代”，可能是对苹果公司和乔布斯本人始终倡导的闭源理念最为敏感的一群人。当他们第一次接触苹果iOS系统的时候，不可能不对系统里没有文件管理器、系统根目录和文件夹清单而感到惊奇，不可能不对iTunes和iCloud高度“自动化”的，操作者无法掌控具体内容的“同步”过程感到讶异甚至恐惧——乔布斯当初遭遇到的反对、打压和中伤，某种意义上是能被这一代人理解的：闭源理念从出现伊始，就向惊诧莫名的用户们宣示了它的自大、“为你做主”、攻击性和为我独尊。“为什么我都不能搞清楚我设备里有什么文件和它们的位置？”这个问题，影片里的乔布斯冷漠地回应道：“你为什么需要知道呢？”

对于当初将创始人乔布斯赶出去的苹果董事会成员来说，闭源理念的恐怖之处在于它看起来是“反商业”的。当时，作为一家普通公司，占有市场份额一般的苹果，开发和推出只兼容自身操作系统和操作设备，将软件开发数据彻底封闭的举动难道不是商业自杀吗？站在开发者和商人角度，自然希望推出的设备能够兼容一切系统、纳入所有软件，然而在乔布斯的“End to End”（终端到终端）的规划里，苹果从一开始就将走上了一条自我封闭、自成一派的隔绝之路，创造了一批仅使用苹果的开发者和用户——对于当时只占有不超过半数市场份额的苹果来说，为何要有这样的“独占”思维和不知道哪里来的自信？这实在是让人难以理解。

实际上，现在人们认为开源和闭源只是一种选择，是对“知识产权”和“知识财富”性质的不同理解，都是权衡利弊的商业行为，这种普遍共识，其实也完全是乔布斯亲手塑造的。在乔布斯之前，数十年的互联网和程序开发领域，没有人认为闭源是一件符合商业逻辑的事情，它造成了太多的不方便，导致从开发者到用户的全面自我设限和封闭，阻碍了软硬件各层次的推广与流行；更没有人觉得闭源是一件道德的事情，因为闭源从根本上就违反了最初互联网分享、共通、平等的大众主义精神，人为地在本身自由的计算机世界设下一道疆界。

初看上去，“闭源”是一种司空见惯的对知识产权的保护意识，意味着一家公司所创造的数据、程序和操作系统都能够受到保护地被使用，最大程度地维护了开发者和厂商的利益，但对于互联网开发和计算机产业来说，无法被广泛运用、无法被纳入到最普遍的开发者和使用者的视野中，则将是比自身开发者利益受损更加严重的商业失败。归根到底，当初认为乔布斯疯了的人并不是真的不想创造一个只有苹果的计算机帝国，并不是真的不想让全世界人只使用iOS系统，只是无法想象没有强硬的外部逼迫和介入，作为一家普通商业公司的苹果如何实现这一独立垄断帝国的构建。

在商言商，任何商业公司都期望自己走上从卡特尔、辛迪加、托拉斯最后到康采恩的垄断集团道路，苹果垄断的闭源理念在商业上最终被证明不仅可行，而且大有可图，但这一条早被马克思主义者们阐明、在各大传统行业内部被普遍警醒，并且从理论到实践都被全面抗争抵制的资本主义扩张之路，为何在新兴的互联网行业就这样取得堂而皇之的胜利了呢？如果说垄断所带来的商业利益最终可以帮助乔布斯说服他的同僚，但是广大的用户和程序开发者为何心甘情愿地接受了苹果的垄断和扩张，亲手帮助乔布斯实现了他的闭源理念呢？是新兴的互联网和计算机产业缺乏对资本主义运转逻辑和商业垄断的警醒意识吗？难道互联网世界不是代表着最前沿的知识共享、信息自由和数据共产主义精神的吗？

揭开苹果追随者因其无可争辩的商业胜利在理论上的涂脂抹粉，实际上开源和闭源之争绝不仅仅是对于“知识财富”的理解问题，也绝不仅仅是平等的理念差异。哪怕最为激进的开源支持者，哪怕最推崇分享和反商业的网络“黑客”，也承认知识产权的存在是合理的，承认原创者的基本权益，任何信息自由和数据共产主义的逻辑本质上都只是试图将产品所带来的便利和利润共有，而绝非要剥夺和侵犯创作者、开发者和用户本身。然而闭源理念则是将知识产权的概念进行无限制的扩展，本质上是一种放大的亚当·斯密的“地租”逻辑——闭源理念意味着，不仅作为开发者的苹果公司可以享受知识产权所带来的基本商业权利和可无限延展的利润，用户和其他开发者只要使用，哪怕是“被迫”使用苹果的系统和设备就同样要为苹果买单，开发者自身的知识产权因为苹果系统的“地租”逻辑会遭到部分侵犯，成为了“地主家的长工”，更不用说完全被当作数据来源和纳税居民的普通用户了。古往今来，任何的商业垄断集团都仅仅希望在物质上进行垄断，通过物质需求来把控它的消费者和受众，而在互联网世界对知识产权和精神成果进行“闭源”垄断的尝试，则是更高阶的“帝国”形式——它涉及到了对人精神和存在方式的权力介入和侵占，和从外部介入转向内部性质的生命政治领域。

问题在于：21世纪的我们为何至今依然积极看待、高度评价甚至沉迷于乔布斯的辉煌胜利？乔布斯和苹果究竟是用什么样的方法让原初最为提倡反垄断和数据自由的互联网产业，最终臣服于一个康采恩式的全球资本和知识垄断帝国？

苹果的美学建构：非政治、去罪化的《意志的胜利》

苹果的胜利是全方位的：它不仅是商业份额和利益垄断的胜利，更是一种意识形态和精神领域的胜利，是一种美学和身份价值认同的胜利。仅仅在数年之前，在以中国为首的广大发展中国家的用户之中，苹果产品代表着品味，是一种无可争议的身份象征——"为买iPhone 4卖肾"不仅是一个网络段子，更是某些地方真实发生过的残忍现实。"1984"和"Think Different"两条被载入史册的经典广告不仅向全世界宣告了苹果的胜利，更从本质上塑造了苹果独一无二的美学地位，将苹果产品纳入了神圣的艺术殿堂——白色的优雅精致和天才般独特桀骜的有机结合。经典广告"Think Different"的旁白，其实就是乔布斯本人对"为什么要做闭源系统”的回答：

向那些疯狂的家伙们致敬：他们特立独行，他们桀骜不驯，他们惹是生非，他们格格不入，他们用与众不同的眼光看待事物，他们不喜欢墨守成规，他们也不愿安于现状。

你可以赞美他们，引用他们，反对他们，质疑他们，颂扬或是诋毁他们，但唯独不能漠视他们。因为他们改变了事物。

他们发明，他们想象，他们治愈，他们探索，他们创造，他们启迪，他们推动人类向前发展。也许，他们必需要疯狂。

你能盯着白纸，就看到美妙的画作么？你能静静坐着，就谱出动听的歌曲么？你能凝视火星，就想到神奇的太空轮么？我们为这些家伙制造良机。或许他们是别人眼里的疯子但他们却是我们眼中的天才。

因为只有那些疯狂到以为自己能够改变世界的人，才能真正地改变世界。

抛开有些煽情、洋溢着对个人主观能动性的狂热和对个人天才的极致赞颂，我们可以读出乔布斯独裁者般肆意张扬的澎湃自我：为什么要做他人无法染指的垄断闭源系统？因为我是天才，我做的就是最好的，全世界人都应该使用。这实在是无比任性和疯狂的回答，且从理论上是反因果逻辑的——我们想获得为什么要使用闭源系统的答案，而乔布斯卡里斯马式的回答是：因为所有人都在使用，所以你必须使用；不是因为闭源系统对我们有什么直接益处，虽然它的便利和使用优势的确存在，但在这个叙事里，这些益处和优势都是次要和附加的，根本上我们使用苹果闭源系统的原因，是乔布斯说它是好的！乔布斯说的就是真理，苹果是好的，所有人都听从他的教诲使用苹果；而正因为所有人都在使用苹果，所以你没有选择，必须使用闭源系统，必须尊崇闭源理念——闭源理念没有说服你同意，它只是作为一个无可辩驳的存在使你必须同意，就像你需要氧气那样。

苹果的追随者，当然也包括无数的计算机从业者肯定能够分析出苹果在技术开发层面的伟大创新，实际上触屏这一划时代理念的确从根本上改变了世界，苹果设备的性能和相对便利不负它的垄断地位，但从普通使用者看来，苹果的胜利首先必然是美学和意志的胜利。它拥有外观最为精致美丽的机器，软件上开创了平面化视觉美学，追随库布里克《2001太空漫游》的白色梦魇，继承了包豪斯和现代几何主义的衣钵，成为当代工业设计的典范；

它拥有别的厂商都望尘莫及的理念精神，闭源理念的疯狂彻骨地融入到这家公司的血液之中，使得他们不仅能在广告中展现其桀骜不驯的创新精神，也的确能够在技术开发上独领风骚；而以上这两个美学层次都不得不归结于那个众所周知的、政治美学的核心命题：领袖本人的卡里斯马和对领袖本人的个人崇拜，对个人意志的永恒推崇和对追随者精神的高度控制。

乔布斯本人的天才和艺术家气质，创造了一个能够使受众放下警惕、去罪化而无害的领袖形象，在去政治化的基础上这个“独裁者”变得更加容易为人喜爱，直到发自内心地被其所震撼、激励并衷心追随。哪怕乔布斯已经去世十年，他留下的影像幻影依然是永恒闪耀的“拟像”，是笼罩在苹果公司和苹果产品身上的神圣外衣。历次苹果发布会的山呼海啸，与其说是技术开发者对新创意新技术的顶礼膜拜，不如说是宗教和神学性质上的对乔布斯这个上帝的日常礼拜。那热泪盈眶、激动莫名，就像苹果自己的广告《1984》中呈现的疯狂人群一样，和1936年柏林奥运会上被拍摄成《意志的胜利》的人潮汹涌别无二致——甚至，《意志的胜利》中对希特勒形象的刻画和追捧，平心看来相较于当今乔布斯的光辉形象也已经相形见绌。

同样是独裁者，乔布斯以其艺术独裁的幻觉使我们放下警惕，让我们误认为他仅仅是一个美学和艺术上无害的独裁者，而忘记了他其实是一个商业世界的独裁者，他进一步运用当代技术的发展和垄断，改造、介入和统治了我们的生活，更是一个生命政治的独裁者。苹果的胜利也是21世纪的后现代胜利：从前的政治领袖依靠建立在对美好生活和对丰富物质的许诺基础来凝聚支持，而当代的领袖仅仅依靠非物质的美学理念和纯粹的精神满足，就可以创造改变世界的无上奇迹。

我们是否应该更加警惕于美学理念性质的胜利？从20世纪开始的现代主义和后现代思想潮流中蕴含的一条思维主线，即是对"美善合一"的根本反叛。我们逐渐接受并认同了美作为一种独立范畴的非道德性可能，美学上的登峰造极不再必须和极致的善所同一，康德的美学实践道德建构早被推翻。可是，这一切必须建立在美学和艺术本身的"无害"上：当乔布斯和苹果借助美学的胜利走向商业和政治上的胜利的时候，我们还能够等闲视之吗？这甚至都不再是20世纪对陷入纳粹魔爪的未来主义文学和现象学美学进行"道德"批判的维度，因为苹果的美学胜利已经超越了对人类精神的影响，从根本上改变了人类的生存可能，通往一条去主体性的人机赛博共存之路，一种生命政治。

作为数据的我们，还能够逃离数字资本主义吗？

再次回到那个如果习惯于开源操作系统的“前赛博世代”面对iOS系统时必然会提出的问题：为什么我不能完全掌控我自己拥有设备里的所有数据？当数据自动开始“同步”的时候，为什么我除了等待外无所事事？为什么我连只把自己想要的数据输入设备的权利都被剥夺了？乔布斯对此“你不需要”的回答是这一代人无法接受的，但令人警惕的事实是，从00后开始的“赛博世代”之所以能够接受，是因为他们也许根本没有想过和提出过这个问题，他们的确“不需要”：一生下来就明白屏幕是可以触摸并操控的人类，已经是一种进化了的，与上一代有本质差异的新人类。

苹果的闭源理念革命其实与计算机操作系统上一次伟大的革命——从DOS到Windows系统——有部分相似之处：它们都是以“便利”和“所见即所得”为指导思想的一次面向更广阔大众的使用习惯改变。通过鼠标，比尔·盖茨改变了必须通过输入死记硬背的指令才能够运行程序的固有逻辑，让用户通过“视窗”进行简易的“点击”操作就可以掌控个人电脑；同样，乔布斯的苹果闭源系统初看起来其实也立足于Windows系统的视窗架构（毕竟在智能手机的发展历程中，从赛班到安卓系统都是以Windows的“程序图标”为指导思想的）。苹果产品给人的原初震撼，是首先推广并将“触屏”这一操作方式做到极致，融合了视觉和触觉两大感官，让当初用鼠标完成的“所见即所得”以更加具身化的触觉形式加以实现。然而，就在触觉和高速处理器所带来的无上便利之下，闭源系统悄然在用户的智能手机桌面上移除了一个图标：文件管理器，或者以一个更为用户熟悉的名字来称呼：“我的电脑”。

虽然因为条件局限和用户接受，苹果的个人计算机iMac尚且还不能像智能移动设备那样取消用户的文件管理权限，只能以闭源的系统垄断和程序独占来延续苹果的闭源理念，但是我们依然可以预见疯狂的乔布斯所展现的那个数码独裁式的极权未来，和他一直秉持的精英主义观念：作为用户，你不需要知道为什么，你只需要知道怎么做！作为用户，我们只需要让厂商将我们需要的东西喂到嘴边，享受技术发展所带来的“所见即所得”的便利就好！作为用户，你不需要知道这背后的运转和操作逻辑，你知道又有什么用呢？

推而广之，难道只有苹果理解了这一理念并取得成功了吗？恐怖的事实是，尽管在苹果之前，没有人相信这个疯狂的理念能够成功，但在苹果这个始作俑者之后，我们看到整个互联网行业都开始追随苹果的脚步，这可能再次宣示了苹果和乔布斯令人恐惧的伟大和“崇高”：我们开始习惯使用音乐APP，使用在线歌单和线上购买；我们开始习惯用视频网站直接观看版权视频，电驴、

p2p共享和字幕组已经走向没落；我们不再主动去寻找新闻和搜索信息，只需要等待每天定时的推送；我们的照片、视频和操作信息每时每刻被上传到iCloud和各大网盘，无数眼睛穿过屏幕观看和检测我们的所作所为，可我们却觉得“同步”和“备份”是一种天然赋予我们的便利，从此再也不用担心丢失我们的信息……

的确，随着乔布斯的逝去，接任几位CEO的平庸以及公司在技术前沿领域逐渐的江河日下，苹果这个前所未有的计算机帝国在不久的将来可能会有倾覆倒下的一天，但是苹果开创的闭源理念之路已经扶摇直上，登堂入室，彻底颠覆并摧毁了最初奉共享和自由为圭臬的互联网精神根基：数据和信息不再为我们带来自由。当数据侵入我们，数据成为我们的时候，数据和互联网将成为禁锢我们的永恒囚牢。

“赛博朋克”早已不再是一种预言，而是一种现实：我们的日常生活习惯和生存方式，已经被智能手机和互联网深刻地改变。走上这条道路的我们没有回头可言，只能拥抱进一步的全面数据化，乃至精神数据上传，“机械飞升”为赛博格和机器人的人机共存未来。西方马克思主义者意识到当代“数字资本主义”的全新形态，意识到资本和生产资料在几十年来已经转化为信息和数据的形式存在，意识到资本主义以更加“无害化”的面貌介入并影响人类的日常生活，从精神本质而非物质上进一步实现对人类的异化和控制，以更加潜移默化的权力运作方式实现生命政治的根本目的——已经被数据化的我们，将彻底无法逃脱社会的异化现实：单纯用思想是无法控制思想的，但如果能够控制肉体的技能，就必然能够控制思想。再往前走一步的答案是，当肉体和主体被取消，当人被彻底转化为数据的时候，思想本身也就不再独立和自由，也将不再成为一个可供讨论的客观实在。

进化，蜕变，新人类，后人类，或者不再成为人类。

到那个时候，我们的"哲人王"还会是史蒂夫·乔布斯这样至少在美学上登峰造极的艺术家气质的领袖吗？一个更可能的事实是，从Facebook创始人马克·扎克伯格，到飞向火星的艾隆·马斯克，再到如今在公共场合从不惧怕大放厥词的诸位中文互联网巨鳄，哪怕是一个"哲人王"的卡里斯马，我们的期待和愿望恐怕都是在缓慢下沉的。

互联网世界曾经为我们讲述了一个信息自由、共享共治和数据共产主义的光明未来，然后这一未来最终被异化为赛博朋克式的数字资本主义图景，这仿佛是人类数千年来历史发展又一次重新上演的闹剧。对此我们能做的事情，可能只有将这一切写作和展现出来，虽然这么做的作用微小如尘——就像我们只有彻底理解资本主义，才能够根本上改变资本主义；只有主动去掌握技术的奥秘，只有去知道那些有的人不想让我们知道的，只有对"闭源理念”怀抱永恒的质疑和不信任，人类也许才有逃脱技术统治的微弱可能。

足球回家？
一种晚期资本主义工业化终极形态的帝国乡愁

刊发于2021年7月15日

随着英格兰代表队主帅索斯盖特迷惑性地在决赛第119分钟换上的两名球员连续罚丢点球，喧嚣了整个夏天的“足球回家”（Football is coming home，1996年英国欧洲杯的宣传口号，后成为英格兰队最常用的球迷助威语）的呼声终告沉寂。作为新冠疫情全球爆发之后的首次世界性足球赛事，尽管推迟了一整年举办，欧足联却依旧坚持将其命名为“2020年欧洲杯”，仿佛一年多来关于比赛取消、推迟的喧嚣都未曾发生，颇有一丝面对时代洪流孤军奋勇的意味。实际上，曾经沧海难为水，正如几个月前力主推行“欧洲足球超级联赛”的皇家马德里俱乐部主席弗洛伦蒂诺所说，现代足球已经到了危机时刻——它已经不再是这个星球上的年轻人最喜爱的东西。

在国内舆论场上，关于本届欧洲杯影响力骤降无法“出圈”、现代足球比赛越发“难看”的讨论也深切指向一个事实：对现代足球的热衷，在国内已经成为一种80、90年代生人的“复古怀恋”行为，无论是对欧洲杯关注度和影响力下降的担忧，还是对如今比赛观赏性和质量的批判，都与全世界对足球的兴趣日渐减退的趋势同步——和无数舶来文化相似，我们在短短几十年的时间里经历了世界范围内的百年变迁，被“上帝之手”“小世界杯”“意大利之夏”培育起来、对于本届冠军非常满意的中文球迷圈层，其实与整个世界一起，已经来到了现代足球发展和演进的十字路口。

无论英格兰球迷有多少殷切甚至悲情的期望，1966年之后的55年来，足球都还未曾“回家”；但毫无疑问，这个现代足球的溯源地迟早会迎来足球“回家”甚至“待在家”的时刻，现代足球这项涌现于工业革命的时代浪潮里、生发于最底层最朴素的工人阶级趣味中，并最终被现代资本主义机制所吸纳、融合并打造为世界普世性商业帝国的运动，作为人类工业化时代的典型代表和文化遗产，在横行全球近150年之后，必然要走向某种和英格兰队踢点球一样能够清晰预见的穷途末路。我们对现代足球的热忱、批判和疑惑不解，都将成为落日余晖般对往昔辉煌的怀恋和乡愁——作为大英帝国留给世界的最后一抹荣光，足球回家，也就意味着与世界最后的告别。

“本届欧洲杯真的不好看吗？”

作为从16支参赛队扩军至24支的第二届欧洲杯，本届杯赛依旧因参赛球队的质量问题遭到诟病。2016年欧洲杯冠军葡萄牙在小组赛以第三名身份出线，至今仍是“扩军影响赛事含金量”观点的重要论据。16支参赛队分为四组、每组前两名进入八强的赛制至今被认为是足球大赛中最富竞争性和激烈程度的赛制，实行这一赛制的1996、2000、2004、2008和2012年的五届欧洲杯无一不被奉为经典。每个小组都有2到3支传统强队，在这一赛制下，严苛的出线条件使得比赛从小组赛第一场开始就是生死战级别；而在24支参赛队中“最强小组的第三也可出线”的赛制下，三场小组赛往往只要取得一场胜利即可掌握出线主动权，这降低了球队在小组赛中遇到的竞争难度。

但是，若单纯从“观赏性”的娱乐角度而言，四个最强的小组第三也可出线的赛制大大增强了小组赛第三轮比赛的戏剧化程度：相比于以往胜负分明、局限于小组四队之中、很难把悬念坚持到最后一刻的赛制，如今波及全局的“第三轮算分大赛”具备前所未有的、全民参与的娱乐效果——之前连折两阵的球队不再是提前淘汰和走走过场，相反还有出线或至少是搅局的希望，“丹麦童话”得以再度书写；六个小组所有球队都被卷入其中，不仅出线形势风云诡谲瞬息万变，已经出线球队未来的对手也会蝴蝶效应般、被其他小组的比赛之中发生的一点小变化所颠覆：葡萄牙队在第三场比赛的90分钟之内经历了小组内一、二、三、四名轮番体验的“过山车”历程，意外输球、濒临淘汰的乌克兰队在两天之后收到“复活通知书”，甚至最后还打进了八强，这都是24支参赛队赛制所带来的独特体验。究竟是比赛本身的竞争性和激烈程度更有观赏性，还是这种交付于场外命运的随机游戏更有娱乐效果呢？当代大众商业传媒显然愿意选择更具谈资和话题性的后者："话语”的力量高于一切。

就算回到场内，本届欧洲杯的比赛质量，相较被传控足球或防守反击战术所影响的前几届，也呈现出观赏性的复归。本届欧洲杯场均进球达到2.78个，不仅远超上届的1.92个，力压被誉为永恒经典的2000年欧洲杯的2.73个，也是1960年开始举办欧洲杯至今的历届之最。伴随着极高场均进球数的是参赛球队创造进攻机会数量的显著提升，也是现代商业足球自2008年传控风潮彻底流行开来之后的一次重要的战术思想复归：各大球队在时代潮流下都吸收了传控风格的精华，但也对传统意义上同质化的、缺乏激情和激进手段的传控理论进行了结合本国足球传统的再创新。伴随2018年世界杯上的“大中锋复兴”，球队更加重视速度、空间利用和三条线转换整合，新式“全攻全守”的战术风潮已然流行开来，大开大合的“对攻”再度成为比赛的主流局面。

我们看到了能够熟练运转传控套路但延续链式防守传统的意大利，看到个人小技术显著提升但依旧主打高速疯跑、快速转移的英格兰，看到如丹麦、捷克、瑞士、乌克兰这些延续本国传统，依靠体能、耐力和斗志坚持经典中锋打法的黑马球队，甚至连一手造成传控足球“催眠效果”的西班牙都开始重新捡起“两翼齐飞”，用速度和坚决的突破露出獠牙。反观本届杯赛的失意球队，比如沉迷防反、缺乏战术捏合导致各线脱节的法国和比利时，前场功能重复、精神面貌软弱的葡萄牙，放弃技术优势打起英冠风格足球的荷兰，以及依旧痴迷经典传控、被时代抛弃的勒夫的德国“战车”，他们的失败与其比赛观赏性的缺失高度相关、近乎同步。赛果颇为公正：踢得难看就很快回家。而决赛中获得先手，明明有能力占据场面优势，却因为保守胆怯的战术思路将场面和冠军拱手让人的英格兰，再次映证了当今现代足球观赏性与战术革新呈现正相关的积极态势。

对球迷来说，本届欧洲杯也许差强人意，但是，这样的争论不仅存在于球迷与非球迷之间，球迷和“伪球迷”之间，也广泛存在于不同年龄阶层的球迷之间。哪怕仅是谈论本届欧洲杯的“观赏性”，不同的标准甚至相同标准之下的观点都存在内在的矛盾与张力，宛若现代足球整体性的一个隐喻：本届欧洲杯就像《了不起的盖茨比》结尾所说的那样，我们拼命地向前划着，然而却是逆水行舟，不断倒退。换句话说，足球“进步”得太慢了。

“工业化批量生产的进攻机会摧毁了小作坊式的精细进攻”

当代足球的“观赏性”提升实际上并非纯粹意义上的战术风格革新，实际上“真空球形”的足球战术变革如同时尚一般是个圆圈，在极端和融合之间不断流转循环。如今的足球战术潮流其实只是从十多年前的极端传控大潮中转身回头而已——从最直观的感受出发，近几年来足球比赛最直接的观赏性提升，体现在随机性呈几何倍数的爆发之上。本届杯赛，戏剧性结果成倍数性增加，意外事件层出不穷，以往可以被传颂多年的“奇迹”如今滥了大街，比赛日每天都能涌现太多本雅明所谓的“震颤”（shocking）事件，它们被剪成短视频进入大规模网络传播，“前所未有”“多年不遇”已经成为一种日常，球迷群体的接受阈值也随之提高。毕竟，在看到西班牙与克罗地亚、法国和瑞士连续贡献两场荡气回肠的3：3后，第二天乌克兰队第120分钟的终场绝杀似乎都不再神奇；在看到西班牙门将乌奈·西蒙的神级乌龙球后，几天前斯洛伐克门将马丁·杜布拉夫卡的“排球扣杀”乌龙也变得稀松平常；以往一名前锋错失单刀将意味着永世不得翻身，如今的前锋却如拉希姆·斯特林、阿尔瓦罗·莫拉塔那样，一场能拿到好几个绝佳机会，哪怕整日“快乐”“双逆足”、空门不进成为习惯，却依旧能找到机会进球成为英雄。平心而论，我们会意识到如今的足球赛场正在更迅速地、更批量性地，同时也是高质量地在制造意义绝不输于历史上的那些被誉为上古神迹的名局，我们之所以没有赋予它们经典的殿堂级地位，仅仅是因为我们是同龄人和见证者——毕竟从来不会有人意识到，自己能够亲眼看见的事情，也是历史的一部分。

足球比赛的随机性和戏剧性为何显著增长？当代足球最根本的进步和革新，在于科技所带来的技术革新：医学水平提升，体能训练愈加科学，运用算法的战术分析更为精密直接，从而带来比赛净时间、比赛节奏和速度的提升，而究其根本则是球员身体速率的显著提升。比赛双方攻守回合数增加，单场传球数增加，球队在单场比赛中能够发起更多的攻势，也就是所谓的“创造出了更多机会”，某种“量”的几何倍数增长同样也有媲美“质变”的效果，戏仿马克思的话来说，就是“工业化批量生产的进攻机会摧毁了小作坊式的精细进攻”。但关键是，球员不是不会犯错的精密机械，足球比赛也不奉行百分百可被算法操演模拟的机械唯物主义，当比赛速度被加快、空间被切割压缩、攻防逐渐一体、战术思想越发直接和极端（传控的极端是让对方无法控球，防反的极端是使对方放弃防守，二元对立的本质实乃功利的一丘之貉）、对球员个体的需求走向功能化和分工明确化，球员被推向这项运动规则限定之内所能达到的肉体、精神和交互的极限时，大规模的批量生产对商品质量的影响必然会显露出来，球员作为肉体凡胎自然会不堪重负。

于是，虽然球员获得的机会增多了，但对单个机会处理的时间和空间也被缩减了，哪怕体能再好，随着比赛速度的爬升，也不可能在比赛的每一秒钟都完美展现自身的技术和控制能力，比赛的随机性和戏剧性因此如爆炸般涌现，这也完美迎合了如今足球产业高度发达的商业开发对“惊奇”持续的生产需求。可能过往的前锋一场只能获得1~2次“绝佳机会”，留给球迷的就是他们精彩的破门场景；如今像斯特林这样的“快乐前锋”状态好时甚至能跑出4~5次这样的机会，但却因为单个机会处理难度的提升也只能进1~2个球，于是他们的“空门不进”集锦就传遍网络，球迷们也逐渐开始认同“单刀球不再是必进球”这一多年前非常荒诞的观念。守门员的情况也是同理，在每场遭遇的考验和扑救数量大幅增长的情况下，出现因精力衰退而偶发的“走神”事件也就不足为奇——以往球迷津津乐道于日本门将南雄太手抛球入自家大门的经典失误，而现在的国际足球赛场，可能每周都能涌现一两个“南度”不亚于南雄太本人的名场面。当代球迷对门将失误的阈值恐怕是史上最高：见识过卡里乌斯和乌奈·西蒙的球迷，还会对什么样的门将失误表示惊奇呢？

这其实就是老一代球迷越发觉得欧洲杯“不好看”的根源——在“惊奇”被批量化大规模生产的工业化状态下，“惊奇”终究不再成为惊奇。球迷的阈值提高如熵增般不可逆转，对过去比赛记忆的无限美化和追忆，是任何批量化生产出来的“经典”都无法取代的。熟悉的球员纷纷退役，欣赏的战术逐渐革新，喜爱的球队改头换面，能纯粹从比赛技术方面热爱足球的球迷永远是少数。对于被“上帝之手”“小世界杯”（意甲联赛）、“意大利之夏”（1990年世界杯）培育起来，如今掌握互联网舆论话语权，但大多忙于工作的80后一代来说，如果不是时刻关注各国联赛而仅仅是关注历届大赛的话，如今的欧洲杯和足球已然呈现一种陌生而奇异的面貌——也就是所谓的“老球迷厚古薄今”。

“厚古薄今论”单从足球发展的范畴上来说绝对是错误的：在科技引领的体能和技战术革命影响下，任何球迷记忆里的“梦之队”“史上最强冠军队”，穿越时空哪怕是和当代较为平庸的球队对垒，恐怕都将被摧枯拉朽地击败。但与此同时，老球迷的情绪和观点又存在必然的、归属人性本身的合理之处：以往球迷的美好记忆建立在一个又一个“人”的本体之上，建立在球星和英雄之上，建立在英雄所创造的惊奇和传奇之上，而当代足球虽然批量复制着惊奇和传奇，却再也看不到一个个的“人”—— 属于球星的时代已经过去，C罗和梅西统治足球世界近十五年的境况不仅意味着下一代球星的断档和弱势，也宣判了球星和英雄在当代足球领域里的明日黄花。

当代足球什么都能提供，唯独不能再为我们提供英雄的幻象；偏偏足球对于国人来说是一种舶来品而非本土的生活方式，是需要幻象来作为文化资本的，没有幻象包裹的“第一运动”本体将不再魅惑，必然被怯魅为平庸流俗。同样是中场吊射，你一定永远记得1996年温布尔登球场的大卫·贝克汉姆，却可能已经忘记了一个月前还火遍全网的帕特里克·希克；同样是终场前将比分扳为3：3，C罗世界杯上对阵西班牙队时是天神下凡，而谁还会记得本届杯赛的帕萨里奇（克罗地亚3：3西班牙扳平进球者）和加夫拉诺维奇（瑞士3：3法国扳平进球者）？如今的世界大赛从来不是让人一球成名的舞台，而是让已经成名的球员奠定其江湖地位和获得实质性认可的镀金石。大众不会记得一个毫无光环的普通球员哪怕在最高舞台上的昙花一现，哪怕他们能够创造更多的惊奇，他们也不再能够成为传奇——批量复制生产的个体将永远丢失其应有的幻象和灵光。

另一方面，足球运动即是“战争”，可当它不再是普通的冷兵器战争，也不再是对垒的阵地战，而成为某种工业化的、流水线式的未来虚拟战争时，古典前腰、有球踢法、球王梅西、球星璀璨，都像手工业者一样带着灵光余韵在尊敬和惋惜中不可避免地消亡了，对它们的仁慈和悲叹无非是为了掩盖无可挽回的逝去和掩饰人们无可奈何的绝望。当代足球在算法的侵袭和统治下，试图迅速转化为11个相同的AI仿生足球机器人之间的对抗。比赛最终演化为教练手中平板电脑里的沙盘推演，只不过是赛前模拟的一次最正常不过的实验数据复现。人们说，现在的球场上没有球星了，所有的球员无论位置，都被要求有充沛的体力、积极的上抢、优秀的出球能力和坚决的战术执行素养，算法和大数据越把足球阵型和战术琢磨得细致透彻，属于个人、属于球星的个人表演时间和决定战局的黄金时刻越发稀少。于是，我们开始有属于新时代的“Instagram球星”：博格巴，在舞蹈、做发型、放狠话的同时顺便洗一洗脏球，偶尔来一脚远射；拉什福德，做慈善的新闻超过他本赛季的进球数；或者是一个个连名字都留不下来，技术特点也无法概括，但却是完美战术拼图的王牌角色球员——当代足球是英雄的黄昏与梦魇，C罗和梅西即便能拿到历史最佳，也拿不到属于贝利和马拉多纳的世界杯。

“好看，但又不完全好看”，这句流行“网络谜因”（Meme）的概括，正是本届欧洲杯最核心的内爆式张力：从当代足球的发展态势出发，它已经不能再好看了；然而对广大的老球迷甚至是伪球迷来说，进球、战术变革、戏剧化的场面所造成的“惊奇”根本无法弥补失却英雄幻象的遗憾，“量变”距离“质变”不仅遥远，一定程度上也背道而驰；这甚至和本届欧洲杯、以及明年的世界杯本来的观赏性如何已经失却联系，我们面对的问题是：现代足球对2021年的我们来说，还足够“好看”吗？

“一切坚固不可亵渎的东西都在赛博时代烟消云散了”

知名足球评论员王涛在本届杯赛开赛不久的一次直播中表示，本届欧洲杯在国内的“热度”不足，与传统媒体和新兴媒体之间的配合没有打好有直接关系。本届杯赛的国内直播版权归属较为复杂，被分割为电视转播权和网络转播权两大分支，而网络转播权又被国内较为弱势的一家网络媒体所购买，该媒体试图借产品推广平台的初衷使得其对于比赛版权的掌握较为严酷死板，相对拒绝其他平台的引流和借力，从而导致本届杯赛在国内的网络宣传被局限在一个较小的圈层之中，很多人直到开赛都还一无所知。换句话说，一个无法在类似抖音、微博和Bilibili这样的当代“赛博大众媒体”上自由出现的赛事，是无法“出圈”吸引到广大“伪球迷”群体的。

王涛的观点颇具合理之处，实际上在赛事的后半段明显可以看到相关平台改进了策略，在其他大众网络平台上有关本届杯赛的二创内容也显著增加。那么，为何相关平台在高价购入欧洲杯版权之后，会做出后来被证明失败了的“独占”策略呢？显然，这种骄傲的策略选择源自对现代足球在国内影响力的高度自信：他们相信，欧洲杯这样的历经历史考验的世界级高水平足球赛事，不需特意推广也能吸引足够多的眼球经济——这一曾经无可辩驳的判断，在2021年的赛博时代已经过时了。我们已不需要列举相关的统计数据，来证明足球在21世纪青年人喜爱的体育运动里不再占据显著优势。至少对足球仅作为一种外来文化，在80、90年代依靠强有力的官方媒体推动才得以普及，历经多年商业化改革也未曾真正塑造出足球文化和球迷社群的中国来说，当代年轻人如果要选择一个举办狂欢节的理由，欧洲杯和世界杯早已经不再是首选。

当我们在感叹当代足球用一种工业化发展的终极形态批量制造出无数的“惊奇”时，感叹现在一年就能够上演过往多年才能凑齐的精彩场面，感叹现代足球因为战术上的精妙和运动速率的显著提升所带来的更加刺激的感受时，当今真正风行的电子竞技、短视频、综艺节目等“赛博娱乐形式”，在广义上对足球作为一种娱乐内容的表现力进行了时代性的“降维打击”。电子竞技易于上手，一个人一部手机就可参与，而足球场地如今越发难找，也很难凑齐进行比赛的人数；一场电子竞技比赛约为5~30分钟，“短平快”的同时实现了潮水般随波而上持续不断的感官刺激，而一场90分钟的足球比赛，哪怕如今已经被高度工业化推进到了速率和技术的巅峰，相较于电子竞技的娱乐刺激能力恐怕也是望尘莫及；最根本的一点是，电子竞技没有抹却“人”的力量，它无时无刻不在借助网络的病毒式传播特征上演单骑闯关的个人英雄主义和卡里斯马式的幻象，而与此同时，现代足球的流水线生产则将所有球员都化作面目模糊的AI，随着梅西和C罗的老去走向诸神黄昏。

足球很难再抵抗了，足球还能怎么抵抗呢？还能让球员的身体速率更快吗？还能再进一步加快比赛节奏，增加进攻次数和进球吗？还能进一步增加比赛的数量吗？当代足球职业运动员已经到了每周一赛、甚至每周双赛的辛苦地步，球员的身体和精神早已不堪重负，埃里克森倒在球场上的一刻让全世界都为之揪心，一切对赛制更改的提议都因为球员的身心承载能力上升为伦理问题，资本和商业对职业足球利润的无限贪婪，面临着球员作为生产者最本质最坚决的抵抗。毫无疑问，当代足球已经发展到了某种工业化的终极形态，我们很难再看到其进一步发展的技术和伦理前景。这就意味着，作为一个工业时代的产物，足球从本质上就不可能抵御来自下一个时代的赛博洪流，无法抵御代差所带来的维度打击——19世纪产生的一项运动，纵然与时俱进，也不可能在21世纪真正取得对新兴力量的胜利。

“足球回家”之所以对英国人来说有独特而不可取代的意义，是因为现代足球是一项真正从工人阶级、从人民之中走出来的草根运动。足球以一种生命存在的方式，以一种身份政治的意义，以一种融入血液的文化基因闪耀在盎格鲁-撒克逊人的血脉之中。英国的足球流氓世界闻名，但从另一个角度看这也意味着，没有任何一个国家能够像英国这一现代足球的发源地那样，依靠足球发动和鼓舞那么多的各阶层人民，依靠足球来证明一个帝国最后的荣光和余晖。与之类似的，是被上世纪80、90年代的央视直播和足球纸质刊物培养起来的几代国内球迷，他们对足球的热爱和依恋不仅随着当代足球的蜕变而逐渐减弱，也宛若一场与青年人关系不大的自我感动和宏大乡愁，是一份对往昔工人阶级叙事的架空怀恋和与时代抗争的孤勇；据说足球源自春秋时期齐国的淄博，但现代足球对中国来说根本还是一种舶来品，作为一种发展到资本主义晚期的工业化终极文化形态，它没有理由、也没有可能还能在全新的赛博时代延续其在工业化时代的独领风骚——

“一切坚固不可亵渎的东西都在赛博时代烟消云散了。”

附论：我们还能够期待什么？

今年欧洲杯的主题歌叫作*We are the people*。曲子不谈，历届杯赛前有珠玉太多；歌词颇引人注意。词作者不谈狭隘的运动本身，不谈虚无的“激情”“热情”，也不像前几届流行的拉丁美学曲风那样具有狂欢节式的享乐主义，而是真正体现了足球作为一项19世纪起步、切实地从资本主义社会的工人阶级中流行起来并走向世界的运动，其本质和骨子里的国际主义。

是的，也许足球必然会在未来的某一刻失去它现在的辉煌和亮色，但国际主义是不朽的。我们是“army of lovers”，我们从伤痛、仇恨和战争废墟中走来，从都柏林的街道到圣母院的尖顶，我们必须牵起手团结起来，我们要比过去的人类做得更好，我们也能够比过去的人类做得更好。

这可能是我们作为球迷，还坚持这一份“时代的孤勇”的最后意义。

We are the people we've been waiting for

我们正是自己长久所等待的人

Out of the ruins of hate and war

从仇视和战争的废墟中走来

Army of lovers never seen before

汇聚成前所未有的心怀友爱的大军

We are the people we've been waiting for

我们正是自己长久所等待的人

We are the people of the open hand

我们将为他人伸出援手

Streets of Dublin to Notre Dame

从都柏林的街道到巴黎的圣母院

We'll build it better than we did before

我们会比过去的我们做得更好

We are the people we've been waiting for

我们正是自己长久所等待的人

——2020欧洲杯主题歌 *We are the people*

女团 / 男团的偶像工厂：突破 / 禁锢“肉体实存”的身体剧场

刊发于2021年3月17日

朋友们，无论是痛苦或是欢畅，让它们消失的路都永远开放；

人类的过去不可能像他的未来：除了不变本身，没有什么能永远存在。

—— 玛丽·雪莱《弗兰肯斯坦》

承认吧，大众娱乐已经被“女团 / 男团”的偶像选秀综艺节目所占据：一个曾令老一代“追星族”们都无所适从的“追星”时代意味着，一个爱豆（idol，偶像）并非一个艺术家，一位歌手，一位音乐人，一位舞者，一位创作者 —— 而是一个人类肉体之美的典范，一个动态的身体模具，一个恋爱和人际交往的积极性幻象，一个本质依附于粉丝和追随者的单向消费客体。已经不再需要提问偶像们为何没有作品，也不需要疑问他／她们为何突然璨若星辰、大多数又迅速寂寂无名，对于偶像制作工厂来说，他们精心为偶像打造的姓名甚至已经是一种可以被传承的符号：一个个姓名和生命体验各异的、实际存在的鲜活个体，通过范式形变的严苛训练"塑型"，争取这个经过算命和风水测算后得出来的姓名——一直到他们的经纪人站在无形但沉重的汩汩血泪里，感叹"XXX三世终于红了，这个名字还是能红的"。

这是一门无情的工业，却又带着手工业精神传承出来的执拗与极端，在制造千篇一律的洋娃娃的流水线上，似乎又在寻找着超出模具的形态，借此构建一种情动式的资本主义。他们制造出了无限一致的审美产品乃至审美垃圾，但同时又以寻找不一样、寻找异类、发扬个性的名义去收编一切积极的、反抗性的突破常规，为它所用；理论上，女团／男团代表着一种追求极端性身体存在的审美诉求，因此它能够与舞蹈、模特、健美、杂技等身体性艺术形式追溯同源，其追求身体规范化的美学进程中所必然与肉体本能产生的龃龉，体现了这一门类艺术本身的超道德性；而与此同时，正是这种极端的超道德性得以鼓励其产业以最赤裸的商业消费逻辑为载体来运作，其非人道的、反多元化审美、反具身化肉体的倾向，成为一种商业异化行为的强力保护伞。

因此，当严格按照男团商业模式运作、主打独特小众群体喜好的男团“熊猫堂”参与了主流男团选秀节目《青春有你3》时，舆论构建了一个全程被商业模式操纵的、“可控”的争议语义操演场。对“熊猫堂”是否能够做爱豆的质疑，是一种对之前已经培养出来的大众普遍审美的蓄意“冒犯”，无论是对其做出故作理性的附和，还是义正辞严打出多元审美和少数自由的大旗，其实都没有踏出这一商业闭环的包围圈，而是在事先预定的角斗场里相约决斗：这个始终在刀尖上游走的行业，其立足之本即是艺术的极端超越性和非道德性，与商业消费诉求的媾和，因此，多元审美与进步价值同样将成为另一个可尝试的、被收编和转化的“刀尖”，将萌芽而出的主体对客观环境的反抗，转化为商业格局下不同客体之间的内战。舞台上的女团／男团始终被凝视、被解构、被赋予价值，这就是一场以美和进步为名的异化游戏。玛丽·雪莱笔下《弗兰肯斯坦》的故事，在人类对自我不顾肉身和血泪的强力意志下自我惩罚式地不断上演，直到被弗兰肯斯坦本人解放的时日。

肉体的实存：去除“现场”的身体剧场

粉丝们是如何描绘他们的爱豆的呢？“始于颜值，终于人品”——在这里，美如同康德架起的理性与实践之间的判断力桥梁，指向一种美所不自知的道德倾向，指向道德和伦理保证下追星行为的合目的性。美貌在这里是一种依附品，依附于偶像的道德观念，追星行为的合目的性在于，偶像会促使粉丝们做更多富有道德正义感的事情，从而让粉丝和偶像都变成更好的自己。同样，偶像的“美”依附于“颜值”“身材”这些肉体的实存上，在这种标准下，康德意义上的“形式美”与实践道德实现了无需中介的跨越。

然而这里本来是需要一个中介的。这个中介就是艺术，是创造“美”的“天才”。哪怕是在大众流行文化时代，再被西奥多·阿多诺等法兰克福学派批评者们所厌恶的大众文化，也遵循以艺术作为中介的原则。在这里，我们甚至要诉诸于东西方文化传统的细微差异，即“创作者”与“呈现者”的二元存在方式。对于艺术家，“ART”一词的词源本身即与“技工”有关，古希腊“技”与“艺”并不分家，艺术性来源于技术产品天然超越实用性的部分。在这样的传统下，创作者和呈现者是同一的，都是独立的生产者。诗人同时要有一副美妙的歌喉亲自弹琴歌诗，雕塑家不能只负责画图而是要亲手出货，戏剧编剧都必须亲自导演乃至出演…… 长久以来，“艺术家”在西方传统里一直是一种独立的职业，他可以是中世纪殿堂上的卖艺小丑，可以是英雄传说里的行吟诗人，但总之他是独立的，他之所以能够“表演”“呈现”是因为他能够独立创作，不需要一个负责创作的帮手。

这似乎也是我们如今概念里女团/男团源自东亚流行文化的原因：至少在20世纪的流行音乐和流行文化图景里，一个不创作原创作品的“音乐人”只生长在古典音乐领域，他们是虔诚的“演奏家”和“歌剧名伶”，而绝不是流行音乐偶像——哪怕Justin Bieber这样的“颜值”偶像，一首洗脑的*Baby*也是他自己用民谣吉他创作的，并不存在一个“偶像”就不是创作者的印象。但是在传统的东亚文化图景中，创作者和呈现者的权力是分开的，他们被人为地分化为两个阶层，“创作”本身意味着一种话语权力和地位的象征，哪怕文人墨客吟诗作词被认为是一种不务正业，那也是文人墨客独享的权力。与之对应的是，负责歌唱演绎的“呈现者”则是“倡伶”阶层，天生文化和教育水平的差异就从无形中剥夺了呈现者作为一名创作者的权力。当封建阶级秩序被现代化社会推翻撕裂之后，这种创作话语权逐渐转化为创作者与呈现者之间天经地义的自然分工，“歌手”变成了单纯专注于歌唱技艺的专门职业，而一个具有原创能力的音乐人能够将其创作才华作为一种卖点。由此，从东亚流行文化中逐渐生发出了更加专业的“女团／男团”概念，他们超出一般“乐队”“组合”的音乐人属性，将表达形式完全集中于“呈现”上，乃至分出了“Vocal”（主音）、“Main Dancer”（主舞）、“Rapper”（主说唱）等角色——“女团／男团”直观的形式概念，即是基本除却文本和音乐创作元素，以纯粹的歌唱、舞蹈和表演为主的“呈现”。

此时，当陌生的圈外人疑惑地提问“这位爱豆有什么作品时”，如果迎来的不是无视和嘲笑，那大多数时候得到的答案将是一个“直拍”“现场”或者“Live”。偶像的生命在于舞台上的表演本身，他们在舞台上的存在才能够诠释一个“呈现者”的意义。粉丝们在意的并非听到的歌曲，并非偶像创作的基于文本性质的美学冲击，而是单纯、直接而富有冲击力的“肉体”实存：结合身材、服装造型、舞蹈动作、体态、声音与歌喉、表情与表演性的“剧场式”的存在。一如经典的日本AKB女团以“剧场”作为基地，我们完全可以将女团／男团当作一种身体剧场：身体作为一种被客体化、被直接凝视的肉体实存，在引为典范的身材审美需要和音乐、舞蹈、演出设计的文本控制与傀儡下，向粉丝们展现一种纯粹的身体运作。

这也是一种与音乐创作，乃至于一切以文本为基础的艺术创作，或说与一切“脑力行为”的割裂：肉体实存的身体运作本质意味着女团/男团对于粉丝根本上的心理意义差异。偶像并不作为艺术家、创作者而被粉丝追捧，他们不具备创作者所拥有的“创世神”式的统治地位，他们的肉体是一种对理想恋爱对象的形象构建，是一种“角色”式的消费品。此时，无论男女性别，偶像肉体存在的意义是对于理想恋人形象不加掩饰的视觉组成，粉丝对理想恋爱对象肉体的要求和理想，被直观反应在偶像的身材和容貌上，同时也被直接地对应到偶像肉体的“唱跳能力”上。这里存在一个从恋爱对象作为实在的“人”转向“歌舞伎”的跳跃，恋爱对象向粉丝展示“肉体”之美时，无意识地、先验地指向了歌舞表演，这仿佛又回到了最初的康德美学所建构的，以艺术的依附美沟通一种生活实践的正确伦理：粉丝对恋人充满精心算计和评判的假想之爱，必须以肉体的姿态和唱跳的能力才能够被满足，最终导向实践意义上真实的情感投入与信仰。

同样，“依附美”意味着“剧场”与肉体不同，它没有必要作为一种强持存。在现场观看偶像表演、与偶像握手的粉丝毕竟是少数，大多数粉丝依然是依靠媒介来接触他们的偶像在舞台上的实存。“现场”的剧场意义本身就是被消解的，毕竟无论是实际的恋爱活动还是精神上的自我满足，都无需现场性和剧场的物理存在。在这里大可引申的是，大陆在接受了日本与韩国的偶像产业发展经验后，结合本国热爱“竞赛”的天性和口味传统的观众，将偶像养成综艺改造成具有表演性和强情节性的“经典剧场”，而不仅仅是后现代的符号性“身体剧场”，女团/男团在国内的剧场性被降低了，甚至可以看到某些偶像最好的、最后的舞台呈现竟是综艺的成团一刻，从“成团”开始，偶像们就开始远离剧场和纯粹的身体运作，纷纷走向了影视剧、综艺和传统音乐行业。

当代大陆偶像养成综艺和偶像产业的一大吊诡，即在于“女团/男团”原本的“呈现”性质和“肉体实存”的被凝视性，竟与当代大陆娱乐产业无缝对接，也就是说，在“女团/男团”概念没有进入大陆之前，大陆的娱乐艺术行业本就是一个没有把歌舞唱跳作为主要形式的肉体实存的身体剧场，偶像养成形式的传入只是给选拔“呈现者”提出了全新的对于歌舞唱跳的要求罢了。因此，我们拥有大量唱跳业务堪忧的偶像，只要他/她们足够努力不是“划水”，就能够在“偶像职业道德伦理”上被粉丝原谅；唱跳能力在大陆的偶像养成概念里竟不是必需品。对于很多成团即解散的偶像养成综艺来说，借助日韩传来的这一套歌舞表演形式的选拔训练方式，为未来的真人秀和影视剧带来多少“明星”苗子才是主要的。“成团出道”的集体性意义和歌舞表演的剧场性意义都被压缩至最小，综艺结束后，任何出道的集体都会被重新打成单子。当我们回顾这几年偶像养成节目的成果时，我们竟发现原本独一无二的东亚“女团/男团”文化在大陆被拖回到十几年前，与当年“超级女声”式的“古典”选秀成果别无二致。

单一美学与多元价值的斗兽场角斗

这是一次丢弃掉主体本身的奇幻能指链条之旅：本来从日韩传播而来的偶像养成文化中以培养肉体实存的呈现式“偶像”的方式，因为大陆娱乐产业的“明星”概念同样也非艺术家和创作者的现实，竟变回了去除剧场、去除集体性、去除歌舞唱跳的经典选秀产业。这就是吊诡所在：当无数评论痛斥参加《青春有你3》的“熊猫堂”，说他们连身材管理都做不到如何做“偶像”，根本没有作为一个“爱豆”的觉悟时，事实上“熊猫堂”恰恰是一个稳扎稳打以日韩偶像团体模式所打造的标准“男团”；而其他试图在《青春有你3》中脱颖而出成团出道的偶像练习生们，他们的终极目标恐怕都是单飞，他们辛勤参与训练和练习的最终目标是自反的：为了脱离“偶像”的藩篱。

为什么会出现这种“想当偶像的被骂不配，配做偶像的却不去做偶像”的情况呢？根本还是因为在“女团 / 男团”这一套身体剧场的运转模式中，它的“依附美”既是极端的，却又是标准单一的——来源于对恋爱对象的需求。所有对偶像的身材管理和肉体呈现能力的需求都是生活化的：偶像被要求极端的“身体美”，但这种“极端美”更关乎单一的恋爱标准，而并非追求“身体”的生理极致。杂技、健美意义上对身体技能和肉体实存可能性的“极端”并不是“女团／男团”的要求，相反还因为其违背了“生活化”的原则，从而不能满足这种“单一”的美学标准。

刻薄地说，“女团／男团”是一种近乎有“body-shaming”（身材羞辱）意味的艺术，因为它所追求的美并非来自对身体机能和肉体呈现的极端表达，而是一种身体美的单一规范对个体身体的规训和重塑，这种隐藏在运转机制里的非道德性，一是与康德并不赞成的艺术的超道德性相贴合，二是与急于将一切“野生”客体加以规范和收编的当代资本主义逻辑相契合。这种单一审美的心灵专制在实践中必然会产生某种强烈的自反性：表现在女团领域，有完全不会唱跳的“Sunshine”组合，也有要击碎传统女团审美的王菊；在男团领域则就是引发无限争议的“熊猫堂”了。然而，相较于熊猫堂，女团领域的审美争议要小得多：固然，“Sunshine”组合因为核心业务能力缺失，更多是扮演综艺叙事中的丑角，而王菊所代表的“欧美风”其实早就和“中性风”在女团选拔中的流行一样，代表着大陆女性审美的普遍进步性，其所冲击的无非是不被大陆观众重视的日本女团传统而已，但从受众角度，还是存在复杂的性别认知差异。

必须指出，作为女性受众理想恋爱对象的男团偶像具备相较于女团更加单一的审美规范：这种立足于大陆“白幼瘦”“花样美男”的男团审美，不仅引发了旷日持久的有关“阳刚之气”和“小鲜肉”的争议，同样也让“熊猫堂”这样的男性存在从肉体上呈现强烈的情感破坏性。也就是说，在女性受众眼中，熊猫堂的肉体实存绝非“多元审美”，而恰好是对于男性审美中典型的反面形象——“油腻”“肥胖”——的集中呈现。这使得无数观众无视之前面对王菊和众多中性风偶像时的“多元宽容”，借助一种专制性的单一规范将攻击性和厌恶感直观地表达出来。这种厌恶和恶意并非是因为缺乏对多元审美的理解和宽容，而更多的是源于认知错位所造成的情感伤害——一种标准的“理性面貌”的表达式是，“我知道应该包容多元审美，但这是选男团，男团不应该是这样。”

但无论如何祭出“理性”的前提，当这种批判出现的一刻，或者说当“熊猫堂”出现的一刻，我们就被控制这一切的资本主义商品消费机器拉入了事先搭建好的角斗场。这场观点的决斗是早被安排好的，地点、时间、交锋的对手、采取的战术、武技（观点）、最终不相上下的结局，都在“熊猫堂”加入综艺的一刻被奠定了。从积极的角度看，用带有身份政治意味的审美尝试来操演女团/男团的运作，进行审美冲击的动机的确英勇无畏，也创造了大众对男性审美多元的接受土壤，但恐怕问题在于，这些夸赞与参与者本人的生活和自我有关吗？我们真的提高了“熊猫堂”和他们所代表人群的自信和自我了吗？无论是批判还是必然会有的进步意义的维护，似乎都与参与者、与多元审美所希望保护的人群真正的生活状态无关，只是给组织这场观点决斗的资本方交了门票费；至少从效果和艺术形式的逻辑上来说，用女团/男团这种具有“body-shaming”意味的超道德的极端艺术形式来做身份政治的载体，既不合适，也不可能。

当然我们可以清醒地意识到，为“熊猫堂”成员不平其实也没有必要：他们做出了商业选择，也没有要从政治意义上代表他们所属的群体，这一切其实是纯粹的生意，异常“干净”。但值得注意的也正是这种“干净”的商业逻辑，一种消费主义的神话学说：“做你喜欢的”，同时意味着“而不是做你合适的”。一方面，资本主义商业机器将世间所有事物都分门别类加以规范，把“合适”作为天然的铁律刻在每个人的潜意识中；一方面，又鼓励那些必然会出现的“不合群”者，以一种“堵不如疏”的引流态度，将任何不合群与反抗的力量化作促进主动高扬自我价值的消费主义的宣言。我们都会谈起那些畅销的“切·格瓦拉”T恤衫，但是却无法逃脱这种无孔不入的，从欲望和意志上麻痹我们的，将一切内在的反抗势力都化作一种改良和丰富的，德勒兹所谓的“资本主义自我增殖机器”。值得拷问，但是答案却又如此明显的问题是：是什么原初的力量让我们下意识地，非理性地，直接“情动”地觉得“熊猫堂”里那些在舞蹈技艺上出类拔萃的男性肉体是“不美”的呢?

我们越是义正辞严地觉得“本来就不美”，我们就越是逃不出去了。

对技术和赛博格超越性的手工业“灵晕”

“女团 / 男团”的发展未来其实是灰暗的：我们很难寻找到其作为一种艺术或者表演形式的永恒独立性。首先，它依附于“唱、跳、RAP、篮球”的表演性绝非必要，大陆已经捧出好几个颇具代表性的偶像出道、却与偶像身份渐行渐远的娱乐明星；其次，它只是绽放于舞台而非独属于舞台，依然从属于媒介传播而不具备形式的实在；而最根本在于，尽管“女团 / 男团”现在具备重要而独特的“肉体实存性”，但这种“肉体”却因为其单一的审美而缺乏长远持存的能力：也就是说，对于“女团 / 男团”的“肉体美”追求是可以无关物理意义上的“身体”的，对偶像的身材管理需求和歌舞表演的肉体呈现需求并非对生理上，即血肉器官层次上的存在的探寻——这就为非肉身化的赛博格表演提供了机会。

我们完全可以想象一个未来由木偶、机器人、赛博格作为主导的“女团/男团”演出画面。以石可《从格罗托夫斯基到全息影像——现场艺术中的肉身化和非肉身化》一书中对“身体”的概念建构来推演的话，我们将生理层面的身体划分为能指与所指，即“物质性”和“符号学”。生理身体的符号学层面如果要推演到存在的边界，即“符号—文本—信息—数字”，那么其终将被“编解码”为一种数字化的身体，如数字媒介中的影像存在，或者三维软件里存储的动作捕捉数据；“物质性”层面的生理身体如果也被推向存在的边界，我们将必然面对赛博格、强人工智能机器人的存在；而若以一种给予精神层面的恋爱幻想对象而不是基于实际肉体交互的物质对象的需求来看，赛博格取代物理意义上人类肉体实存的可能和前景将早于很多其他领域，指向反对直接介入、非肉身的“间离”式布莱希特剧场可能性，以及“拟真”到极致后取代物理实存意义上的“真实”的可能。

由此，我们将拥有一种突破了肉体实存这一人类能力藩篱的身体剧场性——这几乎是一种对认知和艺术创作翻天覆地的革命性改变。如果技术真的能够依靠编码和程序就让赛博格完美无缺地呈现出歌舞表演所需求的形态、力度和情绪传达，那么艰苦的、影响青少年成长的、一定程度上反人道的日韩式偶像训练的意义又如何可能不被消解呢？此时，任何提出“肉体”实存之必要性的观点都会沦为一种玄学，成为一种因为对技术和赛博格的超越性始终不信任，而产生的手工业式“灵晕”。要知道，曾经人类信誓旦旦地表示，照片具备复制性的这种固定死板将害死艺术，流水线般失去生机的机械化复制将夺走艺术的“灵晕”，但无论如何“灵晕”都随着对手工业所造成的缺失、繁琐、麻烦和非人道而消逝了，一如那些从童年开始就始终为了追求单一的身体审美、绝对的形体要求和残酷的动态之美而伤害身体、损失自我甚至破坏人生的偶像训练生们，也许他们将意识到这种一心追求艺术极端的偏执，终究是一首被技术和赛博格冲击并解放了的明日挽歌。

当我们提起唐娜·哈拉维乐观的“赛博格女性主义”，觉得她期待赛博格和义体改造能够改变女性在身体机能上的劣势、从而推进无产阶级意义上男女平等的后人类图景实在是低估了资本主义机器对于科学技术的垄断和划分新阶级的能力（《赛博朋克2077》等作品清晰地向我们展示了这一点），但是也许她的预想至少对于“女团 / 男团”这一艺术、或者说表演形式是成立的：我们将拥有一种不再非道德的、不再会伤害我们自己身体的超越性之美，人类将能够窥见突破自我肉身实在之后的广阔自由空间：

在肉体实存之前，无论是化身还是拟像，我们可以完美无缺。

为了逃跑你必须付出代价，你要变得轻盈，变得干净，变得魅惑，必须满足别人的幻想，必须完美无缺；对，你必须完美无缺，哪怕像个苍白的玩偶娃娃，你也必须完美无缺……

你意识到，只要我们还被禁闭在人类的肉体躯壳里，只要我们还在被这身皮囊的无能所局限，我们就不可能达到灵与肉的合一，我们的身体就永远不可能完美无缺，我们就永恒地被最高层次的神性和美学拒之门外……

只有赛博格可以帮助我们，只有这颗被法律和伦理所禁止的毒苹果可以帮助我们，帮助我们超越人类的极限，超越生命的藩篱，超越创造的神性，让人类在舞台上高于星辰璀璨，让你完成心目中最极端、最伟大的艺术……

——孔德罡，未发表剧本《赛博格女团计划》

综艺形式的“脱口秀”/“单口喜剧”：一种广场景观修辞术

刊发于2020年9月16日

十几年前的苏教版英语初中课本里有一篇课文，说的是美国著名单口喜剧演员比利·克里斯托（Billy Crystal）——这可能是很多国人最早接触到“单口喜剧”（Stand-up Comedy）的时候，可想而知，不少英语老师在教授这节课时的尴尬：不仅老师和学生都很少见到“单口喜剧”的演出，况且如何翻译“Stand-up Comedy”都是个难题。记得我当时的老师非常直接地就翻译成了“单口相声”，大家立刻醍醐灌顶，课程也得以顺利地进行下去。

可是单口喜剧真的就是单口相声吗？当时并没有太多人知道。虽然在粤语地区，黄子华的“栋笃笑”已经引爆剧场多年，但粤语文化与大陆主流文化之间毕竟还是存在断层。当时大陆主流文化中可以接触到的最类似“单口喜剧”的东西，是东方卫视深夜21：

00播出的一档节目，叫做《东方夜谭》——多年后，已经转战美食节目多年的主持人刘仪伟依然可以骄傲地在《吐槽大会》上说，他是大陆第一位“脱口秀”主持人。《东方夜谭》是一个注脚，它意味着“单口喜剧”在中国大陆最主流的传播路径，是综艺节目而非剧场；也因为“单口喜剧”在大陆一开始就与电视综艺节目之间纠缠不清，以至于“Talk Show”（脱口秀）这一更宽泛、更贴近综艺形式的名词，取代了“单口喜剧”成为这一表演形式的代称。

在《东方夜谭》沉寂，以及上海一些剧场的短暂辉煌之后，是“谷大白话”“管鑫”“空耳同传君”“Not小月月”等人在微博上翻译的一系列美国单口喜剧，包括“囧司徒每日秀”（The Daily Show with Jon Stewart）的出圈爆红，逐渐将单口喜剧这一形式从线上推广到了线下。全国各地开始出现脱口秀俱乐部，“开放麦”（Open Mic）演出逐渐流行——但无可否认，这一切依然需要综艺节目的推动。“单口喜剧”以“脱口秀”之名真正进入到大陆主流文化视野，则要等到王自健、李诞等人的《今晚80后脱口秀》和《吐槽大会》，以及如今俨然成为行业巨头的“笑果文化”。

为什么要复述一遍本就不长，“短暂又辉煌”（《脱口秀大会》杨蒙恩语）的大陆单口喜剧发展史呢？因为随着“脱口秀”综艺节目的不断涌现，“线上”与“线下”的分野越发明晰，在美国以剧场、酒吧、开放麦为场域的单口喜剧在中国已经蜕变为了一种与综艺、网络和竞技无缝融合的全新形式——一种脱胎于单口喜剧，被叫做脱口秀，却既不是单口喜剧又不是脱口秀的怪物。就像王建国曾经告诫过同行，“脱口秀和单口喜剧是两个东西”，细究起来，中国大陆综艺节目形式的“脱口秀”演出，甚至比辩论、演讲比赛更贴近于古希腊剧场里、古罗马市民广场上的古典“修辞术”——他们不断地告诉大家，“好笑就行”，但实际上任何人都知道，要在广场上争取到所有市民的支持，光好笑可能什么用都没有。

真实的“广场”和虚拟的“广场景观”

脱口秀线下演出已经成为不少城市白领夜间生活的重要选择，无论是有综艺和网络宣传加持的笑果文化，还是一直深耕线下的“单立人喜剧”，其演出都是一票难求。热衷线下演出的观众都会提到线下演出气氛之“热烈”，以至于但凡有脱口秀演员在综艺节目中表现不佳，立刻就有观众以“你应该去看他/她的线下，非常炸”来辩护。这里的问题在于，本来在线下打磨段子、通过线下锤炼达到完美，然后在综艺节目里“一鸣惊人”的单口喜剧既定模式为何不灵了？单口喜剧线下与线上天然的承接关系是如何被割裂的？为何明明在线下已经打出名气，成为名角，却在综艺节目中尴尬冷场、黯然退出的演员越来越多？同样是一座空旷的舞台，一个开放麦，一个演员和一百名观众的“广场发言”，线下与线上究竟区别在哪里，以至于几乎发展出了两种截然不同的表演范式？

答案似乎很简单——线下演出发生在真实的“广场”之中，是真切的、面对面的广场式对话交流；与之相对的是，综艺节目形式的脱口秀则发生在虚拟的“广场景观”之下，尽管模拟了真实广场发言的物理形式，但实际上增添了一层符号运作：演员的发言首先与在场观众交互，然后演员的表演与观众的反应融合成为新层次的“表演”，演变为一种被普遍观看的“景观”，再与虚拟空间里的数千万名观众进行间接的第二次交互。理论上看，真实的“广场”似乎应该比“广场景观”更贴近于广场修辞术的范畴，但结果其实是相反的，因为“修辞术”理念中重要的组成部分——“说服”和“竞争”——只发生在线上，而很少发生在其乐融融的线下。也就是说，尽管具备“广场”的物理形式，综艺节目创造的“广场景观”却更加“拟真”，因而才更有资格作为千年之前希腊的剧场、罗马的市民广场之上的“广场修辞术”的“拟像”。

是的，“脱口秀不能比赛”，“冠军不是最好笑的，只是最会比赛的”，这正是在美国起源的“单口喜剧”在线下并没有与“修辞术”强烈联系起来的原因。线下演出并非不具备竞争性，相反，它是极为残酷的。一个不好笑的演员很容易就被轰下台，只有讨观众喜欢的演员才能够坚持下来——但是首先，线下演出中的“竞争性”是潜藏着的，它与单场线下演出本身的关联并没有那么大：观众虽然会做出今晚的几位演员谁更好的对比，但只要演员不差到被轰下台去，这种对比也只会流于观众心里和口头的随意评价，不可能制造出真正的“竞争性”。脱口秀观众营造出来的良好热烈的线下氛围，既有助于脱口秀演员们缓解压力，大胆发挥，同时也会造成“硬实力”上并不出众的段子和演员，借助线下的良好氛围，借助观众的宽容和弱“竞争性”，从而“鱼目混珠”，蒙混过关，甚至误入歧途，导致“遍地是大王”。很多脱口秀演员和观众会惊异“为什么这个段子线下那么炸，线上却没有响”，这其中固然有很多其他原因，但线下演出是否是检验段子好坏的唯一标准，是大有可质疑之处的。

其次，线下演出的单口喜剧之所以氛围其乐融融，原因在于虽然它看似是以广场发言的形式，但主讲人和观众之间并不存在明显“说服”的关系，主讲人的表达只是为了“好笑”，而不存在意识形态上的观点输出，也没有鲜明的表达目的。没有线下的观众会要求演员的观点与自己一致，哪怕这位演员在观众看来也“不好笑”，也顶多获得缺乏竞争性的随意评价，这种意识形态上的分歧并不影响演员的表演。在演员这一方看来，线下近距离的宽松气氛更容易让演员与观众之间形成一种“谈心”的“酒馆式对话”，而非空旷场地、目标明确的“广场发言”。然而，哪怕是同一批观众，一旦他们走进综艺节目的录制现场，在拿到电子投票器的一刻，他们的身份就转变了：他们给出的不再是缺乏竞争性的随意评价，而是强竞争性的投票票数；他们也不再追求“今晚只要有人好笑，我笑出来就行”，而是必须要给出自己的优劣排名；他们从酒馆的对话参与者变成了广场政治的民主评议员，他们给出自己反应的方式也从笑声变成了打分，演员也不再是和他们谈心的朋友，而是在广场上发言的“意见领袖”。

从观众进入“广场景观”后开始，他们期待的就不再仅是“好笑”，而是被说服，是值得被追随——区别仅在于，千年之前市民广场上说服市民需要的是雄辩的力量和符合民意的决策，“广场景观”里的脱口秀演员需要的，则是“好笑”。既然“好笑”从目的变成了说服的手段，那么单口喜剧在大陆的综艺节目里，就正式演化为一种广场修辞术：在修辞术的范畴里，文本、譬喻、结构、理性和情绪缺一不可。

广场修辞术：从“段子集合”到严密文本结构

笑果文化的核心卡司，国内最早的一批单口喜剧表演者程璐、冯立文、梁海源翻译的美国经典教材《手把手教你玩脱口秀》（*Step By Step to Stand-up Comedy*）对单口喜剧的写作有非常深入浅出的概括。格雷格·迪恩（Greg Dean）一语道破，单口喜剧段子的基本结构，就是“观众期待的落空”——“让你预期一件事情，然后用另外一件事情制造意外。”接触过美式单口喜剧的观众往往会体验到，单口喜剧演员作品的“结构感”往往仅仅存在于单句之中——铺垫A，让观众想到B，然后给出笑点C，观众大笑，一个段子结束，立刻进入下一个段子，概括来说就是固定时间段内信息量非常大的“段子集合”。哪怕是最成功的美式单口喜剧演员，要是将他的演出用文本的形式转录下来，就会发现文本是零散而碎片化的，并不能构成一篇通顺而独立的文章。这并非美式单口喜剧的缺陷，而恰恰是其形式的特征：因为观众只要被速度较快、信息量较大的段子集合所吸引，就并不需要一篇结构完整的“文章”。实际上，如果回看早期的《吐槽大会》《脱口秀大会》，可以看到笑果文化的演员们在这一点上也同样是非常美式的，他们当时并没有在意要将段子如何用“逻辑”和“结构”连接起来，也并未强烈地要赋予一段表演以鲜明的主题或观点。

正是因为单口喜剧文本“碎片化”的特征，才使得一些试图将碎片化的文本适当进行联系、呼应和逻辑排列的方式，成为了单口喜剧演员炸场的“技巧”。随着《脱口秀大会》等节目的热播，类似“call back”“混合”等单口喜剧技巧名词也逐渐被人了解。以“call back”为例，技巧本身非常简单，就是把之前说过段子中的部分文字再讲一遍，抓的就是观众对此感到“意外”，“怎么又转回来了”和“原来这段话是有呼应的”这样的惊喜感——但其实，“call back”是一种需要慎用的技巧，它之所以成立，是因为单口喜剧的单段表演中段子与段子之间本来是关系不大的，是缺乏结构的，在这种预设之下，用一个从天而降的“呼应”打破观众的预设，就能造成惊喜的效果。

另一个技巧“混合”在原理上其实也与“call back”类似，是将表演中两个本来没有关系的段子运用类似谐音、文本复用、场景相仿等方式，达到看似在表演两个不同的段子实际上却是重复之前那个段子的效果，从而达到另一种手段的“call back”以及观点上的讽刺效果。比如演员House演出的关于银行点钱和黑帮交易点钱的“混合”，虽然铺垫显得略长，但最后的效果极佳；又如演员赵晓卉将脱口秀兼职与小三干涉婚姻之间的“混合”，不仅在结构上使得表演具有逻辑和观点，更能以一种精巧的“设计感”来说服需要用投票判断优劣的观众。

非常明显的变化是，《脱口秀大会》作为一个“比赛型”综艺，其竞争性被无限量放大，上场的脱口秀演员普遍开始抛弃美式表演惯用的“段子集合”，抛弃单纯以信息量取胜的传统方式。本来经典的美式表演方法甚至被普遍污名化为“笑话大全”“单纯讲段子”“没有内涵没有观点”，从而逼迫演员们不断地开始运用各类技巧。除了“call back”“混合”这两种技巧已经基本出现在了每一位演员的表演之中外，比赛性质的表演更使得演员对段子的摆放位置、铺陈的节奏进行更加精心的设计：为了获取导师的“三灯”，节目已经普遍开始出现将次等的梗放在前面热场，中段加以两至三段顶级的“爆梗”来换取“炸场”和评委拍灯，然后在确保晋级之后安心讲述较为一般的段子，最后完成结构呼应的基本模式——本来仅仅是段子碎片化集合的单口喜剧文本，俨然已经被赛制调教成为一种“八股文”，变成了标准的西塞罗式“修辞术”的文本操演，一切以观众和评委的反应为核心，集中精力对观众和评委的心理活动进行应对的“范式”化写作。

在这样的创作环境下，观众和演员都将段子在文本之中的位置和表演的整体结构处理放在了创作的第一位，某种意义上削弱了对单个段子“转折”与“期待落空”的具体打磨。以《脱口秀大会》第二季的一个演出段落为例：

（现在的综艺节目）都太爱哭了。任何一个情况，任何一个对话都有可能发展出哭。你问，现在几点了？你问我现在几点了？我没法告诉你几点了，因为我弄丢了我爷爷走之前送给我的一块怀表。我爷爷走之前躺在病床上，把那块怀表塞到我的手上，然后说，爷爷走了，去买个菜，六点回来，然后爷爷翻下病床骑着共享单车就走了。结果六点半爷爷都还没有回来，七点十五才敲的门。我说，爷爷，我把你的怀表弄丢了，爷爷说，没事，我们家是开钟表铺的，我再给你拿一个。

这段表演单看文字是非常荒诞、不符合生活日常逻辑的，也因此并没有成为广泛流传的“爆梗”。但仔细分析，可以看到这段文本在“转折”这一本质含义的强烈表现和使用的非常低调的文本技巧：一、从问“几点了”转进到“爷爷去世”是一个意外的转折；二、用爷爷病床前塞表的煽情演出加强铺垫后“爷爷去买菜了”的第二次转折；三、用爷爷骑共享单车的“矫健”加强铺垫后，爷爷没有回来的第三次转折；四、突然call back回到怀表；五、在对怀表很珍贵的强调后进行“表其实很多”的第四次转折；六、尽管段子已经结束了，但这个层层递进，不断转折辅以“call back”的段子，从整体上又是一个以荒诞的面貌对综艺节目“爱哭”的混合式讽刺。

然而，我们是通过事后分析才得以窥见这段文本的设计，在现场，这个段子却因为表演者的语速以及设定场景的过分荒谬、脱离生活，导致其基本没有响，这位表演者至今也依然被评价为“仅仅依靠表演，没有文本实力”。在“广场景观”中的综艺脱口秀范畴里，传统的段子写作技巧，开始被整体性的结构化范式所取代。

然而，我们似乎彻底遗忘了一个本质的问题：“call back”“混合”等单口喜剧技巧之所以能够“炸场”，根本在于其稀缺性，在于本身没有联系、没有结构、没有逻辑线索的碎片化段子集合中突然出现了一个呼应所给观众带来的“惊喜”。那么，在一篇环环相扣，结构精巧的“文章”里，本身就充满了上下文之间明显“call back”的表演里，还如何制造惊喜？本来就是追求在无逻辑无联系的场景中突然产生联系的荒诞和惊喜的喜剧原理，在一个严丝合缝、精致工整的结构环境中，还可能有任何的效果吗？当技巧彻底范式化、规律化为结构后，它作为“单口喜剧”技巧还成立吗？演员们将很快面对，或者说已经开始面对一个必然会发生的局面了：单纯的“call back”和“混合”逐渐失去给观众惊喜和欢笑的能力，反而展现了演员沉溺于技巧本身，缺乏灵感和才华的证据。修辞术之所以是一种“术”，就在于它的本质，是杜绝艺术的灵性和随意的。

理性批判和情绪操纵：脱口秀需不需要观点输出？

我们已经逐渐习惯了在任何一类综艺中凸显观点的输出。作为一档脱口秀节目，《脱口秀大会》每期播出后，似乎都会将其中最鲜明和突出的“观点输出”用微博热搜的形式推广给更多观众。在上千过万的转发之中，观众追捧和支持的原因往往是“他说出了我们想说的话”“我同意他的观点”，而“这段好笑”这种更加本质化的评论似乎并不占主流。在“广场景观”中的脱口秀综艺节目更加把观点输出和意识形态表达作为节目的重心，“引人深思”在很多情形下都压过了喜剧效果——大陆的单口喜剧界似乎涌现出了一批具有标志性观点和独特人设，但似乎并不以段子文本质量而闻名的“脱口秀大王”，《脱口秀大会》看起来也逐渐与《奇葩说》等辩论演讲类节目没有本质差异，毕竟，李诞近年来最为精彩的一段有关救猫还是救画的单口表演，是发生在《奇葩说》上的。

那么，在“广场景观”中的脱口秀演员，他们面临的挑战已经不仅仅是五分钟的好段子，而是五分钟之内说服观众，获取观众的支持——这与有评委、有观众的综艺辩论比赛别无二致。从修辞术的角度，演员必须从两个维度上吸引观众：首先，他们必须从理性角度精心设计自己的观点和形象，从而让观众感受到“他是我们的人”，这也就是李诞广受争议的评论“喜剧演员不要有压迫感”。演员小块在两期节目中遭遇的不同待遇可以说明问题：第一期，他以“拆二代”的自嘲形象出现在观众面前，尽管表达出自己比观众都有钱，但他极力演出的“钱都是大风刮来的”“我本质上还是一个穷人”的亲切感拉近了他的人设与观众的距离，用精心设计的人设反差获得了观众的喜爱；然而第二期，他在婚姻话题中以妻子作为调侃的对象，尽管段子质量依旧不错，但台下的大多数女观众都颇感不适。更重要的是，在反复吐槽妻子的过程中，他无意识透露出来的对自我的“高看”破坏了他上一期所营造出来的“自嘲”形象，与观众间的距离被拉远——“有钱人的烦恼与我无关”。

为了输出观点，拉近演员与观众的心理距离，获得观众支持所塑造出来的人设，本质上与政治人物塑造“亲民”的形象没有差别。而李诞对演员Norah的评论之所以造成一定争议，就在于Norah的表演在线下环境内其实是“亲民”的：在上海的线下环境里，一切“炫富”“炫耀高贵”的演出效果都可以被解读为演员的自嘲，这反而以塑造自己“低人一等还爱炫耀”的形象，从而拉近与观众距离的技巧；然而在线上面对全国观众时，这种具有地域文化限制的技巧就会遭遇到误解甚至完全反面的解读。

强调观点输出的后果是，逼迫脱口秀演员以不强的阅历维持自己的“人设”，而这种人生导师的角色加之于任何一个脱口秀演员都是荒谬的。在女性独立意识的鼓舞下，与之内核冲突的喜剧表达就相应被压制；张博洋依靠批判动不动就说别人“崇洋媚外”的“政治正确”火遍热搜，让人几乎忽略这是一个历史可能有数十年，质量非常一般的老段子；忙于观点和价值观输出的演员们在台上沉迷于心灵鸡汤，其“故作哲理”的呈现经常破坏单口喜剧作为“喜剧”应有的氛围与体验。于是，必须诉诸修辞术的第二个维度：操控情绪。

一本正经说段子的演员越来越不受欢迎，取而代之的则是屡试不爽的一种情绪：愤怒。一个“愤怒”的脱口秀演员，如果其表达的观点被观众认同，那么其对情绪的煽动力量是难以估量的，甚至于，哪怕观众不能完全理解和体验演员表演出来的“愤怒”，哪怕有些“假嗨”的嫌疑，她／他也同样能够单纯从情绪层面对观演氛围进行操控。从最近的节目效果来看，操控情绪显然比输出观点更加有效：一方面，演员对观众情绪的操纵更回归了单口喜剧作为喜剧要使人快乐的本质；但与此同时，对于“愤怒”情绪的表达和对观众情绪的煽动，则进一步突出了综艺节目形式的脱口秀本身的“广场修辞术”属性——我们身处于一个对一切事物都要求意义、要求价值和观点的时代，我们对于千百年前雅典和罗马的“广场表达”有着无上的热忱，以至于网络综艺节目都要创造出一个景观式的观点表达空间，让我们将任何有关理性的、无关理性的语言表达，都加速推进为一种对意识形态修辞术根深蒂固的模仿。

大陆当代意义上的脱口秀表演需不需要“观点输出”已经是一个伪命题，我们必然沿着这条古典修辞术的道路一路前行而去——线下与线上的彻底分离、精致细微的技巧和结构、讨好的观点迎合和批判性的愤怒情绪，我们不知道这个脱胎于单口喜剧，被叫做脱口秀，却既不是单口喜剧又不是脱口秀的怪物还将书写什么样的历史，但我们能够确认的是，这种“脱口秀”是独属于当代中国的独特表达，用一种比利·克里斯托[1]们意想不到的方式。

毕竟，在公元前150年左右的罗马市民广场上，元老院成员，著名脱口秀演员加图（Cato Censorius）在每一次广场表演的尾声，都会熟练地运用“call back”说道：“对了，必须摧毁迦太基。”

1 Billy Crystal，美国金牌脱口秀主持人。

“野蛮生长”和身份谜题：中国乐队的“本地化”之路

刊发于2020年8月16日

以综艺节目《乐队的夏天》为标志——伴随着传统商业流行音乐业界的崩溃重组和市场受众的逐步细分，长期在“地下”和各大音乐节“暗自繁荣”的国内乐队逐渐得到走入主流传媒视野的机会。在大众流行文化语境下，他们是彻头彻尾的新人，需要“一鸣惊人”的表演吸引住观众目光，然而大多数借助综艺和流行传媒“出圈”的乐队和乐手，都在各自的独立领域深耕多年。因此在这里，独立乐队自我是否有强烈的“出圈”欲望，是否愿意接受全新标准的“再次检验”，可能是决定最终节目效果的根本。就像在第一季《乐队的夏天》中最终打入主流视野的几支乐队，其实本身在“滚圈”都还绝非“老炮”。

近日，在中国独立音乐界堪称“经典殿堂”级别的乐队“二手玫瑰”受邀成为综艺节目《明日之子》的导师，并在节目开场表演了两首代表作《仙儿》和《命运》。虽然主唱梁龙已经多次登上综艺，也堪称微博“网红”，二手玫瑰也因曾给2019年的贺岁片《疯狂的外星人》配乐而受到一定大众关注，但是二手玫瑰的乐队演出登上主流传媒视野的确是第一次。作为“中国摇滚的一支奇葩”，二手玫瑰早在1999年就已经依靠一句“大哥你玩摇滚，你玩它有啥用啊”在圈内扬名立万。二十多年后，梁龙在一档商业综艺节目的演出中再次以这句话开场，曾经在“理想已死”的二十世纪末代表性的后现代戏谑，终于迟到地遇见了娱乐商业消费的大潮，仿佛一道时代精神下沉、沦落而又被重建的轮回轨迹。

即将开播的《乐队的夏天》第二季邀请到了更多如后海大鲨鱼、重塑雕像的权利、Carsick Cars等在独立音乐界的“老炮”，似乎正在进一步推进中国乐队的再次“繁荣”—— 自从崔健，以及窦唯、何勇、张楚、唐朝乐队等“红一代”逐渐低潮之后，长期封闭在小众爱好者群体的中国乐队的确已经很多年没有进入到当代流行文化的图景之中了，甚至放眼世界也可算是一次“过时”的乐队文化复兴。相比于中国的流行音乐业界因为“流行”属性，更加普适地遵循香港、台湾、日韩再到欧美的学习发展轨迹，以摇滚音乐、金属音乐、后摇、电子音乐等为形式主体的独立乐队形式作为更加彻底的舶来品，则走在了更为艰辛的“本地化”历程之中。

我们的问题包括但不限于：中国的独立乐队还能够继续“独立”吗？他们会更加大规模地走入主流吗？他们对西方乐队文化传统进行“本地化”的成功，是否也同时意味着“国际化”的成功呢？中国的乐队热潮最终究竟能否给予中国乐队以世界范围的位置？以乐队为切入点，我们实际上面对的依然是困扰国人和整个第三世界的文化“民族化”和“国际化”问题。面对必然到来的大众文化介入潮流，如何应对“主流”，如何“接地气”，如何延续乐队文化“本地化”的进程，这不仅仅是我们独有的问题，也会在可预料的将来产生更加激烈的思想碰撞。

乐队文化在中国的“先天不足”

上世纪80、90年代传入中国，姗姗来迟的欧美乐队文化，存在先天的时代缺陷与误读。作为上世纪50、60年代民权运动、嬉皮士运动和大众文化的产物，在欧美发展约30年后，其实已经被迪斯科舞曲潮流和即将到来的商业流行音乐范式所冲击，是属于“上个时代”的事物了——这样的情况在大规模接纳西方文化的改革开放时期并不少见，国人在短暂的时间内同时接收跨越数十年的文化精华，客观上忽略了传入的西方文化的历时性和发展进程，而将具有先后承应关系的思想文化并列看待。

另外，且不谈必须结合时代背景的、所谓“叛逆与抗争”的“摇滚精神”，乐队文化在欧美首先建立在“人人都是艺术家”的大众基础上：电吉他、贝斯和架子鼓都是当时欧美主流的廉价乐器，而电子键盘和效果器更是可以让音乐人足不出户就能完成各类声音的实验、模拟多种乐器的效果，从而实现在“车库”里完成音乐创作并立刻走入主流的传播范式。而这一意识基础在早期中国乐队中并不存在：作为全国第一批接触到欧美乐队文化的“弄潮儿”，他们不可避免地都带有一定“非大众”的精英背景。实际上，经典的乐队“四大件”至今也还没有成为日用家常级别的廉价商品，“搞乐队”直到现在还绝非青年一代经济承受范围内挥洒青春的首选。中国乐队文化的传播与发展，在思想意识和物质基础上都生不逢时，先天上不具备足够的发展土壤。

这也是为何现在我们回忆起上世纪80、90年代的中国流行乐坛，必然会想到新兴的中国摇滚乐队、流行的电子迪斯科舞曲和港台流行情歌三足鼎立的局面，西方文化数十年的历时性在此表现为一种多元而繁杂的共存，但是作为中国摇滚和乐队文化先驱的崔健和“红一代”等艺术家的流行周期却明显不如另二者长久。乐队文化在当时的中国，尚算一种逆时而动，难以持续，且普遍受到欧美流行文化的滋养与推动。

如果说崔健等人用演唱中文、讲述当代中国青年的迷茫与躁动，呼应“告别革命叙事”的青年精神，首先解决了“中国人有没有乐队”的问题，唐朝乐队也用“菊花古剑和酒，被咖啡泡入喧嚣的亭院”率先提出了用歌词和主题“本地化”摇滚音乐和乐队文化的可能，那么他们昙花一现的绚烂也预示了中国乐队后来独特的“小众音乐”发展道路：中国乐队在没有外力推动的情况下自觉地，也是被迫地转入地下和小众领域，以自我确认的方式和自我赋值“高人一等”的话语权优势，解释并和解了迅速被主流和大众文化抛弃和忽略的现实。

因此，中国的独立音乐人们曾经在过去的二十余年里因小众的文化环境得以安静、自由地“圈地自萌”“野蛮生长”。这样封闭小众、独立生发的原生态局面是独特的，在乐队文化的起源地——20世纪下半叶的欧美国家，大致是不存在的。这使得对国内乐队和音乐进行“本地化”的动机大多是自发的，他们的生存和创作环境相对缺少商业消费文化的裹挟，也因为观众群体本身的小众性质，如果不是因为个人喜好和艺术创作的偏爱，“本地化”并不是乐队创作和发展的必然路径。中国乐队并非因为“来自中国”就一定要“中国化”。

中国乐队的“地域本土化”

如果以“中国化”的标准来评判，那么国内存在数量众多的“非本地化”乐队创作。颇为流行的北京乐队“后海大鲨鱼”早期创作的都是纯英文歌词的歌曲，曲风和表演风格都有向欧美朋克乐队学习的痕迹。像早期的后海大鲨鱼（随着乐队的逐渐流行，乐队逐渐转变风格，并创作出多首中文歌词的名作）这样近乎100%拒绝“本地化”，试图制作纯粹西式摇滚音乐的乐队，至今还有不少活跃在地下音乐的舞台上。

这样的现象在一些细分的音乐风格里更为突出，如重金属、歌特暗潮、电子音乐等领域里，没有“本地化”尝试的作品是国内乐队的主流。当然，尽管这些国内乐队从作品本身几乎看不出“中国”的印记，但其发展和创作的背景历程还是有其“本地”印记可循的：比如纯英文歌词的重金属乐队“萨满”，他们的音乐在北欧重金属、旋律金属的基础上常有对草原民族传统音乐、凯尔特民族音乐等异域文化元素的运用和借鉴，导致听众很难想到这是一支来自长春的乐队。实际上了解国内乐队文化的听众会指出，国内多数重金属乐队都来自老东北工业区，萨满的创作与传播过程也完全离不开本土地域的特色氛围，这支乐队还被戏称为“长春凯尔特民谣乐队”。北京、上海等地也活跃着大量以当代艺术和夜店为活动中心的电子乐、后摇创作者，他们无论是在音乐语汇还是文本处理上，都因为城市文化的导向和受众的审美口味，趋向较为纯粹的国际化——英语歌词，大概率是因为听众和创作者都觉得乐队的风格和作品要“原汁原味”，一如当代青年对译制片的集体厌恶。

悖论在于，存在真正意义上的“非本土化”吗？虽然“本地化”不可以和“中国化”划上等号，但“非本地化”的取向，实际上不就是另一种“本地化”的呈现吗？从“非本地化”的国内乐队的尝试中，我们似乎看到了一种必须将乐队文化进行“本地化”的必然，因为在这个“圈地自萌”“野蛮生长”的封闭性小众文化圈子里，乐队的生存只取决于听众——本地的听众。在纯粹依靠本土听众的国内乐队氛围里，“非本地化”的创作可能就是一种“本地化”。

因此，既然有因为风格和观众需求而演唱英文歌词的“非本地化”乐队，那么同样就有无数满足本土地域观众、以地域文化为特色的乐队，中国现当代文学的“地域乡土精神史”特征同样在中国独立音乐版图内颇为明显：坚持上海话歌词，讲述上海市民生活的“顶楼的马戏团”；风格多元混杂，但以四川宜宾方言为主要特色的“衣湿”；具有浓郁西北生活风格的“低苦艾”；西安本土的方言乐队“黑撒”；结合县城工人生活、海丰方言和闽南地方戏曲的“五条人”；内蒙古民族音乐风格的“九宝”“杭盖”等等，不胜枚举，熟悉国内乐队的乐迷可随手画出一幅大致的“中国乐队地域地图”。

这些地域风格鲜明的乐队也可粗略地分为两个方向：即以方言歌词、地域生活主题为主，还是以民俗特色、民族音乐风格为主。前者偏重于歌词文本，也更加与本地绑定，较难培养地域之外的受众；而更多将精力投入到如何将民俗特色和传统民族音乐风格与乐队“四大件”相结合的乐队，则更具有超越本地受众的可能性——毕竟在相当程度上，音乐的语言是不分国界的。在这一类乐队中，我们又不得不再次提到“中国摇滚的一支奇葩”二手玫瑰乐队：一如东北文化在主流文化中的强势缩影，来自东北的二手玫瑰是中国地域文化乐队的最典型代表，甚至可以作为中国乐队“国际化”、获取世界范围内声誉的一大案例。

“二手玫瑰”与“葬尸湖”：世界音乐的身份谜题

无论是依据本地受众的需求创作“原汁原味”“非本地化”的音乐，还是扎根于地域、方言和民俗文化，国内乐队大多数都囿于本地，很难走出国内语境。固然一支乐队能否获取世界范围上的成功需要众多因素，并且乐队文化已经不再是欧美流行文化的主流使得这一成就的达成更加困难，但是作为舶来品的乐队文化历经在中国二三十年的发展，“走出去”依然是不少创作者的愿望。在这个问题上，“二手玫瑰”与“葬尸湖”两支国内乐队分别用相似但又有着本质差异的方式，实现了一定程度上的“国际化”。然而，在世界音乐的版图之上，他们同样也必须面对身份认知和民族文化位置的永恒谜题。

“二手玫瑰”独特的乐队形象实际上是长期建构的结果。现在提起二手玫瑰，往往都会想起以主唱梁龙为首的“视觉系”现场造型，“东北大棉被”风格的平面艺术设计，被称作“现场之王”的躁动激烈的现场演出魅力，这些元素统一起来代表着二手玫瑰在“东北文艺复兴”亚文化中的重要位置。不过如果追溯乐队历史，可以看到最初的二手玫瑰并没有将民俗特色放置于如此浅白显眼的地方。二手玫瑰当初的石破天惊，依靠的是两大创举：一是歌曲结构上的“二人转”化写作处理，这使得歌曲哪怕并非民俗题材，依然凝聚着根植于东北文化的戏谑和讽刺精神；二是彻底将唢呐从“展现歌曲民族特色的传统乐器”转变为乐队常驻的“第五大件”，从乐器和编曲的角度将唢呐浑然融入摇滚音乐的范式之中，领先大众十多年发挥了现在被称作“流氓乐器”“乐器之王”的唢呐不羁的“摇滚精神”。

伴随二手玫瑰歌曲和演出的越发成功，乐队才逐步开始在视觉艺术的包装和作品创作上以东北地域文化特色给乐队进行配套：更多的二人转唱段和地方戏曲的采用，结合上世纪80、90年代东北文化受到港台风格影响所创造的一系列演出台风和造型，并且在乐队的平面艺术设计上极力放大了东北的乡土民俗元素。从营销上看，二手玫瑰的选择毫无疑问是一场胜利：不仅在国内几乎垄断了东北乐队文化的形象，同时也打开了国际销路——2014年，二手玫瑰开启的全美多城市巡演对于中国独立音乐界来说几乎是难以复制的成就。

而我们的另外一个案例“葬尸湖”乐队则延续的是从唐朝乐队开启的“国风”路线。相较于在流行音乐范畴内如鱼得水的“中国风”浪潮和由此衍生的“古风”音乐亚类型，本来乐队文化和“四大件”是很难与传统意义上的“国风”相结合的——实际上唐朝乐队早期的尝试也并非彻底，传统乐器段落的采样与摇滚乐句段落有明显的割裂，只能尽力以歌词和演唱方式去做相应的弥补。深层次上来说，充满反叛和破坏精神的摇滚和乐队文化，与“中国风”“古风”流行音乐建构的美学内核和婉约细腻的审美氛围是有冲突的。

但令人惊喜的是，国内乐队在另一些更为细分小众的领域，比如重金属、歌特暗潮、旋律死亡金属等类型中创作了大量“国风”作品。显然，这些作品对“国风”的理解和把握选取了较为独特的一面，而葬尸湖则正是其中翘楚。葬尸湖本质上属于暗潮音乐中的黑金属门类，其音乐的基本特征是悲苦凄婉的旋律，繁复绵延而撕裂的配器，歇斯底里、具有攻击力的黑嗓演唱，带有鬼魅恐怖气息的暗黑氛围，共同展现一种绝望的悲剧美学。但是，葬尸湖对“国风”的处理是非常低调和本质性的。在他们的作品中，很少听到篇幅较长的“国风”演奏，对传统乐器的演绎相当克制，大多数时间还是极力展现黑金属音乐本身的元素；他们的歌词虽然以“仿楚辞”的形式闻名，但在实际的黑嗓演唱过程中听众不可能听懂其中的任何一句文本，甚至完全更换掉歌词也不会影响作品在听觉上所营造的“国风”氛围。

葬尸湖音乐的独特之处，在于他们只需要歌名和听众阅读一两句歌词所带来的碎片想象，就能够用基本完全源自欧美的乐器和黑金属写作范式，创造出独一无二的“国风体验”。在他们经典的21分钟长曲《梦邀》中，古琴和埙只在前奏中铺垫些许，接下来葬尸湖则用完全西方的乐器、演奏和黑嗓演唱，将听众直接带入了如屈原《九歌》、如王羲之《兰亭集序》、如李白《梦游天姥吟留别》、如李贺《梦天》、如苏轼《水调歌头》般的清空山水和宇宙图景之中，一时间不禁令人恍惚——中国文化中以屈原、魏晋竹林七贤、李白等人为代表的“神仙”“神鬼”的边缘精神世界仿佛在21世纪恰好与黑金属音乐息息相通，内敛，坚毅，孤傲而又决绝。

葬尸湖在国外演出所受到的称赞和追捧甚至远胜国内。与二手玫瑰一样，葬尸湖在音乐上对“国风”的克制表达与其乐队现场演出的造型和氛围烘托是完全相反的，乐队在一片浓雾之中降临，“孤舟蓑笠翁”的装束并手持“降魔杵”的形象令人过目不忘，而这正是二手玫瑰和葬尸湖通过艺术创作手法上精妙的“本地化”从而走向“国际化”之路后的副作用：他们本就鲜明的民族特质在国际视野之中被刻意地、也是难以避免地进一步放大了，他们对于乐队文化“本地化”的精巧艺术努力使他们在国内脱颖而出，但在对中国传统文化了解不深的国际视野面前是无法被彻底传达的，由此，他们吸引国际关注的最大卖点并非他们对中西文化融合的高度成就，而仅仅是他们展现出来的异质的民族性：他们成为了国际视野里的“世界音乐”的一分子，成为了东方学视域的西方中心文化版图的一部分，却并没有能够展现其真正有价值的东西——对源自欧美的乐队文化的改造和创新。

如果刻薄一点说，二手玫瑰和葬尸湖在国际市场上的成功，其他精彩的民族艺术演出实际上也可以做到，他们获取的成功之中，乐队文化的成分多少是殊为可疑的。这与他们的艺术造诣无关，仅仅与世界音乐评价的视域有关。因为民族文化元素的加入而不断增强的民族身份认同，越发模糊了他们作为乐队的身份认同，中国乐队文化遭遇到的其实是一个无解的局面。如果从东方学角度上来说，在起源、发展、话语权完全归属西方的乐队文化范畴，来自东方的中国乐队的创新和成就永远是边缘性的；哪怕从世界音乐的立场上来说，“异国”乐队的唯一价值就在于其“异国”，也是没有资格占有对文化本质的核心解释权的。如果关注一些国外音乐人对国内音乐的试听反应视频，可以看到当他们听到国内乐队的“民族”元素时，往往第一反应都是“传统乐器”“古代文化”——也就是说，在21世纪的“世界音乐”视域里，存在的是西方视角下现代与古典之间的二元，而绝非民族之间、中西方性质的二元。

“国摇”/“土摇”：我们自己跳舞吧？

两种思潮因为时代的进程而汇聚：一方面是国内乐队“本地化”进程的基本完成，对“本地化”不再采取特殊的、使命感般的态度——类似二手玫瑰、葬尸湖等“国风”乐队已经不再是国内乐队的主流，国内乐队已经逐渐开始淡忘“民族化”，而将乐队文化作为一种为我所用的习以为常，来实现思想本质上的“本地化”；一方面则是大众主流传媒开始对国内的乐队进行超乎寻常的关注，试图从常年冷清的小众文化圈中挖掘出主流的商业消费价值。这就导致在最近刚刚播出的《乐队的夏天》第二季中，观众和“乐评人”的观点和反响都颇可玩味：坚持独立小众品味的“重塑雕像的权利”在节目中“我行我素”延续自己的英文演出，尽管因为其圈内地位在“专业乐评人”环节受到追捧，但从节目播出后的大众反响来看，乐队的“高级感”并未被普遍接受；朋克味道十分纯正，曾经摘得GBOB全球乐队大赛冠军的“Rustic”为了节目将自己的代表作*POISON BEAUTY*改编成为中文，却遭遇了“观众一边批判其他乐队不够朋克，却将最有朋克味道的乐队淘汰出局”的尴尬——观众对于“本地化”已经形成了不容置疑的共同诉求和意识形态层次的压制，但却仅仅流于歌词层面；临时改歌的“五条人”拿出了海丰县城风味的《道山靓仔》，却因方言歌词导致音乐上没有被接受，红了乐队输了比赛；与此同时，采取源自欧美的“阿卡贝拉”，却主要用普通话演唱，大多是在歌词上“本地化”的“野孩子”大受欢迎，可见观众对于“本地化”理解的飘忽程度。

实际上，随着《乐队的夏天》等一系列综艺节目对乐队文化的关注，已经有很多颇具流行价值、并非具备鲜明民族特征，但却足够“本地化”的作品和乐队进入了大众视野，他们代表着一种全新的中国乐队形象。这些形象追根溯源，来自乐队文化在中国数十年发展后，立足于中国文化土壤的独特积累。因《你要跳舞吧》等“迪斯科歌曲”出圈的“新裤子乐队”根本上代表的是一代人对20世纪80年代思想文化启蒙时代的热情怀念；“盘尼西林”“Gala”等乐队看似都是英伦摇滚的信徒，实际上传达的是当代城市青年的精神风貌；被捧上中国乐队至高神坛的“万能青年旅店”，其作品背后蕴含的是20世纪90年代国企改革大潮之下普通人命运变迁的深刻历史记忆.他们的音乐似乎都是舶来的，但在文本上都是绝对“中国”的。

这些乐队和作品在音乐元素上基本都拒绝了“民族化”而极力与国际接轨，将他们的本地化都重点放到了歌词和主题的共鸣上。这就是说，若是以国际视野来观察这些乐队和作品，在不了解歌词的情况下很难感受到“本地化”，但对于国内受众来说，他们就是当之无愧的、讲述这一代中国青年心声和精神的“国摇”（或者戏谑地昵称为“土摇”）。言必称“国际化”的话术和思维方式，已经不再能说服当代的中国乐队和听众，乐器的“四大件”以一种被“现代化”的方式去除了其“西方性”，而彻底指向一种普遍意义上的当代生活。这种符号运作的过程看似与前文所说的，“世界音乐”视域下的“现代 / 古典”二分法完全一致，但在能指链条的所属权上截然不同——在拒绝把现代化与西方化划上等号的同时，将中国人对来源自西方思想文化的改造和独特理解，转换为新时代对现代化的阐释。

这难道不是当代中国一切变化的缩影之一吗？对任何对象的“民族化”都开始转向为对现代化的重新理解、改造和置换，这一过程将取代创造，成为民族化和“本地化”的全新存在形式：作为新加入的客人，我们正在努力维护自己逐渐理解并应用自如的秩序——这类事情几千年前就在不断发生。也许“国摇”路途还长，远称不上崛起，但它已经是“国摇”，而不再是其他什么。

来来来，我们自己跳舞吧。

从“情动”到“逻辑”：谁缔造了“狼人杀”的科学主义神话？

刊发于2020年10月30日

不管承不承认，随着桌面游戏的流行风潮一度蔓延整个网络，促使全国上下桌游店如雨后春笋般涌现，早在疫情之前就已经发展出线上游戏模式的“狼人杀”，已经不复当年的盛况了。当初成为网络爆款的游戏综艺节目尽管还在办，但“狼人杀”在大众传媒范畴内已逐渐淡出，作为一款桌面游戏，它逐渐开始回到小众的位置上。这款历史悠久的聚会游戏，随着电子竞技主播的广泛参与和综艺推广，以线上app的形式开始走向规范化，然而在正式成为一门“竞技”游戏项目之后，它反而以更快的速度走向沉寂和衰亡——网络的流行、线下桌游店的开设和线上app模式的运营，并没有让这个游戏最终以规模化、常态化的态势发展下去。作为近年来走上正规竞技道路的电子竞技、桌面游戏中的佼佼者，

“狼人杀”的火爆与沉寂宛若一个后现代时期的缩影：绚烂、震颤和转瞬即逝，在迅速被建构出一套规则和结构后，立刻遭遇解构，作为一项竞技项目，其短暂的生命力无法被延续。

将“狼人杀”培养和打造成一款竞技游戏项目的资本和推手的动机，在于认为“狼人杀”是一项具备放之四海而皆准的规则的“逻辑游戏”。这个判断先入为主，似乎是先验的。可作为“狼人杀”前身的“杀人游戏”等一些聚会派对游戏的核心玩法显然并非是“逻辑”和规则，而是参与者的情绪和心理的控制能力，这一类别甚至可以追溯到人类最古老的聚会游戏“真心话大冒险”，考验的是参与者“说谎”和直面自己内心想法的能力。

那么，为何“狼人杀”会被放置在“竞技游戏”的地位上开启其大众流行之路？“狼人杀”究竟生成了何种“逻辑”和结构，这种“逻辑”和结构能够经受住参与者和时间的考验吗？资本推手将以“情动”为核心的聚会游戏，转化为以逻辑推演为核心的竞技游戏，这一行径又提醒着我们这个时代无处不在的“神话学”——我们仿佛可以在“狼人杀”的鼎盛和衰落中，看到独属于我们这个时代的科学主义神话的诞生与破灭。

游戏设计的基本建构：一种叙事嫁接

“狼人杀”脱胎于以警察、杀手、平民为主要角色的“杀人游戏”，按照桌面游戏或者电子游戏的术语来说，最早属于“杀人游戏”的“扩展包”或者“DLC”（可下载扩展内容），是对正主作品的“同人”演绎，因此我们可以看到角色设置上鲜明的平行嫁接：杀手自然就是隐藏在平民之中，只在半夜变身的“狼人”，警察就是能够调查出狼人的“预言家”，广大平民依然是“平民”。然而，当以调查、破案、相互检举为基本叙事模式的“杀人游戏”被转换为颇有魔幻色彩的“狼人杀”的时候，游戏设计的“嫁接”必须还要完成两个工作：第一，对“狼人”这一魔幻色彩的身份进行对应的魔幻叙事建构；第二，对本来非常日常的“夜间发生凶案，白天嫌疑人互相检举，警方调查凶手”的侦探模式叙事进行重新阐释。针对第一项工作，“狼人杀”开发出了更加复杂的魔幻角色系统：手握两瓶魔药，可以救人也可以毒死人的“女巫”；可以在被判处死刑后开枪杀死一个人的“猎人”或“白狼王”；可以在半夜阻止狼人杀人的“守卫”；可以让一对情侣同死共生的“丘比特”或“狼美人”；可以当面拆穿狼人身份的“骑士”等等——这些角色固然让“狼人杀”在叙事上更像一个“魔幻游戏”，但最根本的目的其实就是接下来要提到的第二点，即转换“侦探”叙事，适应全新的“猎巫”叙事节奏。

在“狼人杀”的叙事建构里，杀人者是超自然的生物“狼人”，因此理论上是不会在白天露出犯罪破绽的，也因此，游戏去掉了成数量的“警察”角色，去除了“杀人游戏”的侦探调查逻辑，只保留了可以看清身份的一名“预言家”，以及带领玩家白天进行民主讨论的“警长”——这里出现的最重要的转换，即是在“杀人游戏”中理所应当会发生的调查嫌疑人、侦探拷问嫌疑人、嫌疑人互相检举的“探案”模式，被转换为白天村民召开民主公开的评议大会、互相剖白心迹、由村民公审出“狼人”的“猎巫模式”。

“狼人杀”游戏设计中最根本的叙事嫁接，即是这种从“嫌疑人排查”到“猎巫公审大会”的叙事模式转换——在侦探结构的叙事范式里，参与者首要的目标是“找到凶手”，然而在猎巫公审大会的模式里，参与者首要的目标首先是“排除嫌疑，剖明心迹”，争取公众信任。也就是说，理论上“狼人杀”相较于“杀人游戏”，其实是在扩展游戏注重情绪、心理和口才的一面，而并没有对“杀人游戏”原有的基本规则与逻辑进行扩充。在“杀人游戏”中，时常出现杀手面对铁一般的事实辩无可辩的局面，然而在“狼人杀”的世界里，哪怕逻辑已经指向必然的暴露，狼人们也有机会通过公开演说和煽动能力实现翻盘。实际上，相较立足于当代侦探叙事模式的“杀人游戏”，“狼人杀”这个扩展包在叙事模式上反而是向更遥远的中世纪推进，其对村民白天民主评议、召开公审大会的刻画，严格遵守中世纪宗教氛围下“猎巫”和“宗教裁判”的范式——这种嫁接不仅不是指向规划化、体系化的现代性，反而是指向情绪、心理和动机主导，是模糊、玄妙甚至前现代的。

实际上，当“猎巫公审大会”的模式被奠定下来的时候，“狼人杀”一个基本的游戏规则“阵营合作”就可以被质疑：在人人自危的“猎巫”气氛之下，很难再考虑事实层面上的“阵营合作”——作为一个无辜受害、个人生存遭遇威胁，亟需自救的平民，到底有什么动机和驱动力选择去为“大局”考虑从而不惜牺牲自己？在每天白天的“民主评议会”上，剖明心迹，一心求生也许比分析场上局势，以大局为重更加符合玩家角色所具备的“人性”；同样，明明手握强大超自然力量的“狼人”们，为何要一边付出同类可能死去的代价，一边热心地参与人类自我组织的会议规则，甚至也时常为了团队的利益进行伪装和自我牺牲？“狼人杀”游戏得以进行的一大前提：“真相（胜负）比角色的存活重要”，在这一游戏叙事的嫁接中其实是不成立的。

当然玩家会觉得，这种元叙事层面的质疑没有意义，作为“杀人游戏”更加有趣和复杂的“扩展包”，正是这一叙事转换所带来的对参与者语言能力、心理素质和情绪表达更高的要求，促使了“狼人杀”的流行和火爆。也就是说，“狼人杀”的设计保留了原作“杀人游戏”最基本的逻辑和规则内核，并对游戏进行了大量指向玩家情感体验、扩展语言作用的改造，这一改造增强了“狼人杀”的社交和聚会属性，增强了人与人的交流和对话体验，使其脱颖而出成为广泛流行和火爆的桌面游戏。这一切都和“狼人杀”是不是一个“逻辑游戏”毫无关系——既然真相和胜负可以大于生死，那么逻辑和规则也就小于情绪和言语。

那么，接下来把“狼人杀”建构为一种“逻辑游戏”就略显荒诞了。

游戏玩法的先验建构：“投机”成为“规则”和“霸权”

以线上app为载体的网络“狼人杀”社群普遍存在对“新人”不太友好的情况。作为一个聚会桌面游戏，“狼人杀”本来不该对参与次数较少的新人有太多要求。尽管“狼人杀”相较于“杀人游戏”增添了一些规则，但总体上还是通俗易懂的，任何人都可以迅速掌握并加入游戏。那么，为什么会出现玩家群体普遍“排斥”新人玩家的情况呢？他们的理由似乎“冠冕堂皇”：“这些新人搞不清楚游戏规则/不遵守游戏规则。”当然，老玩家提到了新人不遵守的“规则”，并非是如同手球、出界这样的“基本游戏规则”，而是“狼人杀”经过长年发展之后，在玩家群体内部产生的诸多“潜规则”。试举如下几个例子：

1.拿到预言家必须参选警长，并且准确地向所有玩家通报自己未来两轮要查验的对象，两个对象必须一个是参选警长的，一个是没有参选警长的。如果预言家没有参选警长，或者参选警长的发言并没有遵守如上的查验逻辑，那么，即使其他玩家选择了狼人当警长，也必须是这个预言家负起游戏失败的责任。

2.参选警长时可以伪装自己是预言家，但一旦你宣称的查验对象并未参选警长，则自动失去伪装的资格，身份要么是真预言家要么是狼人，如果是好人却因此被玩家投票出局，必须自己负责。

3.作为女巫第一天晚上必须救人，否则被视为不为好人阵营出力，不尊重自己的底牌，不尊重本场游戏。

4.如果在白天发言投票环节被投票出局，必须进行反驳并分析场上局势才能被当作好人，如果认命必然是狼人。

……

诸如此类的规则不仅必须在游戏过程中得到“遵守”，更加严苛的是，玩家在游戏中也必须在尊重和认同以上规则的基础上进行发言——一旦有出现反对或质疑以上规则的发言，自然而然会被认为“发言不好”，身份立刻被全场做低。无数刚刚加入游戏的新玩家其实对这些内部的“潜规则”基本一无所知，就算有所了解也仅仅将其当作参考而不会亦步亦趋，甚至时常发表质疑此类规则的言论；而一旦在游戏中出现了这类“不遵守规则”的新人玩家，其他玩家对此的反应是非常负面的。这些新人会被认为蓄意破坏了他人的游戏体验，因此被批判、指责甚至辱骂似乎都是“理所应当”的。这样的场景在“狼人杀”多年的发展中不断上演，戾气始终如乌云般遮蔽在所有玩家的头顶，甚至在不少人看来，这种“潜规则”对新人玩家的“霸权”，是“狼人杀”不复当年之火爆的重要原因。

这些花样繁多的“潜规则”为何会产生？理论上来说，这本质是“狼人杀”玩家经过长年游戏体验后的一种“投机行为”：因为在玩家看来，只有遵守这些规则，好人阵营才有赢面。这些所谓的“潜规则”本质都是一种“趋利避害”的经验概括：预言家担任警长可以让最能看清局势的好人掌握好人阵营的最高票数，从而在投票环节中占据优势，因此预言家必须争取警长；第一天晚上狼人自杀的概率极低，所以女巫当晚救人是对好人阵营利益最大的选择，因此女巫必须救人；伪装身份的玩家容易造成其他玩家的迷惑，因此设定一条“红线”，突破“红线”的玩家必须付出代价；因为被投票出局的人最好能说清自己的身份来协助好人阵营分析局势，因此“认命”是一种绝对不被允许的行为……

其实，这些潜规则最终都指向一个核心目标：排除游戏过程中一切其他干扰因素，保证游戏的核心冲突点在于对“真预言家”的分辨，确保游戏在“符合逻辑”的理性情态进行下去。一旦有玩家在游戏中并不“趋利避害”，不以个人角色的阵营利益为驱动，那么游戏很容易陷入到敌我不明、矛盾不清的混乱之中，从而破坏所有人的游戏体验。但这一逻辑的问题在于，这些规则的“设定”并非简单明了，对于不少刚刚加入游戏的新人来说，很难鲜明地建立这些规则与“尊重游戏，尊重自己角色利益”之间的联系。大多数玩家当然是尊重自己的角色底牌的，但这些繁琐而潜藏的规则实在是太“防不胜防”了，他们很容易做出在老玩家看来“破坏游戏体验”的行为，因此造成了大量不可调和的矛盾冲突。根本在于，明明一个具有无限发展可能的游戏，为何要被这些“好人获胜概率最大”的“经验之谈”所束缚？诚然，如果抛弃这些规则，狼人获胜的概率可能会大大提升，但难道这个游戏最重要的目标是胜负吗？这些被“先验建构”出来，本质只是对胜利的一种“投机”规则的大行其道，实际上是在不断呈现一种潜藏着的意识形态运作，即“狼人杀”必须，也永远要是一个“逻辑游戏”。

在这些“先验建构”出来“潜规则”的影响下，实际上作为一个社交派对游戏的“狼人杀”已经基本被剔除了参与者情绪、心理和语言能力的成分，而呈现如下的机械状态：所有人只发表和自己能否取得胜利有关的发言，然后在所有人都发言得体的情况下，最终失败的一方必然是因为发言中出现了不符合规则的地方和逻辑的漏洞，从而被其他玩家敏锐地捕捉到，进而分出胜负双方。这也是很多玩家在强调“狼人杀”是一个“逻辑游戏”的同时，也强调这是一个“发言游戏”的原因：在他们非常理想的游戏状态之中，游戏的胜负只取决于发言是否符合“趋利避害”的原则。你的发言滴水不漏，那么哪怕身为狼人，获胜也是应得的；如果你的发言不符合这一原则，那么无论你是否是好人，失败都在所难免，也必须为游戏的失败而负责。

这是一种将本可以多元发展、充分展现参与者的自由度和不同性格、以参与者获得的乐趣为第一要旨的派对游戏，转换为有直接而清晰的规则、以参赛者对游戏规则的遵守程度作为评判方式的“竞技项目”的过程：将“狼人杀”打造为一个“逻辑游戏”的办法非常简单，就是将一切超出原有逻辑的玩法和行为都判定为“非法”。一切变化和乐趣都不再重要，作为一个能够被推广的“竞技项目”，只要以判断参与者的发言是否遵守规则来判断胜负即可——就像足球的规则只是球要越过门线那样，这些“先验规则”的诞生，指向了将“狼人杀”收编并规整为一项适用于当代商业发展需求的竞技体育的目标——一种将多元化为整一，生成转换为停滞，粗粝转化为精细，选择改为独占的现代性霸权运作。

“逻辑游戏”的内在断裂和“科学主义神话”

我们似乎可以非常准确地批判将“狼人杀”改造为竞技类项目的这一“现代性霸权运作”背后的弱点：首当其冲又令人遗憾的事实之一是，如果将“狼人杀”的竞技元素和胜负关系单独提取出来，以玩家是否符合“趋利避害”的“潜规则”进行发言作为评判标准的话，这样的竞技比赛似乎并不“好看”，观赏性欠佳。回顾这几年来各大网络平台组织的“狼人杀”节目我们可以发现，竞技性较强的比赛要么是选手过于出色，在大多数观众还未看清局势的情况下迅速分出胜负，要么是攻守双方多轮发挥都毫无破绽，进入只能依靠直觉和盲目猜测的“深推”局面，场面虽然焦灼紧张但也无趣，甚至一局长达2~3个小时，毫无节目效果可言。而这些综艺节目所能留下的“经典名局”，往往都基于玩家的重大失误以及未按照“潜规则”操作所造成的混乱和诡异的局面。实际上，将“狼人杀”改造成直接与胜负相关的竞技项目的目标，与将“狼人杀”比赛录制为节目效果精彩的综艺就是矛盾的，这两大诉求之间就是断裂的。如果玩家专注于竞技和胜负，比赛就不可能好看；与之相反的是，哪怕玩家失误百出，甚至完全不按照“潜规则”操作，却能够创造出意想不到的节目效果。长此以往，本来为了推广“狼人杀”竞技的综艺节目会被“资深”的“狼人杀”玩家所鄙夷、抛弃，而为了解决这一问题又会导致综艺节目的录制更加注重观赏性不强的竞技维度——节目越来越不好看，观众对“狼人杀”的热情越来越低，恶性循环永远不会停止。

为什么一个竞技项目在刚刚被投放入转播和综艺节目录制的时候，就能出现如此鲜明的受众层次断裂？这恐怕必须追溯到将“狼人杀”作为“逻辑游戏”这一逻辑的内在断裂。如前文所述，在“猎巫公审大会”的叙事模式下，任何角色和参与者都不可能以整体阵营的胜负为重，也不可能主动为大局做出牺牲，换句话说，在这样“生死存亡”的危急之下，要求每个人都严格遵守规则，纯粹以单一“理性”行事几乎是不可能的。“狼人杀”作为一个本身就是为了增强玩家对情绪和心理的控制，考验玩家驾驭语言能力的“杀人游戏扩展包”，采取了如同中世纪“广场演讲”“猎巫审判”的设计形式，它的一切建构基础都是指向前现代的。那么，在这样的叙事环境下侈谈“纯粹的理性判断”和“逻辑”，恐怕正暴露了游戏玩法与游戏内在建构在设计层面上的认识断裂：面对一个必须依靠言语修辞、情绪控制和心理素质来确保流程运行的游戏，如果所有参与者都如机器人般尊崇一个并不坚固、并不完全值得依靠的固定逻辑的话，那么这种“逻辑游戏”的可玩性和观赏性就可想而知。

更值得注意的是，在玩家们通过“趋利避害”总结出一套有助于好人阵营获胜的“潜规则”之后，这类规则潜移默化地实现了对游戏本身的塑型，也推而广之，实现了老玩家对新手玩家的控制与规训。本来打法丰富，局面多变的“狼人杀”，被规训为双方对跳预言家的赌博游戏，沦为以猜测谁真谁假为唯一目标，以发言好坏来评判一切的“竞技项目”。不少“狼人杀”爱好者沉迷其中的同时，也借此自重，以向新玩家介绍名词、规则与打法为名，从而实现对新手玩家强烈的控制欲望。这种对“潜规则”偏执的坚持，最终指向的甚至是法西斯式的对他者心灵的彻底规训——很多不符合“潜规则”的玩法遭到指责、谩骂甚至攻击，这不仅造成了“狼人杀”玩家圈内部不正常的敌意氛围，让越来越多的玩家选择离开，让游戏因为玩法的单一，失去剩余无几的竞争力，更彻底展现了单一性的社会思潮对人性自由发展所带来的难以抹除的负面影响。

我们所遇到的问题是，似乎有一双同时代表玩家和资本的“看不见的手”，在虚无缥缈的空中楼阁里，构建出一种“先验”的“狼人杀”比赛标准，创造这是一个“逻辑游戏”的神话。实际上这套标准无论是从外在设计还是内在规划上，都存在上个世纪以来的“科学主义神话”的机械性：对“理性”和“逻辑”毫无质疑的崇拜，对多元现状的忽视和抹除，对规范和整一的极致诉求，从而勾勒出一种乌托邦般的技术主义“未来幻景”。

如今重新评估“狼人杀”这款游戏，我们必须回归到其派对、聚会游戏的人情本质，回归其自由而多元的游戏设计内核，回到真正可以“解放”人类思维的情感和语言范畴——尽管对世间万物进行先验的结构判断的“科学主义”似乎在21世纪的学术领地已经绝迹，但它似乎依然“很有精神”地活跃于大众文化意识之中，并且与资本、消费主义合谋，继续创造着如“狼人杀”一般的社会神话：

对此，我们只有保持警觉，保持拥有一颗敏感而共情的心灵。

Ⅲ
“电影里的罗马人”：影像与舞台

曼基维茨的《凯撒大帝》中，所有人物前额都有刘海……这罗马人的额缘，其狭窄度则始终表示了权利，美德和征服的奇异混合。

——罗兰·巴特《电影里的罗马人》，屠友祥译

我们在此触及的正是神话的原则：将历史转变为自然。如今我们知道了为什么在神话消费者眼里概念的意图、目的一目了然，然而在这上面又并不呈现出利害关系：使神话言语表达出来的原因是显而易见的，但它马上又凝结为自然之物；我们不把原因理解为动机，而是理解为论据……法兰西帝国性变为自然状态的那一刻，神话就开始存在了：神话是一种被过分地正当化的言说方式。

——罗兰·巴特《神话的读解与破译》，屠友祥译

“证成”的立国神话：周礼、社会契约论与《汉密尔顿》

刊发于2020年6月21日

“立国神话”可能是最露骨、最易被识破，但历史也最为悠久的意识形态运作之一：远有“汉高祖斩白蛇”、东汉的谶纬学，近有“华盛顿的樱桃树”，此类政治权力主体对于其初创时期的历史事件和人物进行的神话式美化叙事，史载范例众多，以至于习以为常而被广泛“祛魅”，失去了原本赖以生存的神圣性。意识形态性的“立国神话”一般走向两种可能：一种进入普世的历史叙事，以“历史真实”的形态延续传播，神话性在潜意识过程中蜕变为“实证”的科学性，精心构建的能指偷取了所指；另一种则因为本身的逻辑缺损或者社会环境变化沦为笑柄，不仅丢失了神话性，反而成为对原有意识形态的自我摧毁。

但无论这些立国神话能在历史上留下何种印记，以上都是一种后发的“历史解释学”—— 被构建出来的目的，是阐明历史为何如此发展的解释学需要，即在“立国”这一事件完成后，权力主体借此证明其成功的合理性和必然性。所以，“解释学”式的立国神话普遍都是严肃的历史叙事：它以具体的历史人物为个体对象，以“历史实证主义”为核心的逻辑基础，试图通过对历史的一种“纪实文学”性的书写，来构建权力的合法性 —— 权力试图将夺权的历史事件重塑为可被广泛尊重的历史科学。

然而同时，我们还拥有另外一种层面的，始终潜藏于水面之下的“立国神话”——“证成”性质（justification）的立国神话，在中文语境下，可称为“正名”。这种神话的不同在于，它塑造的是“先发”而非后发的，非历史性而是未来性的理想主义范本。更重要的是，这些“证成”式立国神话的生产者，绝非那些掌握权力的主体：因为大多数时候，“证成”式立国神话的构建，是为了改变而并非巩固原有的建制和意识形态。

标题已经透露，我们将接着乔治·弗洛伊德之死[1]和音乐剧《汉密尔顿》讨论一种美国立国神话的重建 —— 不过在讨论这个“非历史性”的话题之前，我们却还是要从历史开始。

1　2020 年，非裔美国人乔治 · 帕里 · 弗洛伊德（George Perry Floyd）因在白人警方执法过程中死亡，引发了美国各地举行的针对国内种族歧视问题的示威游行。

周王已没，但周礼新成？

从汉代独尊儒术开始的近两千年的儒学研究，始终绕不过去的难题即是“经典文本”的不确定性。放在历代儒生面前的问题是，如果要将儒学定做一种“国家宗教”，一种正统的国家意识形态，则必须有规整统一、逻辑自洽、结构完备的“经典文本”。西汉设“五经博士”，立《易》《书》《诗》《礼》《春秋》为“五经”——但是经历了焚书坑儒和秦汉战乱，“今文经学”与“古文经学”之争彻底模糊了“经典文本”的神圣性：究竟是通过代代教学相传，由经学博士口述的“今文经”更符合原典，还是后来从墙院地底挖掘而出的“古文经”才是经典原貌？在缺乏考古学手段和意识的时代，这一问题几乎是无法通过“实证”解答的。

而五经中的《礼》在当时更是一笔乱账。今文博士最初口述的《仪礼》，当时被认为是孔子根据周代礼仪制度的记载所作，通过历代传习后流传下来，成为国家经典“五经”之一。然而到了西汉末年，经学家刘向、刘歆父子突然提出，他们发现了“出于山岩屋壁，复入于秘府，五家之儒莫得见焉”的《周礼》一书，认为是周公亲手留下的经典，加以整理后著录出来。他们还特地指出，《周礼》一书的体例分为“天地春夏秋冬”六官，而他们找到的书稿中缺失了“冬官”，根据体例得知“冬官”涉及的是手工制作业的官员制度，因此找到了齐国流传下来的手工业官书《考工记》来补充。哪怕以现在的眼光看来，刘向、刘歆父子对《周礼》的介绍也算是有理有据的，甚至“冬官”缺失一事也颇为“真实”，似乎从反面映证了此书绝非伪造。不久王莽篡权夺位，开始“复古改革”，《周礼》中对于井田制的详细记载成为王莽改制的重要历史依据，因此《周礼》地位飞升成为“古文经”，依靠政治权力开始获取神圣不可侵犯的经典地位，最终在南宋时期成为“十三经”之一。

这据说从“山岩屋壁”中挖出来的《周礼》，若真为周公所作，那么被刘氏父子发现时就当有800年的历史，可此书从来没有在先秦的文献记载中出现过。因此《周礼》必然遭遇到“今文”学派的攻击，也一度被认为是“伪书”。但在近两千年的经学研究中，大多数经学家们还是怀着各种理由相信其历史真实性，甚至一直到晚清，经学家孙诒让依然在《周礼正义》中坚信《周礼》是周公所作。经学家们看似“盲信”的判断，在如今的考古研究中得到了部分支持：随着当代对出土的金文材料的识读与考证，《周礼》被确认的确包含不少原始的西周史料——也就是说，尽管从成书过程的考证来说，《周礼》不可能是周公本人亲手所写，而是战国末期乃至西汉前期的学人所作，但《周礼》的确是有大量流传下来的史料作为参考的。

从刘氏父子，到经学大师郑玄，到《四库提要》再到《周礼正义》，“出身不正”的《周礼》的经典性为何一直受到维护，“周公所作”这一“盲信”又为何被坚持许久呢？一大原因是相比于《仪礼》，《周礼》显然更加完备丰富，结构精致，实在是面面俱到、几无遗漏地展现了一幅完美的周王朝制度画卷。《周礼》中周王朝的行政区划非常整齐，在“地中”上建立的国都分为“九畿”，以五百里为半径建立九个同心圆；国都之外有六“乡”，各有比、闾、族、党、州、乡五级；六乡之外还有六“郊”，也各分邻、里、赞、鄙、县、遂。《周礼》中记载的井田制几乎将天下的土地都分成了面积类似、大小相等、结构一致的“井田”，而与之相对应的官员制度，则分为“天地春夏秋冬”六官，在每一官的具体等级中都有并行的“金木水火土”五行……说到这里，答案已经呼之欲出：《周礼》记载的周王朝的礼仪制度、行政区划和官员制度是真实的吗？以当时的社会发展水平，不太可能。但它在结构建制上是完美的吗？是，不仅结构上具备美感，更是将儒家的治国理想与形式上的优美融合起来。《周礼》在理想性和美学价值上，可以对标柏拉图笔下的《理想国》；在结构和体系构建之上，甚至可以和黑格尔的哲学体系相提并论——它大致不可能是西周王朝刚建立时的历史现状，但它几乎是一套古代中国理想化的“世界观设计书”。难怪王莽，乃至后代经学家都对《周礼》爱不释手，这是儒学“修身治国齐家平天下”理想对人的完美诱惑。

我们可以设想这样一个画面：一群战国末期的儒生们，从各地搜集了周王室流传下来的类书残卷，怀着治国理想，开始以“创作”的心态构造实际上在历史上从未以这样一种完整结构出现过的“周礼”。只有穷极一切可以看到的文献，再带上严肃谨慎的“脑补”，历经数百年乱世的中国才能拥有这样一部“理想国”计划书。如果我们进入这层构境，就完全可以想象这些学者明白自己并非在复原、考古800年前的“周礼”，他们清楚地知道这些假托周公之名写下的文字，是要为未来的统治者提供制度蓝图。

学者们完成此书的时候，周王室也许已经被秦国的铁蹄扑灭——周王已没，周礼新成，这本《周礼》成为了两千年来中国封建王朝建立政治、经济和文化制度时必然参考的经典。它毫无疑问，是一种来自权力外围，后发而成，只面向未来的“立国神话”：历史上并不存在的制度理想，披上“曾经存在”的外衣，最终成为延续千年的信念式存在。他们创造了一种想象性的完美国家精神体制，毫不利己地托付给几百年前，得以构建出垂范后世的“华夏”之本体。

社会契约论：三种文学性书写

人类为何要建立国家、创立法律，形成制度化的社会，开始一种集体化生活？这个问题甚至比讨论公元前1046年时的周王朝是什么样的体制更加难以回答。作为一种“知识考古学”，它存在悖论：讨论制度产生，具备实证意义的只能是“文字”，可如果当一个文明已经产生文字并出现历史记载，这意味着类似国家、法律这样的原初制度性建设已经完成了——我们无法考证在没有文字的时代里制度建立的情形，只能从一个“从天而降”的基点开始探寻其演化的过程，“起源”的重建是不可能的。

因此，当“社会契约论”成为西方政治制度研究的主流假说时，任何人都意识到如果要将“社会契约”诉诸于具象的话，这一场景简直是荒诞不经的：我们该如何设想，一群“自然状态”下的原始人类突然如天启般意识到“要建立一个国家”，所有人汇聚一堂开始开会，讨论出一篇详尽的“社会契约”给每个人签字确认，每个人都清晰地知晓自己的权利和义务，并将自己的权利部分让渡给系统性的体制，宣告一种国家制度的成立？但这的确就是霍布斯、约翰·洛克、卢梭等政治哲学家们给我们展现出的画面。在这里，一种“证成”式的立国神话天然地诞生了：面对国家如何建立的问题，立国神话的写作者们没有任何的历史证据，缺乏历史人物和事件，也并没有要保护现存政治制度的解释压力。他们创造“社会契约论”，与其说是在解释历史，更多的是在文学性地构建属于新阶级的理想国家体制。这样的奇异画面是一种比喻，它在比喻原始人类通过长期实践逐渐发明制度的时间进程；同时它也是一个范本：当北美独立者们在费城开会制定宪法的时候，这能够让所有与会的国父们感到天命昭昭。

必须意识到，早期的“学术研究”很难与文学书写分野，“中立客观”在当时仅从叙述话语上就是一种奢求。霍布斯、约翰·洛克和卢梭三人各自“社会契约论”神话的书写不同，自然可以从其生活经历和社会环境中找到端倪，他们的“社会想象”必然具备强烈的时代印记。亲身参与英国1644年资产阶级革命的霍布斯对战争状态和人性只能有黑暗的想象和感受，在战火烽烟的乱象里，霍布斯笔下的“利维坦”指向的是对秩序的强烈诉求。在他的“自然状态”图景里，人性中难以看到希望，只有自私、卑劣，和为了利益进行无限制的仇杀争斗。因此，“社会契约”签订的场景，其实是战争各方的一次和平会谈，人类建立国家的目的，是为了找到终结战争、保卫和平的秩序。而如何在这样一种“任何人反对任何人”的自然状态中保证和平呢？霍布斯相信只有拥有压制所有人力量的唯一权威才可以。因此，他对这场“和平会谈”的描述，就是每个参会者都将自己的一部分权力让渡给“主权者”，这样一个“国家”人格集所有权力于一身，由此人颁布法律，建立权威，所有人都统一服从在这个国家之下——是的，毕竟霍布斯是保王党。法国“太阳王”路易十四的那句“朕即国家”绝非空口狂言，正是有霍布斯的理论支持的。

约翰·洛克则同霍布斯在政见上完全相反，他认为霍布斯的观点是一种独裁主义的哲学。他在《政府论》中提出的“自然状态”温和很多：他设想里的原始社会就是一种商业社会，人与人之间不是战争状态，而是“和平、善意和互相的帮助的状态”，各行其是，了解自己的权利与义务，和平共处。但是因为商业活动的频繁，不可避免地会发生财产上的纠纷，因此洛克构建的“社会契约”会议是一场商业行会内部会议，目的是避免商业上的冲突加剧，定立商业规则，保证所有人都能遵守。此时，受到权力让渡的主体是“有限政府”，他们的责任是分配各人的权利与义务，保证和平状态和商业活动的正常运行。因此，一旦政府工作不能令人满意，与会者就可以根据契约对政府进行更换。数年后，当“光荣革命”的革命者们手持洛克的《政府论》驱逐了詹姆斯二世时，我们看到了洛克的“社会契约论”的实现：一种认为人性是温和和平的立国神话，自然孕育的是不流血的革命。

几十年后，在即将发生大革命的法国，卢梭吸取霍布斯和洛克的理论，提出了自己的《社会契约论》。对人性抱有极强信心的卢梭对“自然状态”的描述是乌托邦式的：这是一个没有任何地位、财产和精神上不平等的乐土——只是作为个体很难独自生存。在卢梭笔下，“社会契约”的会议是人类的一次互助会议，所有人的目的是为了互相保护，创造一种共同的力量保护与会的每个个体。也就是说，卢梭认为“战争状态”更多的是人与自然的斗争状态，而国家的诞生起步于人类团结起来与自然斗争的过程。在之后的美国独立战争中，需要斗争的他者从自然变成了英国殖民者。与之相似的，霍布斯的书写伴随着英国王室的复辟，洛克的书写则伴随着光荣革命的胜利，无论是何种情况下书写的“社会契约论”，都是托古指今的立国神话。最终，整个世界无论种族、文化还是地域，都将“社会契约论”作为国家建立的最初图景。它是一种在实证上完全“空想”的集体性幻觉和文学性书写，同时却也是人类精神遗产的永恒明珠——一如尤瓦尔·赫拉利[2]所言，“故事”是人类前进的动力。

《汉密尔顿：一个美国音乐剧》和一个“新美国”

2015年，《汉密尔顿：一个美国音乐剧》让错过了上世纪80年

2 Yuval Noah Harari，以色列历史学家，著有《人类简史》《未来简史》《今日简史》。

代经典音乐剧井喷时期的当代剧迷们，感受到了亲身体验一部革命性杰作诞生的震撼。仅仅几分钟的开场，就能让像奥巴马这样的观众意识到“我从没有看过这么好看的音乐剧”。而仅仅上演几场后，整个音乐剧业界已经明白一部即将登上史书的伟大作品诞生了:《汉密尔顿》代表了一个全新的时代，不仅是艺术上的，更是思想范畴上的——如果之前我们津津乐道的美国“立国神话”属于清教徒们的远征，属于殖民地的拓荒，属于《社会契约论》，那么《汉密尔顿》则书写了一种全新的美国“立国神话”。在这个神话描述之下的美国独立历史，与之前任何一种叙事都截然不同。

随着美国逐渐将移民国家、多种族多元文化熔炉、全人类自由之土等“当代精神”纳入到国家精神之中，传统的美国独立历史叙事遇到了显而易见的尴尬：首先，美国独立战争是一场纯粹白种人内部的革命战争，在这个追求自由独立的叙事里，并没有任何种族话题的存在；其二，在《社会契约论》影响下初创的美国政治制度和自由观念，与女性无关，与有色人种无关，更还带有奴隶制的阴影——被认为创建了自由国度的国父们，从华盛顿算起，都是蓄奴的大奴隶主，也似乎很少表现出给奴隶自由的意愿。当然，因为时代所限，21世纪的美国不可能回头追究国父们在思想上的“不够进步”，但是创造一种全新的、甚至完全取代原有叙事的新“立国神话”就显得很有必要了。

但这样的诉求显然又遭遇到历史的压力：作为一个延续性强、始终保持强大的国家，否定本国历史的一部分显然是不可行的：南北战争中广受赞誉的战斗英雄罗伯特·李将军因为是奴隶主，其各地的雕像被黑人权利团体推倒的实例，证明传统意义上的“历史解释学”是无能为力的。那么，只有“证成”式的新立国神话才能够解决这一难题。此时，看似是美国国父亚历山大·汉密尔顿的传记，看似是描述美国独立战争历史的“主旋律”艺术的《汉密尔顿》，从主创林-曼纽尔·米兰达的潜意识出发，开始了一场波澜壮阔的神话书写：既然原来的立国神话已经过时，我们就写一个新的——历史真实和时代精神相比，完全可以退居二线，不再重要。

当然，这并不意味着林-曼纽尔·米兰达的创作抛弃了历史真实——相反，这部作品的写作有严格的史学根据，它改编自历史学家罗恩·彻诺的《汉密尔顿传》，甚至每场戏都可以和原著的章节工整对应。林-曼纽尔·米兰达改编的不是历史事实，改变的不是所指实在，而是能指、命名与外部符号。他创作的是一段符合历史事实，但其中的参与人物完全被改变的美国建国史。一切从林-曼纽尔·米兰达与亚历山大·汉密尔顿相似的“故乡”起步：汉密尔顿是苏格兰人在加勒比海上的白人移民后裔，而米兰达是土生土长在加勒比海的波多黎各人。那么，如果实际上，汉密尔顿正如米兰达一样，也是一个从加勒比海来到纽约闯荡的少数族裔移民呢？数百年前，汉密尔顿和众国父们要建立的，是一个由欧洲各地的白人移民组成的自由国度，而如今的美国，则是一个由世界各地、各族裔移民组成的多元国度——一种对照和全新的神话写作就此开始。

汉密尔顿由波多黎各裔的米兰达饰演，他的妻子伊莱莎则由亚裔演员饰演；乔治·华盛顿、拉法叶伯爵、约翰·劳伦斯、亚伦·伯尔、托马斯·杰斐逊等“国父”都由非洲裔黑人演员饰演，将拉法叶的“法国人”身份模糊为“移民”，突出“移民”对于美国建设的重要作用，并且着重加重由约翰·劳伦斯所带领的黑人师团的戏份，让他们提前百年成为消灭奴隶制这一政治诉求的代表；细微处铺下一些LGBT（性少数群体）角色的设定，在取向方面穿越历史的天下大同；斯凯勒三姐妹分别由非洲裔、亚裔和拉丁裔饰演，着重强调她们作为社会名媛在女权意识和社会福利事业上的贡献；全剧唯一的“反派”，英国国王乔治三世则由整台剧作中唯一的白人演员扮演，由少数族裔组成的“革命队伍”迎战白人领导的英国殖民者的叙事在舞台上无比鲜明……最后，全剧的核心音乐风格是当代的嘻哈说唱，它的剧本信息量大、文辞华美，结构精巧、叙事动人，一个彻彻底底21世纪面貌的“美国建国故事”，在完全不脱离历史真实的基础上，完成了在能指上的彻底置换。《汉密尔顿》创造了一个“新美国”，它的建立不仅有关自由民主与独立抗争，更在反殖民主义、性别问题、少数族裔问题和奴隶制度问题上都完美无瑕——传统立国神话中被当代思想观念的进步冲击得千疮百孔的1776年，就这样被替换为一身洁白，可谓后世垂范的2015年，一种“证成”式的工作确保了这个国家的伟大，也通过替换性的符号操演使得既有的缺陷失去存在意义。

林-曼纽尔·米兰达和《汉密尔顿》剧组，通过音乐剧艺术上的和对美国立国神话的双重革命，在无意识的艺术创造力驱动之下，鲜明地用抛弃过往历史，主动迎接未来的态度，宣告与“旧美国”划清界限——这也就不难解释，持右翼保守立场的前副总统麦克·彭斯前往剧院观看本剧，剧组在谢幕时竟然公开在舞台上表达了对彭斯的不欢迎。与此同时，《汉密尔顿》在历史层面上的严谨和对美国传统的“young, scrappy and hungry”（年轻、好斗、饥渴）精神的延续和升华，使得作品哪怕“离经叛道”，也成为美国国家主旋律文化的宠儿。这一由权力外围主体创作的新“立国神话”已经登堂入室，它甚至带来了国内类似“如何写作新时代的主旋律”这样的启示。而就在《汉密尔顿》终于宣布以视频录像的形式登陆流媒体、可以供广大观众收看的时间段，由乔治·弗洛伊德之死引发的数十年来规模最大的非裔美国人平权运动已经席卷世界。我们些许意识到，《汉密尔顿》对美国建国历史的“重写”

不仅仅潜移默化地在精神层面改变了“美国”的“何以为是”，更在时代潮流下成为实践意义上“新美国”的先导。

大多数时候，“证成”式的立国神话也都以“历史解释学”的面貌出现，过往的历史事件只是它们信手拈来的素材，若撕下其历史解释学的科学外衣，更多展现的是一种理想性的历史神学预言。它解释过去的工作或许并不成功，但却塑造了接下来尚未发生的未来；它对历史的解释可能脱离实际，但却引导了实际的历史走向；正因为其本身“神话性”过强，使其存在和地位不会受到历史现实的直接影响，而是作为理想和乌托邦的图景长久影响人类历史的进程。

重提《无极》：回望21世纪初第五代导演的“商业东方主义”

刊发于2020年11月27日

时隔十五年，陈凯歌导演的电影《无极》因为综艺节目《演员请就位》再次来到大众视野时，曾经熟悉的喧嚣争议恍惚间已经是上个时代的事情。当陈凯歌再次表达对《无极》的怀念和对遭遇了他所谓“不公正批评”的不满时，大众传媒的反响和评价已经不再直接，而是诉诸对21世纪初这个还没过去多久的时代的某种“复古未来主义”——如今在舆论场上占据主流的一代好像已经没有多少人看过《无极》了，似乎也很难理解区区一部电影霸占当时全国文化话题数年的魔幻场景。面对陈凯歌和李诚儒的争论，我们都似乎在面对一部遥远的，已经被人忘却的电影，需要重新树立坐标系来看待《无极》和围绕着这部作品所带来的争论。重看《无极》或者“补课”《无极》成为了一种复古行为的操演。

除却舆论界对陈凯歌一贯的宽容，对《无极》重新评价的呼声实际上已经涌动了很久，以此为注脚的思潮，是对于21世纪初“第五代导演”的“古装商业大片”的重新审视。张艺谋的《英雄》《十面埋伏》《满城尽带黄金甲》，陈凯歌的《无极》，冯小刚的《夜宴》，何平的《天地英雄》等作品，它们被定性为“商业堕落”“烂片”，似乎已然被主流观众所遗忘，可正因为这些对于当今观众来说“先验”的刻板印象，成为作品得以重新评价的前提：主导这些作品的“第五代导演”们纷纷在21世纪的第二个十年以“低调”的状态纷纷“归来”，更多以“德高望重”而非“木秀于林”的身份存活在电影界的他们，以逐渐提升的风评，促使曾经的“黑历史”得到赎洗的机遇。十余年前流传下来的负面意见提供了一个较为宽松和低平的起点，似乎更有利于观众客观而善意地看待这个曾经蜂拥而至、众声喧哗的古装大片时代。

实际上，在《战狼2》《流浪地球》《哪吒：魔童降世》等商业电影真正为“国产商业大片”做出定义，中国电影市场逐渐发展为全球前列的电影商业市场，观众对于艺术电影、作者电影和商业电影的区分慢慢明晰，对商业电影的叙事套路和拍摄模式开始熟悉之后，21世纪初“第五代导演”的“商业尝试”越发暴露出其本质并非商业电影的一面，这也让十多年前对这些电影的批判中最重要的核心论据轰然倒塌。票房、商业价值、明星这些“速朽”的因素已经随着时代散去，这些作品终究可以以电影本身来面对后来的审视者，它们展现的“第五代导演”的“作者特质”最终成为得以留存的核心价值。

我们能够重新看待《无极》了吗?

实不相瞒，笔者也在近期重新观看了《无极》。陈凯歌对《无极》所招致的批判和“恶搞”的愤恨不平，我们是可以报以理解态度的，因为在2005年喧嚣的舆论场上，整个中文影评环境对《无极》都相对缺乏严肃和实质的艺术批评。关注的失焦从电影最初上映的风波就开始了，并且发展到混乱而冗杂的极端程度：导演、中文互联网古早时期的网络红人胡戈所剪辑的恶搞短片《一个馒头引发的血案》几乎垄断了人们对《无极》的印象，陈凯歌向法院起诉胡戈要求维护个人名誉，和其被认为“失态”的发言不仅是轰动的娱乐新闻，也成为《无极》作为一部电影本身，受关注的焦点完全偏离的隐喻。陈凯歌反复强调《无极》是中国“第一部奇幻电影”，是一种“东方新奇幻”的美学尝试，对这种表态，中文舆论场是普遍忽视甚至嘲讽的。这一态度的先验判断立场在于,《无极》在商业电影评判框架下的孱弱和失败是一种颠扑不破的确论，那么如果基础不牢，一切美学或者艺术理念的探讨似乎都是空中楼阁。

以大众理解和大众可接受的审美诉求作为商业标准判断，《无极》显然在很多维度都超出了当时乃至现在观众所能接受和欣赏的范围。《一个馒头引发的血案》的走红，其起因也许并非是看完电影的观众将剧情概括为“一个馒头引发的血案”，而是电影中大量怪诞、奇异、超出常识范围的设定与场景，从电影开始的初见阶段就给予观众强烈的陌生感和不适感。过分日式和鲜艳的“鲜花铠甲”、张东健与无数牦牛奔跑时令人出戏的特效、“满神”奇异的发型和怪诞的表情管理、被戏称为“圆环套圆环”的宫殿建筑设计、手里拿着一个“大拇指”的谢霆锋、披着一身黑衣装神弄鬼在天空中旋转三百六十度还自称“我是穿黑衣的人”的刘烨、集合了大陆、港台、日韩各地的糟糕中文口音，以及显然是导演要求、刻意情绪化、怪诞而间离的表演形式——若以大众审美的观点来看待《无极》，那么这部电影的每一秒钟都近乎喜剧般的灾难，正襟危坐、一本正经的讲述历程中，每个瞬间都带着滑稽与故弄玄虚。《无极》的“豆瓣短评”中赫然有一条写道，“随着时间的推移就不是烂片了”，这可能就是这部电影无论在任何时代，似乎都超出了大众乃至亚文化审美范围的注脚：我们很难想象任何一个主流文化处于符合《无极》所展现的美学、叙事和表演风格的审美环境之中。

任何一个熟悉商业电影编剧模式、言必称麦基[1]《剧本》的电影爱好者都可以为《无极》把脉出一张症状清单，但也许最根本的问题在于，陈凯歌在《无极》中多层次地暴露了艺术构想与实际执行的割裂，或者说，影片作为载体无法承载陈凯歌的构思。首先，陈凯歌和其编剧团队设定了一个几乎完全架空的奇幻世界，这个世界甚至在基本的运转逻辑上都与现实世界有所差异。这既使得观众很难运用在现实世界中的经验进行演绎思维和“常理推断”，也迫使创作者在解释世界观、阐释世界构成等方面耗费了大量的、影片内容无法承载的精力和片长。雪上加霜的是，陈凯歌在对世界观进行阐释的时候，叙述的风格却又是点到即止的，这就让这个完全架空的虚拟世界几乎不可能为初见的观众所理解，只能以突兀的状态被“抛到”观众面前。也就是说，2个小时的影片片长，是无法承载一个完全架空的世界观的，影片情节固然在世界构建逻辑上是“自洽”的，但无法阻止观众以“常理”得出荒谬的观感，这首先就将一部分观众直接拒之门外。

其次，陈凯歌团队为这个世界观所写作的故事和蕴含的思辨是写意而寓言式的，却很难与设定出来的宏大史诗背景所贴

1　罗伯特·麦基（Robert McKee，1941年—），美国创意写作指导者，被誉为“好莱坞编剧教父”。

合——陈凯歌自认在一个写意的世界观里讲述一个飘在空中的寓言故事是自洽的，但是观众在面对较为陌生而新奇的世界观时，最初的反应必然是用现实世界的运转逻辑去理解。也就是说，接受了《无极》初看奇异怪诞的世界观、愿意观看下去的观众，他们的接受基础是一种"实在"的态度，他们压制住对陌生事物的疑惑，将其中一切写意的部分都内化为"存在即合理"的认同，他们在内心自我构建了一种"史诗感"。在这样一层艰辛的认同之后，迎接来的却是一个并未贴合人情、利益等基本情节冲突模式的玄妙寓言故事，这再次造成了对观众期待意图的背叛。《无极》提供的是"写意的世界+写意的叙事"，商业电影的观众最初的期待是"实在的世界+实在的故事"，而经历了一层强行认同历程的观众遭遇到的却是"我相信的实在世界+写意的叙事"，这层冲突恐怕比最初的怪诞观感更难以解决。

最后，"给棺材钉上最后一层钉"的，则是追随"写意的叙事"和"怪诞奇异的世界观美学"这两层维度，在艺术创作逻辑上必然导向的人物刻画的间离性。陈凯歌的处理也许并非刻意为之，而是在他构建的美学逻辑里的顺理成章。因此，面对大陆、港台、日韩这五种不同的中文口音，他大胆地选择不使用配音而是任由演员给出原声。演员采取一种情绪先行，极端而癫狂的舞台剧表演方式，与真实传统的模仿式表演拉开距离；无论是表演、台词甚至是人物造型设计，都始终存在“拉人出戏”的间离式设计，始终贯彻“假作真时真亦假”的美学思路……需要赞叹的是整个团队的执行力和最终的美学效果高度一致，但最终造成的结果是，影片越能够在美学上体现陈凯歌的艺术构思，越在各个领域和层面都达到与美学设想的高度统一，反而距离一部符合大众审美需求的商业电影越远。是的，探讨《无极》是否是一部成功/失败的电影，关键在于评判的标准。作为商业电影，它毫无疑问是失败的，与一切商业电影和大众审美法则相悖，但它毫无异议是一部作者色彩极其浓厚的作者电影。尽管如何评价还见仁见智，但可以确定的是，影片的每一帧都贯彻了导演的终极意志，并没有被商业逻辑和其他因素所模糊，是对导演艺术和创作思路进行剖析的极好范例。

其实，我们可以说《无极》具备某种代表性，因为影片几乎存在着21世纪初中国“第五代导演”的“古装商业大片”的集体共性：那个时代，无论是投资商、导演、观众还是评论界，都认为大投资、电影明星和动作场面就意味着“商业”，初次接触商业电影制作的“第五代导演”并不像他们的好莱坞同行那样，将大投资看作精细的预算表格和严格把控观众情绪的公式化剧本写作，而是将其看作百倍、千倍放大自身作者风格特性的机遇和手段。多年之后，当我们明白了这些电影并非“商业电影”，明白了当初舆论界对“第五代导演”“失去思辨、失去深度、拥抱商业和庸俗”的批判可能是一种前现代的臆想，明白了导致这些影片遭遇大众恶评的原因恰好是导演们过度展现自身作者风格的时候，我们会发现这些作品是难得而珍贵的——纵观百年多世界各国的电影历史，我们很少能够看到作者电影能在如此的预算和创作自由下实现。

为张艺谋“平反”是可能的吗？

讨论21世纪初“第五代导演”的古装商业大片浪潮，我们自然不可能略过张艺谋这个“第一个吃螃蟹”的人。一直以来，张艺谋在21世纪初的转型和尝试所具备的开创性是有争议的：有人认为《英雄》其实只是追随李安《卧虎藏龙》成功后的跟风之作，古装商业大片浪潮的起源应该是《卧虎藏龙》而非《英雄》；有人认为陈凯歌1998年的《荆轲刺秦王》才是中国古装商业大片的开端，包括因为《英雄》而成为中国影视重要取景地的横店秦王宫，最早也是为陈凯歌《荆轲刺秦王》所搭建的实景。但是无可争辩的是，相较于其他“第五代导演”对于古装商业大片路线的浅尝辄止、分散实践，甚至一次失败后即行远离，张艺谋则是坚定不移地用《英雄》《十面埋伏》《满城尽带黄金甲》这个“武侠三部曲”，乃至多年后的纯好莱坞商业制作电影《长城》，和依然坚持既定路线的《影》等作品进行了长达十余年的古装商业大片实践，也许他因此谤满天下，但毫无疑问是这一路线的根本代言人。相较于陈凯歌更多地是在运用商业投资主动地实现作者风格，张艺谋可能主观上是对自我作者风格进行抑制，试图探索商业电影的正确拍摄模式，尽管结果殊途同归，但他的“武侠三部曲”留存给我们的，可能只是他强烈的个人作者特性。

提到对“第五代导演”21世纪初古装商业大片的“平反”声音，其中90%都是有关《英雄》的，这部电影在上映伊始遭遇的差评来自大众审美和舆论批评界的两个维度。来自大众的维度依然集中在了电影叙事手法的非商业性上：张艺谋及其团队参考《罗生门》构建了一个简短但是由不同视角进行叙述的寓言式故事，同样因为美学上对写意的诉求导致文本空洞而孱弱，影片矛盾冲突较为虚空，这令期待看到饱满、刺激而抓人的商业电影叙事的观众感到不满足。不过相较后来的《无极》，《英雄》的世界观构建立足于已经存在多年的中国写意画传统，因此它“写意世界观+写意叙事”的美学逻辑是能够被观众所理解的，也能够充分揭露影片在商业制作包裹下所蕴含的作者电影特性。大多数来自观众的差评认为影片“不够带劲”，观众可以准确把握住导演对商业片拍摄技法的不熟悉和生涩，感知到影片依然存在于作者电影的范畴而并非如宣传所言那样人人皆宜。

有趣的是，当时舆论批评界对张艺谋的“围剿”，颇有些“揣着明白装糊涂”的意味。对于张艺谋“反武侠”“谄媚体制”的意识形态批评，以及“献媚商业，自甘堕落”的“纯艺术”性质的批判，完全淹没了对于作品本身的客观评价。实际上，当时的大多数评论者对《英雄》蕴含的作者特性是心知肚明的，所以才能够迅速把握住张艺谋对传统武侠中个人自由主义理念的推翻和解构，能够意识到影片中秦军高度规整和可怖的“法西斯美学”所带来的美学震撼力意味着作者内心从对体制的反抗走向和解。但与此同时，正是出于对这种意识形态的无法接受，又因为客观原因不能直接地对影片进行意识形态批判（一是因为话题的敏感性，二是因为自由主义知识分子本身反对进行意识形态批评的形象构建），才故意模糊焦点，将批判的重心放在“从事商业电影这一行为的堕落”之上。这一批判话语在2006年的《满城尽带黄金甲》与贾樟柯导演的《三峡好人》同天上映时得到了最彻底的操演，贾樟柯的一句“在黄金的时代，谁关心好人”，直观地将两部电影的性质做了先验规定——但这其实是主观地打压《满城尽带黄金甲》作为作者电影的某些特质，而在十余年后回顾，可能也仅仅是一种过时的前现代“田园牧歌”言论。

《满城尽带黄金甲》恐怕是张艺谋职业生涯中不可能“平反”，但的确值得一说的作品。在3.5亿人民币投资，雕梁画栋的宫殿设计，人海战术，宫女参考法国服饰的暴露设计，周润发、巩俐、周杰伦等明星的耀眼包装下，《满城尽带黄金甲》被当作是当时中国商业电影最重要的尝试，也自然是国产古装大片堕落失败的代表作。但与此同时恐怕又很难否认，《满城尽带黄金甲》和《无极》一样，是张艺谋作为导演个人作者风格的“集大成”之作：有关菊花、药、黄金饰品的大量特写镜头隐喻，每个时辰打更报幕的高度规整的仪式感，冷漠无情、病态扭曲的台词与人物，阴沉黑暗的配乐，与最后反抗无望、只能走向集体毁灭的绝望结局，几乎都是张艺谋历年来作品内核的集中放大展现。《满城尽带黄金甲》在美学上严肃贯彻了视觉和精神上对观众的双重压迫，使得观众难以接受它“金玉其表、败絮其中”的美学反讽，而只能单纯地感知到“生理不适”。最终影片留给大众的普遍印象只剩下无意义的奢侈，过度用色的视觉“强奸”，甚至贩卖女色的低级趣味——然而，如果不去忽略影片中周杰伦饰演的二太子一刀砍翻王旗、对女性受迫害并绝望反抗的讴歌、叛乱失败广场满地鲜血，迅速被洗刷并铺上菊花五分钟后歌舞升平的场面，《黄金甲》可能是当代中国电影对于封建政治黑暗历史最极端的明喻和直露。舆论界对导演本身的态度也许大有商榷争议之处，但《满城尽带黄金甲》对于张艺谋作者风格的呈现与研究却是颇有价值的——张艺谋其实是一个审美小众的导演，他的艺术追求带有固有的偏执性和极端性，21世纪初的他对大众心理和大众审美的把握并不擅长，当被放置在直接面向大众的商业电影位置上时，他所遭遇的批判和不满终究是有理可循的。这个论断对其他的"第五代导演"同理。

张艺谋的"泛欧美"与陈凯歌的"泛东亚"：两种新东方主义

随着21世纪第二个十年，国产商业电影开始涌现出真正贴合大众要求的作品，创造出不少真正意义上由大众支撑的票房神话之后，"第五代导演"终于逐渐离开了这个他们并不贴合的位置，得以回归到电影作者这一本质的身份位置上，而这也是当今对他们十多年前的商业大片尝试有"平反"之声的潜藏原因。历经多年的实践和经验汲取，张艺谋的《影》、陈凯歌的《妖猫传》，几乎同时向大众展现了在他们熟悉商业电影叙事方式和拍摄逻辑之后，更加"观众友好"的"古装商业大片"——不过遗憾的是，尽管这两部作品在大众评价上都使导演得以"翻身"，但影片的票房与关注度早已无法掀起当年的风浪，这两部精心打磨的商业制作同时也失去了创作者的"棱角"。让陈凯歌和张艺谋这样的作者掌握商业电影的技法其实本质上是没有意义的——对艺术史和电影史来说，平庸的作品甚至还不如十年前那些纵情尽欲，肆意妄为的“烂片”。

本质上说，这可以被概括为21世纪初中国独有的“商业东方主义”的艺术尝试已经过时了：在中国面临“国际化”的重要时间节点，“第五代导演”从上世纪80年代的日本，准确说是从黑泽明的《蜘蛛巢城》和《乱》两部“日本战国莎士比亚”电影中得到了灵感，试图以“自我东方主义”的视角向世界阐释一种走向国际化的中国形象。张艺谋和陈凯歌采取了不同的美学路径，这与他们二人的个人美学诉求息息相关。在面对如何向全世界展现东方文化和东方形象的关键问题上，二人在叙事范畴上都不得不被美学诉求所吞噬，选择了弱化思维与文字文本，而诉诸感官、情绪和后现代式“文本”——由此，他们给出了自己的中国现代美学阐释。

张艺谋寻求的是与西方现代主义的结合，将传统中国文化的精华以西方艺术的建构逻辑去重新讲述：《英雄》中宛若法西斯军队般的秦军大阵，《十面埋伏》中乌克兰花海里的漫天大雪，《满城尽带黄金甲》中攻城战镜头对爱森斯坦《十月》攻打冬宫镜头的复刻，《长城》中的五色盔甲和“饕餮”的怪兽化处理，《影》中对于黑白光影近乎表现主义的操演，以及被世界广泛接受的2008年北京奥运会开幕式，都展现出一种“西学为体，中学为用”的颠覆性重述。这种重述的话语逻辑本质是西方视角的，是一种主动地自我凝视和自我构建——从这个意义上说，张艺谋对黑泽明的模仿绝不仅仅是《十面埋伏》里对《蜘蛛巢城》骑马戏的戏仿，绝不仅仅是《影》对《影子武士》的致敬，而根本是21世纪的中国对20世纪80年代的日本的一种模仿，是对于“国际化”的一种臣服和加入。

陈凯歌则后退一步，他当然不可能固守中国传统范畴，同样作为一个美学破坏者的他，寻求的是东亚文化圈的同构，寻求的是与日本、韩国的传统文化因素所融合的“新东方”。陈凯歌在《无极》中对黑泽明《乱》战争场面的复刻、对于各国中文口音的主观包容，包括中国文化的“桃花”与日本文化“樱花”的一种共构，两国对于“鸟”意象的共同迷恋，以及在《妖猫传》以中日合作的方式，从日本人的视角来观察大唐盛世，都是借助东亚文化圈既是他者又是自我的二重身份来凝视自我。陈凯歌的话语逻辑是“亚洲人”的，他试图将21世纪的中国重新以唐代在当时东亚文化圈的位置和身份进行重建，实现一种对待“国际化”的地区化先行思路。由此，我们最终可以解释，虽然思路不同，但张艺谋和陈凯歌都在追求一种美学的纯粹道路，他们的珍贵恰在于他们美学探索的极端和极致：一种殊途同归的，对自我风格“法西斯”

式的拉扯与推进。

陈凯歌曾经愤懑地说，“十年后你们会重新理解《无极》”，这句话也许并不一定100%适用于《无极》，但一定适用于这场21世纪的国产古装大片浪潮。剥开商业的迷雾，我们看得到某种已然消散，却始终为人所怀念的理想时代精神，抑或说，是一种“时代的眼泪”。我们已经来到对“国际化”有全新理解的新时代，无论是以“泛欧美”的态度加入和臣服国际化，还是以“泛东亚”的地区化先行思路，随着这些古装大片被观众所遗忘，这些尝试也都随之过时了。我们的回望和探索，都变成了一种“复古未来主义”：我们在讨论一种可能发生，但最终未能发生的未来。“第五代导演”的迷茫、思索与实践最终以他们个人的作者风格被写入电影史，而我们如何应对即将到来的另一种形态的“国际化”，所谓的“东方新美学”该如何建构，这些都将被抛给不可知的未来。

对孟京辉《茶馆》批判的批判

刊发于2020年1月10日

2018年乌镇戏剧节上首演的孟京辉导演版《茶馆》成为了2019年国内戏剧演出界的重要文化事件。对其的批判、分析、追捧抑或是辱骂，其实都位居评论者各自的立场和舒适区：因此不分领域的泛公共讨论并不能“越辩越明”，相反只能让局面更加难以理解。面对不同立场、不同审美经验、不同阅历思维、不同诉求和期待的各方意见，我们根本难以用“好坏”去定义一部当代戏剧作品，因为缺乏统一标准。而在这个后现代转型期，我们甚至也不应该破除任何胆敢“统一”“建制”的标准。更实事求是地说，对任何一部艺术作品进行单纯的“好坏”评价都是错误的。

所以有关孟京辉《茶馆》的“批判的批判”，和我对这部作品的艺术判断没有关系。我认为这是中国当代剧场，或者说“后戏剧剧场”实践在国内的最高成就，但这个判断与本文的话题无关。

"现代神话学"正让我们能够脱离"所指"去追寻那些"漂浮的能指"。值得关注的是，一部目前累计也许只有几千人在剧场亲历过的戏剧演出，是如何制造数十万乃数百万流量的争议声浪的？从《茶馆》出发有太多值得讨论的"神话学现象"，无一不暴露出如今这个时期已经遭遇、却始终被否认的后现代问题，包括将任何试图严肃的探讨降维到"好坏""说简单点""我就想知道好看不好看"这种戏剧评论人根本做不到的殷切期待和普遍要求。

对孟京辉《茶馆》的"批判的批判"不是要维护这部作品，而是要质疑发生这所有批判的根本土壤——我们每个人心目中潜意识的建制性和"中产阶级骄傲"，要质疑"评论"和"批判"的界限和形式。孟京辉的《茶馆》激发了存在于赛博时代新媒体文化环境里两种不同的左翼伦理你死我活的冲突，这种冲突甚至呈现了当今青年一代的保守面貌，指向一种未知的，但却危险的未来——我们失去了无限可能，我们看见了万劫不复的深渊。

"打着文本旗号反文本"的究竟是谁？

"老舍先生的棺材板已经压不住了。"这句"振聋发聩"的评论可以概括大量观众对孟氏《茶馆》的愤怒。《茶馆》的剧本作为教育部语文教学大纲规定的中学必读文学作品，通过权威早已设立了“经典”形象。这一“经典”形象是读者所赐予的吗？很难确认。在建国后“前十七年文学”的架构中，《茶馆》是一个政治宣传性和艺术独立性达到相对统一的范例，故事停留在1945年的设置和北京人民艺术剧院（以下简称人艺）排演增加的“反饥饿反内战”游行的结尾都让《茶馆》成为具备调和特征的社会主义现实主义典范之作。改革开放之后，《茶馆》的政治意味开始消褪，其保留独特的北京胡同和市井文化的“非物质文化遗产”一面被挖掘出来。《茶馆》的经典性从剧作主题驱动来到形式呈现驱动，人艺通过多场演出和电影拍摄所创建的“原汁原味的老北京”也成为一种颠扑不破的拟像。这一拟像与21世纪第二个十年逐渐涌现的对传统文化和非物质文化遗产进行发掘保护的社会普遍心理一拍即合，诞生了一种独属于国内的“政治正确”，尤其在90后、00后年轻世代心目中扎根。

为什么说这是一种“政治正确”呢？因为其显然具备强烈的潜意识灌输性。于赛博时代出生的年轻人中学期间阅读《茶馆》，并且由此醉心于北京百年前建立在封建礼教之上，阶级分明复杂繁琐的市井胡同文化，这是可能的吗？ B站上1982年《茶馆》电影版红了吗？人艺做《茶馆》的全国巡演了吗？ 960万平方公里的土地上，每个人都爱京片子吗？同样的问题我们可以质问“昆曲热”“汉服热”“故宫文创热”，如果不是精致的视觉发挥和艺术再创作，使传统文化审美与当代国际审美潮流（如北欧风、ins风等“高级”审美）达成融合，当代年轻人的“传统文化热”还能延续吗？不能以偏概全，但就目前所能看到的文化心态与思潮大势而言，对非物质文化遗产的珍爱这一普遍情绪，往往是建立在爱国主义和民族自豪感之上的，建立于“这样的东西别人有，我们也必须有”的争强好胜之上的。单论审美，当代年轻人已经完全国际化和现代化，部分奉推特和Instagram为圭臬。反映在《茶馆》上，则使得老舍的《茶馆》变成了“北京胡同市井文化遗产下的《茶馆》”，可写作各类民族文化的老舍，被降维成“京片子”的代名词：我可以义正辞严维护《茶馆》在形式上的“经典性”，哪怕我本人根本不热爱也不会去观看这种形式；我可以根本不喜爱人艺的《茶馆》，但我要求《茶馆》必须是预设的那个“遗产”的样子；我可以口口声声说要维护老舍先生和他的文本，实际上维护的却是一系列传统市井口语文化而非《茶馆》剧本里的任何一行字本身。

归根结底，操作键盘的非物质文化遗产拥护者们是在打着文本的旗号反文本，他们将老舍《茶馆》的文本降维、矮化、木乃伊化为一种遗产式的僵尸，巴不得趁早将老舍先生送进博物馆，钉死老舍先生的“棺材板”，千万别让老舍先生的精神在当代活过来。一种具备代表性的评论是，“你可以叫其他名字，别叫《茶馆》”——这种将《茶馆》限制在固有的形式里，将《茶馆》彻底符号化，彻底沦落为一种象征性的非物质文化遗产的言论，恐怕恰好是在贬低《茶馆》，贬低老舍先生，贬低人艺焦菊隐、于是之等艺术家的创造。他们想做的，恰好就是希望《茶馆》彻底被淹没在历史的尘埃之中，希望《茶馆》永恒带着百年前的猎奇性和时代的伤痛供人参观，从根本上破除、毁灭掉《茶馆》属于文学和戏剧艺术上的经典性。这种披着维护外衣，挥舞保卫大旗的行为，是彻彻底底的中产阶级规范化、体系化一切事物的原始资本主义“高级黑”行径。

相反，孟京辉《茶馆》对老舍文本的改造和重述，可以说是无一字无出处的。固然存在德国戏剧构作塞巴斯蒂安·凯撒的异域视角问题，但是我们看到的是第一场“读剧会”戏对老舍原文本的保留、尊重、致敬和告别；老舍如《秦氏三兄弟》《微神》等相同精神内核的短篇小说文本的介入；对王利发个人苦闷、常四爷的斗争精神和秦二爷的资本主义救国三大心态的当代开掘——具体的学术研究论文其实已有不少，随意可查无需赘述。我们的问题是：为什么这些完全尊重老舍文本和文学遗产，将老舍精神带到当代，重新发掘老舍《茶馆》的时代价值，试图让《茶馆》重获文学艺术领域永恒经典性的实践，在某种意义上被观众无视甚至批判？除了之前所提到的“维护非物质文化遗产”的政治正确性，另一个相对重要的原因是，孟京辉“先锋戏剧”和“当代剧场”式的暴戾而直观的呈现，触发了更多观众的雷区，撞上了当代国内戏剧主流审美的枪口。

“割裂”仅仅存在于当代剧场吗？

对于要退票的观众来说，他们的诉求无可厚非，他们甚至也非常委屈：我就是来看人艺那个讲北京市井文化的《茶馆》的，我就认《茶馆》是这样，我是消费者，你不给我看这个那就是消费欺诈，我自然可以要求退票甚至赔偿损失。站在商业逻辑上，对这些评论的应对，一般是反复强调孟京辉导演的“先锋属性”，提前告知观众此版《茶馆》并非人艺版本，保证入场观众的诉求不会与演出有太大冲突。然而，继北京演出出现大规模退票事件后，西安、长沙等地的剧院方都推出了相应的新闻稿对这一情况进行说明，尽最大力量进行了告知义务，但最终依然出现了大规模的退票要求和抗议。原因固然有观众们忙于工作，很难看到剧院的声明，但不可忽视的是，因为人艺经典北京市井胡同文化版本的《茶馆》缺乏在中国各大城市的巡演经历，尽管内心知道“可能不一样”但是就是想去剧院感受一下传统《茶馆》魅力的观众不在少数。2018年李六乙版本的《茶馆》在南京演出，仅仅舞台上出现“茶馆”二字，完全复原的茶馆布景出现的一刻就引发全场掌声，由此可见，在戏剧创作者言必要改造经典，突出经典时代性的当代，期待看到经典的“原样复制”，满足心理的“经典朝圣”心态的观众反而是主流。很奇怪，1982年的《茶馆》电影版随处可看他们不看，也许更加刻薄一点，是他们并不想花时间阅读文本，只想有人“原汁原味”地演给他们。

而对目前国内主流戏剧观众来说，当代“后戏剧剧场”（这一概念本身即具备争议）、“先锋戏剧”（这也是一个标准国内语境下的概括性概念）就是必须要避开的“雷区”。有关当代剧场的本体论讨论其实已经使我厌倦，但我绝不认为当代戏剧、后戏剧剧场实践在我国是“主流”——它也许代表着我们青年戏剧创作者、青年戏剧评论人对国际前沿的接触和尝试，代表着后现代心理状态的逐渐蔓延，代表着这个时代还存在着超越资本主义世界逻辑的思维火花，但绝对不代表它是主流。它甚至是末流的，人人喊打宛若过街老鼠，不仅不可能被当前主流观众所完全接受，更是一旦“出圈”便会遭遇更大的反噬。

以孟京辉《茶馆》今年的在网络讨论环境内的两次“翻车”为例。第一次是在7月份，《茶馆》在法国阿维尼翁戏剧节遭遇差评事件。毫无疑问，法国大多数戏剧媒体并不喜欢，给出了较多的负面评价。国内当时对《茶馆》在阿维尼翁演出的报道团体，只有孟京辉戏剧工作室和跟去的一批戏剧记者。面对当时的差评环境，他们采取了报道好评，然后选择性翻译差评的“出品方常规”式的报道方式，随即被一大批可以阅读法文评论的微博观众“挂”了起来。这个事件展现了信息在网络时代强烈的通达性和传播速度，而相应国内媒体则暴露了滞后性和“故意隐瞒”的不良形象。该事件后来在微博的传播发酵到“导演删除差评”这一谣言上，很不幸的是，正是这个大众“喜闻乐见”的谣言塑造了孟氏《茶馆》在国内观众面前的第一印象。第二次则是在北京演出发生了观众集体退票事件之后，《奇葩说》明星姜思达发表了一篇长微博称赞演出，由此激发了微博评论席的广泛争议：觉得“退票”是观众诉求之胜利的用户认为姜思达等人的看法是荒谬的，随即展开了一系列的“反击”。其中，一个在演出现场盗摄的视频成为了转发数量最多的微博，而恰好这段被拍摄的演出正是孟氏《茶馆》中完全原创、最“不像”老舍《茶馆》的一幕。这条微博达到了上万级别的转发，成功“出圈”成为微博热搜，激发了无数“键盘保卫非物质文化遗产”的呼声。不少从来没有接触过当代剧场、甚至从来没有接触过戏剧的流量大V更是推波助澜，直接让孟氏《茶馆》在大众传媒中的形象降至冰点。

尤其要强调这两个网络事件的原因是，孟京辉《茶馆》展现出戏剧评论界、购票观众和大众网络环境的巨大割裂，这三个领域对孟京辉《茶馆》的评价几乎完全不同。在专业戏剧评论界，以称赞、鼓励为主，存在差评但也基本理解孟京辉的导演想法和后现代语境，总体反馈是较为积极而善意的；购票观众的反响则冰火两重天，要么天上要么地下，从《茶馆》的豆瓣界面就可一窥；而在大多数没有看过作品，仅凭微博等大众传媒听说过孟京辉《茶馆》的大众的普遍认知里，这就是一部侮辱老舍先生的“烂戏”，甚至是国内文化乱象的一部分。更加值得指出的是，与固有印象不同，孟京辉《茶馆》的坚定反对者大多数正是年轻人，甚至正是孟京辉《茶馆》本想取悦或者鼓舞的对象。

提及此处，也许戏剧从业者和戏剧观众们会觉得没有那么夸张，但实际上这正体现出在智能手机极为普及、4G网络高度发展，以及国民识字率几乎100%，但高等教育率尚待提升的当代中国公共讨论环境里，戏剧圈几乎是小众中的小众，只在构建出的行业高墙内部进行自我生产，一旦“出圈”，结果往往不堪设想。面对之前提到的两次网络“翻车”，孟京辉戏剧工作室等出品方的一系列反应是滞后的，或者说是他们无法控制的。当代国内戏剧在自称繁荣的同时，也将自身的小众性和相较其他文化产业较低的关注度暴露无遗：任何一个戏剧从业者，哪怕并不喜爱“难以理解”

的当代戏剧，哪怕是资深的“孟黑”，自认想要做“贴地气”“讲故事”的主流戏剧，也依然是小众的。别做“大众”的幻梦了，就像《永不消逝的电波》只有被电视节目抄袭了，才真正得到大众关注那样。一些以极“人民性”的态度要求当代剧场，自认“主流”的戏剧观众，恐怕完全忘记了他们也只不过是在推行一小部分人的审美而已。面对如今的“中产阶级审美”，我们都不值一提。

一种政治性的伦理：继续斗争是需要的吗？

一个现实遭遇的问题是，无论是电影还是戏剧产业，都还存在一批抱有艺术追求的从业者或者投资方，敢于挑战商业逻辑制作一些“非商业性”的作品；而国内的主流观众，却是商业逻辑最忠实的维护者。在这个体系里，戏剧从业者也仅仅是资本主义建制体系中负责提供娱乐内容的一个环节，创作也必须按照商业逻辑来进行，因为别提从业者，观众有时比投资方和出品方还坚持资本逻辑。

在过去，面对主流叙事戏剧和非主流当代剧场的冲突，我们往往可以不假思索地用“装配”性的商业逻辑来解答，类似观众要“对口”，把正确的剧目推给正确的观众。但这种回答难道不是建立在认为观众就是一种反刍机器，他们要什么我们就喂什么的思维上吗？这难道不是在创造一种可怖的美丽新世界吗？尤里·布图索夫说过，“剧场不是罐头商店”，观众为什么要自我矮化呢？观众为什么一定要把自己异化成为单纯的接受者，只满足于自己固有的经验和口味，只停留在自己对戏剧对演出的既定理解之上呢？如果所有戏剧从业者都严格按照观众的要求来生产，那戏剧又会如何呢？可这又几乎是无法改变的，因为我们每一个人都在内心中存在着既定的“建制”，我们有一套自我坚信不疑的观念和标准，无论我们收入、社会位置如何，内心都充满自欺性的、“中产阶级审慎魅力”式的满足与骄傲。按照福柯的说法，这就是“我们心灵里难以消除的法西斯主义”。

同样的问题，一年前我就因为《地球最后的夜晚》问过一次（参考本书第22篇），而孟氏《茶馆》遭遇到的也是同样的问题。这样的讨论是危险的，因为实际上每个人都已经在潜意识里异化了。要挑战已经内化在所有人固有意识形态里的建制性和商业逻辑，我们需要的是破坏性的全新政治伦理，而这也是孟氏《茶馆》之所以遭遇如此反噬的一大深层次原因：它提供了一种理想性的左翼伦理，而触怒了一种现实性的左翼伦理。一场你死我活的斗争就在无形中开始了，可让理想性左翼伦理所恐惧的是，本应该受其感召的年轻人，几乎都站在了现实性的那一边。

来自西方晚期资本主义社会的“后现代主义”的根本实质是什么？也许是对资本主义近乎全知全能的控制性社会体系，以及对人类不仅在身体上进行规训，更是在灵魂上进行异化的绝望与控诉。这种感受自然是颓废的，虚无的，它质疑一切建制存在的要义，它警惕所有被安排好的完善结构，它拒绝意识形态抓住人类爱听故事的弱点，用滴水不漏的叙事逻辑对我们进行“施魅”。当后现代实践传播到中国，或者我们真切地从亲身体验中感受到这种后现代性时，也许必须提醒每一个人，后现代主义的终点可以是虚无，但也可以是重建：颠覆与革命的重点可以是一片荒漠，但同样可能是全新的体系和人类逃脱异化的进化可能。

当陈明昊在剧场里反复高呼“战斗吧，继续战斗吧”的时候，需要思考的是，我们对自己身处的现状完全满意吗？我们还需要继续斗争吗？大肆引用布莱希特的孟京辉导演版《茶馆》提供的是一种传统的，却永不过时的理想化左翼政治伦理——永恒不断的革命与永恒不断的斗争。正因如此，主体不断地追求先锋，冲击边界，来到前沿，只因为现状从来就不完美，理想必须促使我们不断向前，不断净化世界，因此对“还在身后的”“还在被异化”的人民群众，必须进行“教化”并对此抱有期待，鼓舞激励更多的人走上这条不断斗争的方向。而与之相对应的，则是在国内语境中极为独特的一种现实性左翼伦理，即在一个无需改变、正常运行，可以保证所有人最大利益的体系下，人民群众并没有被异化，因此所有评判都毫无疑问应该交给大众。有趣的是，这一极为左翼化的激进群众伦理，与当代晚期商品经济和消费资本主义的逻辑竟然可以完美媾和；这正是德勒兹讨论过的资本主义欲望机器强大的自我提升能力和将任何反对力量都纳入系统进行内化的“魅力”所在。

存在两种现代神话学：一种是罗兰·巴特曾经批判过，却依然借助资本主义逻辑潜移默化无所不在，激发每个人心灵里潜藏的法西斯主义的；一种是提供一种地平线般遥远无效的乌托邦愿景，始终呼唤每个人心灵里潜藏的理想主义的。所以我们的结论是，有关2019年孟京辉《茶馆》的喧嚣，是一个人在纵情呐喊要拆掉一座旧房子，建造一座新房子，有的人觉得他说得有道理应该参与，有的人觉得他太吵了，胡说八道是个疯子。

要解决这个冲突，必须切实地搞清楚：这座房子到底怎么了？

我们知道吗？

《正义联盟》“施耐德版”确定播出：粉丝运动的胜利属于谁？

刊发于2020年5月29日

2020年5月21日凌晨，导演扎克·施耐德在直播平台上宣布，电影《正义联盟》的“扎克·施耐德版本”将于2021年于HBO MAX流媒体平台上播出。这意味着，从2017年开始的，轰轰烈烈的“发行施耐德导演剪辑版本”的网络请愿运动（#ReleaseTheSnyderCut，简称导剪运动）终于有了结果。电影史上导演权力被架空、作品被篡改的事例并不鲜见，创作者与资本持有者的博弈也往往以失败收场，导演后来发行“导演剪辑版”挽回口碑也不是没有先例，然而这场纯粹由DC漫画电影粉丝发起，历经三年却时刻保持热度，导演扎克·施耐德和电影参演者屡次亲身下场，最终取得“胜利”的案例，却可能是具有历史意义的破天荒第一回——这是一场不多见的“取得胜利”的网络请愿运动。

2017年11月上映的《正义联盟》（*Justice League*）作为华纳兄弟公司制作发行，DC漫画宇宙的重要作品，无论商业成绩还是口碑来看，显然都是失败的。在这场失败背后的无数谈资、不甘与愤怒，催生了席卷全球网络的"#ReleaseTheSnyderCut"运动，纷纷攘攘地将曾经团结一心的漫画和电影粉丝割裂成势如水火的阵营，也让无数旁观的陌生路人为之惊讶侧目。以至于，当真的尘埃落定，三年的喧嚣沉寂下来的时候，我们对最后得到的结果其实一无所知：在这场剑拔弩张的网络"斗争"中贡献力量的人们，真的取得了"胜利"吗？这场"斗争"的"敌人"到底是谁？这场"胜利"对创作者、对业界、对互联网生态到底有什么价值？而最核心，却又宛若能指链上不断流失、不断被遗忘的根本性存在——《正义联盟》的电影本身，在这场运动里究竟扮演了什么样的角色？

残忍地说，这个角色的定位可能是虚无而尴尬的："#ReleaseTheSnyderCut"已是一场完整而独立的运动，无论扎克·施耐德的剪辑版本到底质量如何，都已经与运动无关。"胜利"已经到来，"正义"还茫然无措。

这真的是创作者的胜利吗?

时间回到三年前，当《正义联盟》导演、DC漫画电影扩展宇宙（以下简称DCEU）主脑扎克·施耐德“因为家庭原因”退出电影制作，导演乔斯·韦登“临危受命”接手的新闻传出时，敏锐的粉丝们就已经嗅到了一丝复杂的意味。这不仅凸显了DCEU发展的多灾多难，更体现出这一多灾多难的情形对华纳电影制作传统产生了多大的负面影响。实际上，华纳兄弟电影公司在商业电影制作上多年来一直颇具“创作者口碑”，以尊重导演（创作者）创作自由，尽可能发挥导演的艺术特质，拒绝横加干涉闻名——如果没有对克里斯托弗·诺兰的大胆放手，很难想象“黑暗骑士三部曲”所能够达到的艺术高度；如果没有对J.K.罗琳作为原作者的绝对尊重，“哈利·波特”系列能否顺利走完十年传奇之路也未可知；就在近期，还有拒绝商业片模式、拒绝加入DCEU的威尼斯金狮奖《小丑》的案例在前，更不用说扎克·施耐德本来就是华纳对导演个人风格加以尊重和鼓励这一政策的受益者。

作为一名在视觉艺术领域具有独特鲜明个人特质的导演，扎克·施耐德其实从未拍摄出标准意义上商业“大卖”的作品，其个人风格所带来的强烈艺术愿景显然在华纳为DCEU选择主脑的决策过程中占据了上风。当然，这一“尊重创作者”“尊重艺术”的决策显然是建立在DCEU仅凭IP号召力就能保证商业成绩的考量之上的。所以，当《超人：钢铁之躯》不温不火，《蝙蝠侠大战超人：正义黎明》勉强保本、口碑冰火两重天之后，对扎克·施耐德的“不干涉”政策必然就打了折扣。在华纳的愿景里，DCEU没有大赚特赚就等于赔本，而在《正义联盟》140分钟依然风格明显的粗剪版本完成后，华纳似乎看不到改变的可能性，于是就借扎克家庭变故的“时机”，近乎残忍地“顺水推舟”，将其逐出DCEU，这在当时的很多人看来是自然而然甚至大快人心之举。

而“#ReleaseTheSnyderCut”之所以兴起，当然是归结于在华纳旨意下重拍的《正义联盟》质量实在欠奉，从几款预告片中就能推断出来的大幅修改痕迹，以及扎克·施耐德个人风格的粉丝众多。但能让这一诉求真正落地的逻辑起点，是扎克·施耐德退出的时间节点实在太过微妙：媒体曝出的“《正义联盟》粗剪版”完成之时。这就意味着，无论之后华纳采取多少措施，投入多少资金进行修改和补拍，扎克·施耐德都应该已经把电影拍完了，那个原汁原味的“扎克·施耐德版本”是有可能存在的。这一运动因此置换了核心的能指，即把动机中的“如果由扎克·施耐德完全主导，会不会比现在的版本好”这一推断性的争议问题，置换为“扎克·施耐德的原版本是否存在”这一事实性问题。“#ReleaseTheSnyderCut”运动从一开始就躲开了最大的争议，即扎克·施耐德究竟是否适合DCEU，转而从“创作者自由”的角度入手，将矛盾的源头指向了华纳对创作者自由权利的粗暴干涉。正因如此，“#ReleaseTheSnyderCut”才让同样参与了乔斯·韦登版本的演员们能够毫无顾虑地参与支持，避开对比两名导演、评价扎克·施耐德等棘手的问题。本·阿弗莱克、亨利·卡维尔等主创发声的话外之音其实很一致——“我不知道片子会怎么样，但既然已经拍出来了，何不放出来呢？”

这个被传得神乎其神的“扎克·施耐德剪辑版本”真的存在吗？在这三年里，由于涉及商业机密，几乎无人能够给出肯定答案，但明确的事实是，“#ReleaseTheSnyderCut”运动始终围绕这个“事实性”问题大做文章。一个被运动发起者们先验地植入的前提是，因为创作者天然拥有创作权利不受干涉的自由，只要“导演剪辑版”存在，那就应该被放出来。他们的“话术”从来不是“扎克的版本更好”“华纳当初的决定是错误的”等会引发争论的“判断”，而是一次又一次，近乎同义反复的“事实性核查”：“是真的！”“XXX证实导剪版确实存在！”——实际上，哪怕是最狂热的导剪运动主导者，也都心知肚明“粗剪版”不等于“导演剪辑版”，扎克·施耐德可能没有“拍完”，也达不到可以直接放映的程度，但他们的话术和策略精妙地与扎克·施耐德本人的诉求合流，将一个或然性的判断命题置换为肯定性的普遍命题，从而占据了不容置疑的话语高度。三年后，我们得知华纳决定投入2000~3000万美元为“扎克·施耐德版本”补拍并后期制作时，这一问题的答案终于水落石出：那个可以直接放出的“导剪版”当然不存在——却同时也不再重要了。

“#ReleaseTheSnyderCut”肯定是扎克·施耐德的胜利，这意味着他三年来坚持不断的呼吁和争取得到了回音——但这一定是创作者的胜利吗？或者说，做出这一决定的理由真的是为了“创作自由”吗？连高呼这些口号的支持者们也不会做此天真之想。最终，无论是“#ReleaseTheSnyderCut”运动的支持者还是反对者，都达成了“扎克·施耐德的版本无论如何，也肯定比现在的版本好”这一共识。如果没有《正义联盟》的惨败和近年来DCEU道路的迷茫，曾经将扎克·施耐德扫地出门的华纳不可能原地掉头。同样，如果没有导剪运动的浩大声势与关注度，华纳也不会为了护航HBO MAX的推广而出此奇招。拥有决定权的华纳在认为该项目稳赔不赚的三年时间里一直保持沉默，甚至多次“辟谣”，在前景大好的时机下就执行180度的决策大转弯，只要在资本上有利可图——就像决定公布后受到激励，与不少粉丝发起“#ReleaseTheAyerCut”运动的《自杀小队》导演大卫·阿耶（David Ayer），他同样深受华纳粗暴干涉修改之苦，导致电影口碑一落千丈，但阿耶的运动最终胜利的可能性，也许正与“创作者胜利”的概率大致相等。“#ReleaseTheSnyderCut”并非创作者对不受干涉的权利的斗争——它是独一无二的。

“#ReleaseTheSnyderCut”运动下的网络生态

除了运动的支持者在欢呼胜利，扎克·施耐德导演剪辑版的尘埃落定同样造成了另外一类普遍的网络观感：“终于结束了”“再也不用喋喋不休了”“终于不会有人刷#ReleaseTheSnyderCut了”。毫无疑问，尽管运动的发起者们努力地将运动限制在“导剪版存在与否”这一事实问题的讨论内，但是三年来声势浩大、参与人数众多、经常占据网络公共讨论环境的导剪运动，也暴露了一切粉丝性质运动的内在弱点，也必然招致大量逆反心理与情感厌恶。从某种意义上消解了“#ReleaseTheSnyderCut”运动重要性的另一个事实是，在三年的运动都无功而返的状况下，当正式宣布的前一晚大量信息被爆出时，“狼来了”的幽灵笼罩在所有参与者的头上，网络的反响并不全是期待，更多的是不敢相信、反感甚至嘲笑。实际上，在扎克·施耐德宣布运动胜利的那一刻，整个导剪运动是处于低潮期的。

参与“#ReleaseTheSnyderCut”运动的“粉丝”们不可避免地将

话题转向了对扎克·施耐德电影及其个人的评价上，也毫无疑问地将导剪运动与近年来持续不断的有关DCEU发展方向和风格的争议密切联系起来，而这激发了运动参与者与第一批反对者的集中矛盾。这些反对者最早都是扎克风格的质疑者，也是华纳中途更换《正义联盟》导演决策的支持者。他们的诉求非常明确：扎克·施耐德的电影从商业角度来说观赏性欠佳，对很多观众而言“不好看”，不能带领DCEU获得像漫威影业那样的票房成功。面对《正义联盟》的失败，很多观点认为这并不能证明扎克·施耐德的正确，相反体现了DCEU在长期被扎克把持后的“积重难返”。

对于这一长期争议的话题，有相当一部分导剪运动的参与者采取了激化矛盾的措施。面对《蝙蝠侠大战超人：正义黎明》（以下简称BVS）不受部分观众欢迎的现实，很多扎克·施耐德支持者采取的态度是缺乏沟通诚意的：他们用写作长篇累牍的分析文章的方式，试图证明《BVS》是一部“伟大”的电影，认为其欠佳的观众是因为缺乏知识或鉴赏能力。诚然，这些文章的确部分体现了《BVS》对超级英雄内在形象较有深度的刻画，但大部分文字更多则是撕裂了对立双方的沟通可能。在扎克·施耐德离开DCEU之后，《神奇女侠》《海王》等影片的相对成功，也使得扎克的支持者与反对者之间的冲突屡次升级。平心而论，一些扎克·施耐德和导剪运动的支持者存在过分的“粉丝心理”，言语较为激烈，包容度较低，成为了运动中败坏好感的因子，而粉丝集体运动的弱点就在于此。鉴于本身的弱势地位和追求团结的内在需要，大多数导剪运动支持者并没有、也很难与“极端分子”割席。因此，在一次又一次的争吵之中，导剪运动的支持者也必然很快被污名化。“#ReleaseTheSnyderCut”成为了带有嘲讽性质的网络谜因，正常的发布消息也被视作是“垂死挣扎”。随着希望的不断落空和各种爆料的无疾而终，实际上导剪运动在如今已经处于某种崩溃的边缘。

扎克·施耐德本人的态度和参与，看似是对导剪运动的本质性支持，但实际上却也给整个运动造成了一定的负面影响。自退出《正义联盟》的拍摄之后，扎克·施耐德很长一段时间没有开拍新的电影，也没有新的工作计划，而是时刻不断地在个人社交网站上发布有关《正义联盟》的拍摄内容，放出自己被删改的剧情片段，暗示“导剪版确实存在”，以保持导剪运动的热度，尤其是在DCEU发布新电影的前后更是活跃，这种“蹭热度”的行为引发了众多认为“旧事应该翻篇”的观众的不满与厌烦。另一个比较重要的事件是有关“蝙蝠侠是否能杀人”的讨论，激怒了相当数量的漫画粉丝，而这些漫画粉丝本来大多是影像风格“漫画风”的扎克·施耐德的基本盘。扎克·施耐德非常重视导剪运动，他希望借此完成心目中理想创作的心态完全可以理解，但客观上这造成了导剪运动本身“纯粹粉丝发起”的性质变化，呈现出“精神领袖带领追随者”的“邪教式”观感，实际上对整个导剪运动的形象是很有影响的。到了导剪运动的后半段，很多运动参与者更在意参演演员的发声而并非扎克本人的发声，一定程度上意识到了“正主”参与其中的不妥当。

当然，作为一个出现在直升飞机横幅、上过时代广场、风靡全球的网络谜因，“#ReleaseTheSnyderCut”这些超出正常认知范围的露出而引发恶感在所难免。实际上，当华纳做出中途更换导演这一重要决策时，就已经决定了扎克·施耐德和DCEU的讨论将绵延数年之久，而导剪运动恰好是容纳这一类讨论的最好契机和由头。也就是说，大量对于扎克的称赞或者不满，大量对于DCEU的批判意见，都以批评“#ReleaseTheSnyderCut”的形式出现了：他们不仅没怎么讨论这个导剪版是否存在，甚至也很少讨论扎克·施耐德是否能把《正义联盟》拍好，而是基本集中于对扎克·施耐德本人的好恶上。从这三年的网络生态来看，“#ReleaseTheSnyderCut”的神话学运作，不仅早早丢失了《正义联盟》电影本身，也丢失了对“导演剪辑版”本身的追求，仅仅成为导演扎克·施耐德的站队游戏，成为粉丝讨论DCEU未来发展道路的主擂台。对于一般观众来说，如果导演剪辑版《正义联盟》是一部好电影，也许才真正宣布了运动的胜利，但对于三年来无论是乐此不疲、还是厌倦厌烦的参与者来说，导剪运动从今天开始已经结束了，一切的热情和理性都在逐渐崩坏的网络生态里带有某种注定性地失落了。

归根结底，这场“斗争”的“敌人”难道不应该是干涉了扎克·施耐德创作权利的资本一方吗？然而这三年的“斗争”无非是观众和粉丝之间繁杂混乱、毫无意义的“内战”，直到隔岸观火的资本方以救世主的姿态出现，“赏赐”般地宣布了运动的胜利——这可能又是一个是德勒兹与伽塔里眼中“资本主义精神分裂”的反转杰作。

抓住这为数不多的机会吧

行文至此，至今还没有讨论扎克·施耐德独特的电影风格，但这种讨论是看似重要却又无足轻重的。“#ReleaseTheSnyderCut”运动之所以独一无二，既是因为华纳没有漫威影业对于整体规划的重视和对导演个人风格的相对轻视，也正是因为扎克·施耐德无法在导演风格上做到大众化：这无关他的视觉艺术，无关他对漫画人物的理解，无关他的基督教情怀，只有关于是否遵循商业电影的叙事模式。扎克·施耐德的数部电影作品，无论在商业上成功与否，都很难将其复杂的思辨性与商业电影的情节悬念模式有机地结合起来——是他拍摄的电影“类型”而非“质量”决定了其必然黯淡的票房前景。我们现在就可以预知，一年后的《正义联盟》导演剪辑版一定在视听审美、人物塑造和主题思辨上具备优势，一定在情节呈现、悬念设置和叙事模式上存在扎克·施耐德固有的短板，也一定在很多观众心目中依然“不够好看”。如果说经典商业电影的剧本模式是“史诗”性、“民间童话”性的，那么扎克·施耐德的DCEU电影就是叙述性的、议论性的——《蝙蝠侠大战超人：正义黎明》的剧本格局宛若一本不得不按照时间顺序打乱了原本清楚分为三个人物章节的《超级英雄形象批评理论研究》。

我在去年9月的“现代神话学”专栏中曾经提出过当代的“商业电影先锋论”，当时我提出大量好莱坞一线商业电影能够允许导演发挥其个人风格、甚至引入独立电影、作者电影的创作范式，是因为IP本身的号召力为导演的艺术创作自由提供了缓冲带——扎克·施耐德如此，拍摄了《星球大战8：最后的绝地武士》的莱恩·约翰逊也是如此。事实证明，我的判断过分乐观，扎克·施耐德与莱恩·约翰逊也都离开了导演岗位。但是，此次借助HBO MAX流媒体东风的《正义联盟》导演剪辑版，似乎又是一次难得的机会——这样的机会在资本统治的当代显得如此珍贵。

现在回头看来，在漫威影业的爆米花模式取得史无前例之成功的大环境下，2017年华纳做出改变DCEU当时既不叫好也不叫座的现状，并主动学习漫威风格的决策，不能说没有魄力。在当时《正义联盟》作为DCEU最后一张王牌，不赢就是满盘皆输的局面下，"豪赌"也可以理解，同样最终惨败也只能愿赌服输。如今三年过去，当时的"高下之分"已如过眼云烟，我们是否可以重新审视以扎克·施耐德为代表的DCEU超级英雄电影拍摄路线？诚然，这个有过《黑暗骑士》《小丑》等杰作的创作路线在扎克·施耐德手上并未绽放光彩，但这一定意味着"此路不通"吗？"扎克·施耐德版本"的《正义联盟》，是否是所有人重新思考超级英雄电影的时代可能性的契机呢？我们难道不应该拥有其他可能吗？

超级英雄电影是西方古典英雄主义艺术传统的当代延续，而21世纪漫威与DC两大漫改电影流派也都在剧作中呼应了20世纪以来人类哲学对"神性"和"存在"的全新思考。在"上帝已死""没有神仙皇帝"的时代，为何人类还是创造出了"超级英雄"来满足自己对于神性的精神寄托？而面对"人"与"神"天堑般的鸿沟，作为人类又该如何设想这一"共在"？漫威将"神变成人"，用解构、戏谑和将英雄拉入人间的尝试，创造了风靡全球的"人神在人间共存"的叙事范式。另一方面，探索"神何以为神""人类如何看待神灵”“人类是否可能比肩神灵”的“神依然是神”的DC路线，的确“不食人间烟火”，并未将神拉下人间以拉近与人的距离，相反则寄期望于人类思考存在的意义和本质，试图以此“登天”来拉近与神灵的距离。在扎克·施耐德和克里斯托弗·诺兰等人的构建中，“超人”显然是从天而降的耶稣的隐喻，超人的存在与痛苦是耶稣的自我拷问，是神灵如何面对人类的自我疑惑；“蝙蝠侠”则是自我流放的俄狄浦斯的隐喻，以凡人之躯承担神灵的责任与心境——相比于《美国队长3》中美国队长与钢铁侠以“杀父之仇”作为争斗动机的清晰易解，《BVS》中超人与蝙蝠侠之间“人与神如何共存并如何互相信任”的斗争理念显得“空中楼阁”，也似乎并非叙事能力薄弱的扎克·施耐德的能力所及（他最终选择的“人性共通”这一解释在“玛莎”的谜因传播中成为了空话与笑谈）。

但是，这就意味着没有必要继续尝试了吗？试图在大众文化的领域反抗商业逻辑，坚持艺术家的小众品味一定是错的吗？难道不应该为拒绝一个“按照品味划分阶层”的“美丽新世界”而努力吗？《蝙蝠侠大战超人：正义黎明》和《正义联盟》最初剧本的编剧克里斯·特里奥大学是现象学和存在主义哲学出身，“要是之前有人跟我说，我创作的最严密，最渊博的剧本是超级英雄电影剧本，我肯定会觉得这是一派胡言……但我相信，《正义联盟》

是我写作的最好的剧本之一”。而同样是这位曾经因《逃离德黑兰》获得奥斯卡最佳剧本奖的编剧，在得知《正义联盟》更换导演并重拍时，恳求当时的DC电影负责人杰夫·琼斯：“可不可以用一页我的剧本？”

的确，有些令人丧气的，但却也是必然的，我们最终还是回到了艺术创作者权利和自由的本体论。已经过去三年，“#ReleaseTheSnyderCut”所带来的硝烟风雨业已散去，我们完全可以平心静气地期待扎克·施耐德和他的团队抓住这为数不多的最后机会。套用克里斯·特里奥的一句台词就是，“如果你想寻找伟大的踪迹，只需要看看你的周围”。

当我们谈论表演时，我们在谈论什么？

刊发于2019年5月11日

四月底，2019上海静安现代戏剧谷开幕，国内外的经典舞台作品和先锋新锐创作汇聚一堂。笔者作为剧评人参与了“戏剧评论工作坊”，而此次12小时不停歇、与会者们争论不断的工作坊的主题，是一个非常模棱两可的疑问：

当我们在谈论表演时，我们在谈论什么？

换句话说，作为观众、作为创作者、作为演员本身，如果我们看待“表演”的方式是不同的，那有没有一个客观的标准？当我们以某些标准作为“客观”的准绳时，我们究竟是在讲述真实的存在还是在实现某种权力话语的运作？

而更加严峻的，则是现今无论戏剧界，还是影视界、文学界的场域中理论建构、业内共识与大众传媒、客体观众的割裂。在工作坊尾声的公开讨论活动中，路过参与的观众们也爆发了针尖对麦芒的争论，其核心可归结为：当在场的剧评人们反复表达对客观标准的质疑、批判和迷茫的时候，渴望获得客观标准的群体陷入了虚无和不满足。

推而广之的问题是，当理论界、创作者不知疲倦地如海绵般吸收国际上的创新浪潮时，我们身处的当代环境和社会认知，是否百分之百支持这种“空中楼阁”的边缘性探索？我们都知道这种“看不懂”的“空中楼阁”本身已经成为了一种能指，从而获取了本体论的意义转化为部分阶层和群体脱离开整体的身份性证明，那么它是合理的吗？

在现代神话学里，“客观”与“真实”也是一种意识形态。

“表演体系”：学习无能与感受可能？

在四月底的第一期戏剧评论工作坊活动中，参与者以“我们在谈论和需要什么样的表演”为切入点，被安排观看了希腊导演特佐普洛斯的《被缚的普罗米修斯》，王子川编剧导演的《雷管》，和陀思妥耶夫斯基原著、俄罗斯导演瓦列里·福金的《零祈祷》三部作品。安排也许是随意和潜意识引导并存的，因为这三部作品正好呈现三种状态不同的“表演”，类似特佐普洛斯这样的导演，甚至还创建了自己独一无二的“表演体系”和演员训练方法。

特佐普洛斯的导演语汇与西方20世纪下半叶的理论思潮密切相关。他坚持排演经典的古典希腊戏剧剧目，甚至也因为露天剧场、歌队、角色念白等形式特点，被众多观众误认为是“原汁原味古希腊悲剧”的呈现，从而具备考古学习价值。可实际上，特佐普洛斯导演的古希腊戏剧，是极其现代甚至离经叛道的，其注重肢体呈现、演员训练和“生命性”的特点，又使他经常被拿来与日本导演铃木忠志相比较：二者在具体的理论和技法上有显著的差异，但都呈现当代“身体剧场”的理论特征，建立在对人类身体极限的探索基础之上，“戏剧”只是心灵体悟和对自我存在思索的手段和媒介，传统意义上的观演关系并不是创作和呈现的重点。

也就是说，在静安现代戏剧谷的镜框式观演舞台上，《被缚的普罗米修斯》以一种跨界的、场域错位的状态存在于斯：一如全场没有停歇的警报和哀鸣，坐在台下的观众与台上不断颤抖的“人类”一样都是绝望的。观众被允许进入这一本身不存在观演关系场域的条件，是要“学习”和感知导演的“表演理论”，否则就只能以局外人的状态无所适从。由此，特佐普洛斯对“现代性”的哀鸣也只属于部分群体，一如他所要反思的西方文明本身。

而另外两部作品的“表演”，则似乎回归较为经典的“观看”模式。王子川的《雷管》是对经典剧目《雷雨》的一次同人文性质的“互文”创作，在当代时空里尽情地将周萍与四凤的关系解构，还原为当代的，或者说更加本质的情感层级，走向与革命阶级叙事相背的荒诞，而这种荒诞也可以被读解为对后现代解构思维的商业贩卖，甚至这本身就是创作初衷。这种纯粹反而让作品显得真诚与生猛，也因此，王子川结合相声、北京地方传统的“纨绔子弟”形象，借助导演和编剧双重身份的权力导向，将一种“风格化”的表演取代了作品本身的位置。演出的最后，故事是否逻辑通顺，是否还能与《雷雨》原作产生互动这些最初观众走进剧场的初衷已经基本被忘却，王子川个人强烈的特质成为了舞台呈现的最高意义。

工作坊在谈论《雷管》的表演时，集中在了“王子川的表演与相声的关系”“王子川的表演与女主角的正剧式表演是否冲突”“王子川自编自导的权力身份是否阻碍了他在表演上的提升和改变可能”这些具体的问题上。有趣的是，相比于探讨特佐普洛斯作品时集中的理论化倾向和创作者维度，对《雷管》的探讨则更多是演员个体的技术问题。这些问题如果要深究下去，却又是缺乏相关理论背景的剧评人和观众难以驾驭的。我们看到了“表演”的效果，却不意味着我们理解，并能够完美地揭示“效果”产生的技术机制本身。

而俄罗斯“金面具”奖得主，导演瓦列里·福金的《零祈祷》，在这个讨论范畴里则更是以“观众”角度来呈现表演。巨大的旋转轮盘和轨道座椅装置，让舞台充斥着机械力量的强权和人类的单薄肉体无法对抗机器的绝望美感，灯光、投影和时刻的仪式化造型则是导演沿袭剧院传统、对梅耶荷德“有机造型术”的表达。整部作品中演员的肢体造型都是被精心设计的，乃至于相当部分与大型机械无关的表演，也被仪式和造型所框定，在视觉上显示某种“静态”的定格。相较于《被缚的普罗米修斯》中观众的缺席、《雷管》中观众被裹挟或者说完全沉浸，《零祈祷》则更以观众为导向，一切诉求均以观众是否能够感知到为标准。当舞台上心理恐怖式的、无可名状的机械装置运转起来时，渺小的人物身处其中仿佛一部社会抗争史诗；当舞台一片寂静，只剩下人与人的言语斗争时，我们又能看到一些刻意的对身体和精神进行分裂的处理。如本应该八仙过海各显神通的遗产争夺场景，所有人却被限制走位只能固定站立两侧；又如最后女主角的选择，说话的献媚口吻与肢体上强硬的拒绝姿态之间的扭曲冲突等等——这些都是作为鲜明的隐喻符号提供给观众解读的，也因此体现出《零祈祷》这类作品最为现代性的一面：它拥有明确的符号诉求和所指意义，它的一切符号手段都是必须也是必然的。

而这难道不是大多数观众最初走进剧场的期待吗？这也是我们对于“表演”最初的评判标准：我希望它明确告诉我什么，无论是对生活的模仿还是对心理世界的表现，无论有多少符号层面的包裹与螺旋上升，我们都期待能得到一个明确的核心意义——一切存在的事物，至少似乎都应该有它的绝对精神。

现代剧场的“观演鸿沟”

此次“戏剧评论工作坊”的尾声，是一次以“我们需要什么样的表演”为主题的公开讨论活动。活动上，与会各位剧评人共同表达的，是对“表演”客观标准的不确定性和对不同“表演形式”的包容性，这些表态共同指向了一种多义、含混和对明确答案的拒绝。然而这似乎与主流的观众声音和期待是错位的，现场的提问环节也出现了较为尖锐的争论：一名观众认为，剧评人们的表达都在避重就轻，并没有说出来什么才是“真正好”的表演。更值得注意的是，这名观众并非对当前戏剧现状缺乏了解，他还引用了彼得·布鲁克《敞开的门》中的语句，来指责部分戏剧作品的表演“没有生命”。

这一引用是超出语境、“我注六经”式的，如果以严格的学术规范态度来评判，这种扭曲原意的“引用”甚至是极为荒谬的。但这恰好证明任何的理论建树一旦在全新的、完全陌生的语境和社会话语体系中解读，就会产生迥然不同的意义，形成某种"能指的游戏"。彼得·布鲁克的"门"的隐喻看来同样可以被解读为一种对既定意义和标准的探索，这在个体的阅读经验和思维体系中是完全成立的。

罗兰·巴特在上世纪50年代向巴黎观众介绍布莱希特戏剧时写道："在欧洲，24个世纪以来，戏剧都是亚里士多德式的……然而，有一个人来了……他不顾任何传统……布莱希特的戏剧革命重新质疑我们的习惯、我们的爱好、我们的反应、我们一直信守的戏剧法则。"巴特后来被《后戏剧剧场》的作者汉斯-蒂斯·雷曼认为是将"戏剧"与"剧场"区分开来的先驱，而20世纪下半叶的剧场艺术突破也很难由单个理论来概括。汉斯-蒂斯·雷曼认为剧场性由符号化了的文本情节、舞台空间（包括观众）和时间组成；谢克纳[1]认为剧场艺术的展演所应具备的五种基本要素是行为过程、情境、游戏性、观众互动与可用空间，而类似阿诺德·阿隆森[2]这类较为极端的理论家，认为存在"观看"即存在剧场性。近年来诸如此类的戏剧理论也都建立在质疑传统意义上的模仿论、现实主义叙事、剧场的空间特异性、观众的存在与新型的观演关系这些母题上，越来越多的创作（非商业戏剧）也在不断

1 理查德·谢克纳（Richard Schechner），美国戏剧导演兼理论家，环境戏剧的倡导者。

2 Arnold Aronson，美国当代有名的戏剧理论家，其学术研究主要聚焦于美国先锋派戏剧。

地阐释、读解和试图超越——总而言之，在确认绝无固定客观标准，多元和多义共存的前提下各显其能。这就好像康德当初提出“物自体”来解决休谟的不可知论一般：我们没有客观标准，但我们必须继续工作和研究下去。

这里的问题在于，像2019上海静安现代戏剧谷这样国内一线的戏剧邀请展，应该、也必须以最业界的，最艺术本体论的评判视角来策展，将国内外走在戏剧创作最前沿的创作者和作品介绍到国内观众面前（实际上国内这样的工作还很不够）。这就意味着，主办方、演出方和戏剧业界，都致力于将国际上前沿的创作思潮和理论建树引入国内，而这与任何领域学术前沿理论的引介一样，存在非常复杂的社会环境发展阶段和意识形态上的差异和水土不服。“后戏剧剧场”在国际上已经是一个常识性的“现状总结”，但在国内的理论界却还属于新潮，以至于《后戏剧剧场》的翻译者李亦男，曾不止一次表达过对国内学术界对国际理论动态引介落后现状的危机感和担忧。

然而对当代中国戏剧市场的购票观剧主力人群来说，令人“看不懂”的“当代戏剧”“先锋戏剧”更像一个浪费时间、精力和金钱的“黑洞”。观众建立在自我认知和利益取舍基础上会做出非常直截了当的负面选择.这种选择的背后还有相当一部分“国内”与“国外”双重标准的存在，此次2019上海静安现代戏剧谷几位国内导演的作品在网络上的口碑和评价是非常鲜明的证据。

这种“观演鸿沟”不仅仅存在于戏剧界，更加普遍存在于当代艺术创作中。类似这种对“看不懂”的作品进行“商业化”的质疑，其实是忽略了当代资本主义文化逻辑的二元性：一方面，借助金钱、资本、文化品位和审美所构建起来的壁垒，保证任何艺术作品都存在对其本体的爱好者和受众，这是不能抹杀的，区别只在于数量和诉求；另一方面，资本主义商业逻辑包装当代艺术、乃至包装现代戏剧作品的方式，核心在于“看不懂”，这一评价即是所指本身——空洞、虚无的所指具备的符号价值，在意识形态的神话里成为身份、阶层和品位的证明和求新求异的需求满足品，从而带来充分的商业价值。

这是已经沦为老生常谈的一种社会神话学批判，但在当代的语境下，尤其在21世纪中国的语境下，有一个现状是无法被忽略的：如果受众的数量和购买能力无法满足，而社会公益性的扶持尚不完备，此时备受批判的空洞符号价值反而是支撑艺术前进的核心动力。

为了生存，创作者和整个业界都在将鸿沟挖得越来越深，而非常识性地去贴近观众；为了生存，所有试图探索“前沿”的创作者，只能努力地让人更加“看不懂”。

“我们只能谈论表演的效果”

所以，回到我们最初的问题上：大多数观众和剧评人都不可能以演员本体的技术视角来评价表演，这就意味着严格来说，所有有关“演技”的评判都很难是专业的。我们所能进行评述和谈论的，只能是表演的“效果”。而“效果”对每个人来说都是有差异的，也许可以探寻“最大公约数”，制造“阐释的共同体”式的共识标准，但这种“共识”与真正的“客观”之间，是完全可以化约的吗？

工作坊的内部讨论中，就“小鲜肉”和“老戏骨”的演技优劣这一话题，产生了较为尖锐的争论。当我们日常赞叹，或是转发微博说一名具备年纪较大、资历丰富、作品等身这几种特征的演员“演技精湛”，是“老戏骨”时，我们的理由究竟是被这位演员的表演效果所打动，还是被这位演员身上的这些特征所打动？这二者都属于“效果”，也都没有客观的评判标准。更加值得指出的，是在主流话语里处于劣势地位的“小鲜肉”们，在各自的圈内话语中同样存在另一套截然不同的评判标准。虽然每个人有各自的审美自由是进行公共讨论的前提，但是这些标准依然是被主流话语所“暴力”规训的，它们只能以主动阉割发声权的方式，来获取一定空间范围内的生存权。

类似的问题还存在于类似来自北京人民艺术剧院、各地方戏曲团体这样以“传承”技艺为己任的演员群体。当代的演员是否一定比过去的演员差？他们究竟是因为传承过程必然发生缺失，比如戏曲界的祖师传授模式决定了表演技艺只能代代缩水，还是时代决定了当代人永远无法贴近过往的生活体验，比如人艺著名演员杨立新曾经说过，“没有亲眼见过拉黄包车的当代演员，不可能如以前的演员那样演好拉黄包车”？我们探讨“演技”这种无法被量化的，甚至也无法确定存在形态的客体的时候，是不是更多地在借助于能够量化的权力话语？在权力话语做出决定之后，我们试图再用有关“感觉”的、空洞的、在旁人看来宛如“玄学”的描述来解释我们的感情决定，这又何尝不是一种当代的神话学构建现场？

很多人会以早已内化于心却浑然不觉的资本主义文化逻辑指出，这种矛盾，标准的破裂和观众与演出之间的认知鸿沟，都是源于系统“装配”的不对等，也就是目标受众错位所致。若仅以当代主流的观演受众来决定，以2019上海静安现代戏剧谷为代表的一系列国际戏剧节，有不少是不合格的，因为它呈现的是作品的商业价值、售卖价格与观众的审美需求与资金投入的彻底错位，如果没有一系列的符号性能指运作来保证存在愿意接受“看不懂”的受众，这些作品必然要走向商业上的失败。戏剧，包括当代的后戏剧剧场，在欧美是中产阶级文化的代表和缩影，而在国内还显然不完全是。况且，期待在物质条件上追赶完成就可以解决文化上的错位的观点，某种意义上也是一种东方学式、忽略意识形态建构的普世幻想。

但如果我们同意这种看似理性的“装配系统”式的按部就班，那我们究竟在追求一种怎样的文化艺术世界？人人各取所需并不能被异化为人人各处其位，资本主义商业化“美丽新世界”的逻辑走向的，毫无疑问是一种“欲望”，而且仅是生存欲望的专制。从这个角度来说，当我们谈论表演时，我们在谈论的是一种对客观标准的厌弃和无力，我们在谈论的是我们对于既定的传统和规训的混沌反击，所谈论的是当代戏剧在“教化”“社会责任”和“表现”之间的内在冲突，以及这条被越拉越大的认知鸿沟。我们需要这种混乱，至少现在我们需要它不被解决，甚至越来越严重。

对于一个当代戏剧节来说，对于一个剧场来说，对于一个“观看”的空间来说，出现问题，暴露问题，思考问题，而且这些问题必须无解，才根本上具备意义——真正的神话性。

《是，大臣／首相》：永恒的人类政治悲喜剧

刊发于2020年4月24日

影视剧必然是公共讨论平台中“网络谜因”的重要来源，但前提是作品本身具备社会热度：它应该是一个时期的热播剧，引发公共讨论，进入大众话题，成为时代记忆——英剧《是，大臣／首相》(*Yes Minister / Yes Prime Minister*)在中国却似乎不是。的确，这部上世纪80年代BBC出品的经典情景喜剧的确被上海电影译制厂配音引进过六集，在央视“正大剧场”播出，但当时反响寥寥，很快撤档；剧本衍生的原著小说也以《遵命，大臣》的名字很早就被翻译出版，但同样未曾引起重视。当时参与译制的艺术家们可能很难想象，几十年后的21世纪，《是，大臣／首相》俨然是国内公共平台最容易见到的“网络谜因”之一，出现在任何与国际政治和国内政策相关的讨论话题之下，甚至与苏联笑话并列，被合称“冷战时期的两大世界非物质文化遗产”。

尽管如此，在每一张《是，大臣／首相》的表情包下面，一定有类似“这是什么剧”的疑问，提醒着我们此剧从来未在中国电视观众面前广泛播出过的事实。《是，大臣／首相》的走红是标准的“小众文化出圈”事件，来自中国的大量观众可能都是从一张微博上看到的表情包出发才开始观剧，并且也迅速成为传播这一网络谜因的一分子。事实是，《是，大臣／首相》已经成为中国偏左翼政治讨论圈重要的话语素材库，其强烈的实用主义话语体系和对官僚主义的准确刻画已经成为对中国网络言论环境研究中不可忽视的一部分。“半部YM治天下”曾经是一些反对者的讽刺，但却也已经成为网络谜因使用者的“自吹自擂”。《是，大臣／首相》曾在英国引发的社会讨论思潮，也逐渐在中国的现实中复制呈现。

2020年1月18日，“首相私人秘书”伯纳德·伍列的扮演者德里克·福德斯的去世，宣告《是，大臣／首相》的三名主角演员已经全部离开人世。一个“英剧时代”逝去，但他们塑造的伟大政治讽刺喜剧传奇，似乎在中国才刚刚开始。

来自英国的政治讽刺喜剧传奇

政治讽刺喜剧甚至是历史上最早的喜剧类型之一：古希腊戏

剧家阿里斯托芬讽刺雅典执政官制度的《骑士》，不仅是历史记载最早的政治讽刺喜剧，也可能是最早的成建制、登上正式舞台的“喜剧”。然而政治讽刺喜剧虽然身负宏大的“讽喻”传统，也被打上了“速朽”的标签，如潮水般奔流更新的社会公共议题，似乎并不是伟大文学性的永恒土壤。这一点连《是，大臣／首相》的台词中都有自嘲：“讽刺政府的政治剧是史上第二无聊的戏，一半的人根本不会去看，去看的人一半看不懂，看懂的一半人不赞成，剩下的横竖都是反政府的……当然，史上第一无聊的是赞扬政府的剧。”

《是，大臣／首相》虽然来自编剧安东尼·杰伊和乔纳森·林恩的奇思妙想（“会有人在八点档看三个老男人聊政治吗”，杰伊后来在采访中说），却也在不经意间赶上了20世纪80年代撒切尔夫人上台之后的政治改革风潮。在改革陈腐的官僚体系和“过度”福利体系的社会呼声之下，安东尼·杰伊和乔纳森·林恩得以在政府内部寻找到足够多的“泄密者”，这些试图借助BBC的巨大影响力来暴露问题，从而推动改革的“泄密者”为《是，大臣／首相》提供了大量政府内部的一线内幕消息。这些“泄密者”都是政府要员，甚至就有身居高位的公务员群体，而这些消息荒诞不经的喜剧程度，无不让人感叹“生活高于艺术”。《是，大臣》第二季第一集中刻画了一家设备齐全，已经雇佣了500名行政人员，建立了工会，吃着政府税收却没有医生护士，也不接待病人的“医院”，无数观众痛斥这一集的荒谬，然而很快，英国的记者们真的就在全国范围内找到了好几家这样的医院——按照剧中汉弗莱爵士的说法，那就是“我们毕竟不是搞喜剧的……好吧，不是专业的”。

《是，大臣／首相》令三位一直在戏剧界和电视剧界打拼的普通演员保罗·艾丁顿、奈吉尔·霍桑和德雷克·德福斯一跃成为家喻户晓的明星。饰演“大臣／首相”吉姆·哈克的保罗·艾丁顿甚至一度被舆论希望真的参政，直到演员本人拒绝；英国下议会每到《是，大臣／首相》播出时都不得不暂停开会；撒切尔夫人自认本剧“头号粉丝”，甚至借助一次颁奖典礼“强迫”保罗·艾丁顿和奈吉尔·霍桑陪她演出了一个同人小品，这件事被以讹传讹为“撒切尔夫人客串”流传至今……《是，大臣／首相》的成功不仅在于绝妙的情节和辛辣的讽刺，更是在于演员独特的魅力、精湛的表演和舞台剧风格，将英伦戏剧的莎翁传统、贵族文艺的典雅气质与冰冷政治现实进行了巧妙融合，并且在这种正面融合的潜意识下，既创造了优雅的幽默和滑稽的荒诞，同时蕴藏着某种对社会本质深切的反讽——作为一部电视情景喜剧，《是，大臣／首相》竟可能在文学史上成为政治讽刺创作难以超越的巅峰。

从破烂熊到Bilibili：逐渐进入公共话题

当然，最初这些传奇都是属于英语观众的。虽然改革开放的中国第一时间引进了本剧，但《是，大臣/首相》在中国真正的传奇，则要等到2007年著名的“破烂熊字幕组”翻译了全剧后开始。由爱好者组成，无功利、专注英剧译介的“破烂熊字幕组”为英国电视剧在中国观众心目中的普及和地位做出了重要贡献，而他们也以最高程度的重视来匹配《是，大臣/首相》在英国举足轻重的影响力——“破烂熊字幕组”从2007年开始、历时19个月、精益求精的翻译版本至今为止仍是大陆网络上本剧唯一的字幕译本。“破烂熊字幕组”让《是，大臣/首相》成为国内的英剧爱好者心目中的殿堂级佳作，豆瓣动辄9.8、9.9分的评价也使其成为豆瓣“小众杰作”的典范。而《是，大臣/首相》在国内的第二步传播，则有赖于无名网友2014年左右在Bilibili弹幕网站的上传——没有推广、没有版权，但是在B站的弹幕环境下，《是，大臣/首相》超强的“造梗能力”使其逐渐走红，百万级别的点击量助其成功地在历史圈、政治讨论圈内流行起来，而这些观众，也是最早一批制作表情包投入微博之中的参与者。不过一年多后，因为版权问题，《是，大臣/首相》在B站下架（目前B站依然可以看到网友各自上传的，更改剧名的分段剪辑版本，但是统一的剧目列表已经消失），一定程度上限制了本剧的继续传播。

《是，大臣／首相》在中文互联网上的彻底走红，则与时事密切相关——2016年英国脱欧公投成功，使得英国与欧盟的关系成为热点话题，此时，《是，大臣》中著名的“汉弗莱爵士谈英国的欧洲政策”的段落被制作成表情包成为网络热搜。网友们惊喜地发现，一如汉弗莱爵士所言，“英国数百年来的欧洲政策从未改变：制造一个分裂的欧洲”。尽管是20世纪80年代的作品，但其中对英国与欧洲关系的讨论依然是当代的，“从未改变”。《是，大臣／首相》从此以“政治预言”和“政治教材”的身份，开始入侵整个中文互联网。“太阳底下，并无新鲜事”，短短38集《是，大臣／首相》，开始了一次又一次的与当代国际时事的绝妙呼应：不分时代，不分国家，不分体制——《是，大臣／首相》仿佛是永恒的。

伊拉克战争中美国国防部长拉姆斯菲尔德令人咋舌的“知道”论，早就在伯纳德秘书口中出现；美国驱逐俄罗斯外交官，而吉姆·哈克首相做过一模一样的事；英国前首相布朗面对未关闭的麦克风信口开河，步了当初汉弗莱爵士的后尘；同样，特蕾莎·梅在电视节目中接受采访一问三不知，也深得吉姆·哈克大臣的精髓……到了新冠疫情期间，《是，大臣／首相》更是条条中的：法国警方强抢口罩，政府否认，一如剧中法国总统所言“法国政府从来不知道法国警方在干什么”；鲍里斯·约翰逊住院的消息先由俄罗斯媒体发出，一如剧中伯纳德吐槽“英国政府的事情克里姆林宫先知道，然后才是唐宁街”；而引发一片哗然的“群体免疫”政策，完全符合剧中提及的“政府措施四部曲”。视频率先在中国被玩梗者抛出，接着被英国媒体发现发到了推特，然后又“出口转内销”被翻译回来在中国二次传播——《是，大臣／首相》不经意间作为载体完成了一次国际交流。一部在中国本是“小众神剧”的作品，在一片未曾广泛播出的土地，凭借其对现实无数的天才“预言”，竟成为了“家喻户晓”级别的网络谜因。在如今任何一条成为热门话题的国际政治新闻，或者国内政策新闻之下，不出数小时就会等到来自《是，大臣／首相》的表情包——

关键是，还一定特别精准。

一种左翼实用主义政治话语？

国人对《是，大臣／首相》的喜爱，一定程度上源于中国观众对剧中刻画的政务官／事务官双轨制公务员体系的熟悉。英国的公务员制度，正是鸦片战争之后部分借鉴中国的科举制度而成，并且根据英国独特的君主立宪贵族制国情，创造了汉弗莱爵士所谓的“英国特色民主”：通过考试、考核和选拔制度运转的事务官是常驻的，数年一次选举产生的政务官是临时的。《是，大臣 / 首相》的核心剧情矛盾，即在于自以为掌握政治权力的政务官们，发现自己不仅要与民意纠缠，同时还必须与拥有永恒权力的事务官们搏斗的过程。

在滑稽荒唐的喜剧氛围中，在大臣吉姆·哈克与首席秘书汉弗莱爵士你争我夺的利益交换中，一个极其残酷的现实伴随着轻松愉悦的喜剧场景逐渐揭露开来：轮番上任的政客们根本没有足够的时间、精力和权力实现他们的政治承诺，他们的政绩好坏取决于常驻的事务官员们。而正因为事务官员的永恒权力，他们也没有改革的动机和配合政客工作的积极性——“最可怕的事情是变革”“公务员最希望的就是什么都不改变”。因此，事务官们提出的政策执行方法，其价值观一定是实用主义的。这种实用主义并非立足于人民的福祉，而是立足于一种基于公务员群体，界于政府与公民之间的动态利益平衡。

面对医疗问题，汉弗莱爵士提出投入得越多越好，但却无需操心宏大的医疗预算具体的花销，因为“当政府和人民投入了巨大的医疗预算后，就感觉到道德‘升华’了，这是一种祭品，没有人在乎仪式结束后祭品哪儿去了”；面对首相的戒烟政策，汉弗莱爵士的反应是“烟草行业每年为国家提供40亿税收，撑起了公共医疗：因为烟草死去的人口如果不死，他们耗费的医保费用将超过他们死亡所带来的损失，所以烟民是为了国家崇高地牺牲了自己”；政府的政策必须和工会一致，因为“工会的利益和政策一直不变，而政客的想法变来变去，为了效率，要求政客按照工会的意思来再合适不过了”；为了提升首相短期内的民众支持率，不惜大肆浪费预算搞公关活动——首相为了获取公务员对此的支持，甚至因此放弃原本的免税政策（这一幕也已经无数次被西方政客们反复上演了）。

甚至于，一些在民主政治范畴内“冒天下之大不韪”的事，在汉弗莱爵士看来，只要是为了政府的有效运转，都可以商量：“要求政府公开透明是语法错误，你要么透明，要么有个政府”“民众都是傻子，所以才会选出这种大臣来，而我们必须确保傻子不能掌握权力”诸如此类。因此，一个重要的现状是，广泛运用《是，大臣／首相》表情包和谜因的群体，通常在政治光谱上属于偏左翼的建制派。他们强调《是，大臣／首相》剧中公务员对政策执行和对政治现状洞察能力的实用主义态度，对“理想化”民主政治原则的并不重视——言下之意，欧美最成熟、最古老的资产阶级民主制度都在实际运行过程中私下违背理想化的自由主义原则，既然全世界的官僚体制为了正常运转都必须如此，因此一些针锋相对的政治性议题的讨论，以《是，大臣／首相》的政治观念看来就是幼稚的。

国内政策范畴如此，国际政治则更是如此。《是，大臣／首相》剧中展现了国际政治中利益第一、赤裸裸的丛林法则和民族主义特征，毫不奇怪，因为这些特点本来就源自英国：非洲独立国家可以用“反殖民主义”态度讹诈英国政府获取援助；与第三世界国家签署的国际贸易合同可以根据该国“国情”行贿腐败；外交部根据石油利益决定亲阿拉伯，可以彻底无视首相的一切亲以色列行为；放弃拯救在国外违法入狱的本国公民，来换取在该国建立窃听站的权利……还有那两句当年让所有英国观众“恍然大悟”的吐槽：“英国的核武器是为了防备法国人，因为苏联根本防不住”“虽然我们必须为了正义锄强扶弱，但是苏联太强了。”

某种程度上，《是，大臣／首相》在满足观众对于外交阴谋论的喜爱的同时，的确展现了国际政治最真实的一面：道义不如利益，强者占理的实用主义价值。于是，《是，大臣／首相》表情包和谜因在中文互联网上的广泛运用，更多是一种左翼建制派普遍使用的实用主义话语，也因此意味着对于自由主义思潮的强烈反动。《是，大臣／首相》作为一部英国政治讽刺喜剧，在中文语境下更多是左翼建制派和民族主义者的话语材料库：“半部YM治天下”意味着，既可以借助本剧批判“资产阶级民主的虚伪”，同时也利用官僚主义和公务员体制的普适性，得以为左翼的建制性和民族主义诉求提供合理依据。

回到原作：政治话语革新的不可能？

我们并不能指责国内对《是，大臣 / 首相》存在误读，因为某种意义上中国观众可能并没有误读这一作品，实际上原作在英国也被普遍认为是撒切尔夫人时期偏向“大政府”政策的“吹鼓手”，是较为激进的政治表达。前任英国首相卡梅伦曾经在大学时期撰文表示，《是，大臣 / 首相》描绘的场景并不真实，是对英国民主政治制度的误读。然而在他担任首相后，在一次采访中他改口道：“的确如此”。

电视剧中饰演“官僚主义头子”、公务员体制领袖汉弗莱爵士的演员奈吉尔·霍桑贡献的经典表演也功不可没。作为剧本中实际意义上的“反派”角色，霍桑竟极力满足了观众对“英伦绅士”的全部想象，他堪称“风姿绰约”的迷人形象具有鲜明的魅惑力。实际上，一些本来争议极大的台词，经过霍桑的演绎就变得让人可以接受了——演员的个人成就一定程度上歪曲了编剧的原意。为了足够的喜剧效果，保罗·艾丁顿饰演的首相吉姆·哈克更多是一个本质不坏，但却也无能平庸，只爱好出风头的喜剧范畴内的政客形象；而以奈吉尔·霍桑为首的公务员团队，则极尽优雅性感、智慧狡猾之能事，尽管也有很多出丑的场景，但是公务员们在剧中的形象主要是正面而积极的。

这就导致在观剧过程中，观众的代入感，并不在一定程度上代表民意和改革诉求的吉姆·哈克身上，却在“屡次挫败哈克图谋”的汉弗莱爵士身上。全剧塑造出的无所不能的公务员体制宛若一种无形的枷锁和不可名状的宿命，以合理的形式存在于世。随着哈克首相逐渐掌握权柄，他在与公务员的斗争中似乎占据了主动权，汉弗莱爵士们也不再百战百胜了。但实际上，编剧安东尼·杰伊和乔纳森·林恩也随之铺陈出全剧的悲剧内核：哈克胜利的原因，是他也逐渐变成了汉弗莱那样的人。尽管他能力或许不足，也在乎个人私利，但他毕竟是怀着为人民服务，改革体制的期待投入政治的，然而最终，他为了获得改革体制的权力，自己成为了体制本身。汉弗莱爵士笑道，“您的能力绝对是很强的，要知道，您都可以做公务员了。”一个古典主义的经典叙事，是《是，大臣／首相》潜藏在批判和喜剧之下的终极内核：屠杀恶龙的勇士成为了新的恶龙。

《是，大臣》第三季第六集中，哈克收到了来自一位怀着纯粹公心的士兵的爆料：英国生产的武器被转手卖给了恐怖分子。心怀天下的哈克决心解决此事，却连将此事汇报首相都屡次不成，最终只能不了了之。该集的最后，酩酊大醉的哈克宛若一个“醉酒的牧师”，说道：“你心里要有道德和正义，但你也要知道不要拿出来用。”编剧也异常尖刻地提醒观众，此事之后的吉姆·哈克，彻底放弃了对政治的一切幻想。《是，首相》的最后一集，BBC为了演出效果选择播出汉弗莱出丑的一集剧情，而在原剧本中，编剧们设定的最后一集，是哈克试图废除冗余的教育部，却惨遭失败的故事。在故事的最后，哈克与汉弗莱会心一笑，“我们今天没有日程了”——哈克对政治改革和对官僚主义的反抗，也就到此为止了，“没有其他日程了”。一如汉弗莱说，“行政就像圆圈，没有开始，没有结束，周而复始，永远存在，阿门。”

我们触摸到的，既是《是，大臣／首相》对当代政治现实批判的永恒性，同时也是对政治改革和政治话语革新的不可能性。作为一名从本科期间就开始反复观看，如今已有十年，每集的每一个瞬间，对每一句台词都稔熟于心的《是，大臣／首相》忠实爱好者，我的结论实际上也是悲观的：

我们需要《是，大臣／首相》的原因，是因为我们的目标应该是不需要它。

因为似乎只要这个世界还存在由官僚组成的政府，无关时代也无关国别，人类任何政治话语和行为就永远难以逃脱汉弗莱们设下的怪圈。“半部YM治天下”是事实，也是一种悲哀：就像同样“永垂不朽”的苏联笑话一样，只要《是，大臣／首相》还能够正确地反映时代的现实，只要实用主义的政治话语依旧是所有体制的必然选择，只要丛林法则依旧在主宰国际政治和国际关系，那么人类就还没有彻底地进步。正因为《是，大臣／首相》深刻地，彻底地，剥皮见骨地揭露了一切政治话语的不完善，我们才如此需要一种全新的、超越官僚主义的政治话语，我们才如此需要继续向前。

《是，大臣／首相》最好的归宿，不是流行，不是爆红，而是不再被当作现实主义。

能指与所指的永恒消逝：电影配乐神话小史

刊发于2019年4月1日

有一个我们耳熟能详的英文缩写“BGM”，实际上却是一个来自中国网络环境，标准的“洋泾浜”英语案例。被缩略的词是“background music”——“背景音乐”的谷歌式翻译。且不论汉语语境里的“背景”一词是否能够被统一翻译为“background”，仅从英美一般称呼配乐的用词“soundtrack”来看，就并未含有“背景”这类对影像进行分层，将配乐作为“背景”衬托的隐喻。

但至少从“BGM”成为中文网络环境的固定名词可以看到，影视配乐逐渐找到了被人关注的一席之地：越来越多的观众开始会注意影片中那些没有歌词的纯器乐，电影配乐师的声名和作品也逐渐走入了大众视野。相比于十多年前往往只有影视作品的主题歌曲广为传唱，所谓的“BGM”开始成为普罗艺术鉴赏中的一环从而登堂入室，甚至可以作为一些人了解古典音乐的进阶窗口。

这一刻，我们相比于世界是迟到的，但中国人来到了这里，之后也不会缺席。这意味着，神话体系的诞生、运转、意义层面的螺旋上升和随之而来的能指与所指的丢失，也随着电影配乐的本体性凸显而到来。

瓦格纳：当代影视配乐的“歌剧基因”

中文语境里的“背景音乐”一词，在电影艺术诞生的早期是贴切的。在录音技术尚不发达的默片时代，音乐是电影唯一能够提供听觉的手段，但同时，也仅仅是某种烘托动态影像的“背景”。默片时代的电影院往往会雇用一支现场乐队来负责每晚的电影播放，根据影片的内容提前写好或选择好原有曲目甚至即兴完成配乐的内容。首先，这意味着影像和音乐彻底的割裂，电影创作者的创作仅专注于画面，音乐的创作也具备乐师的独特个性，二者之间的联系并非艺术本质而是商业契约的；其次，对于单部作品来说影像是不可替代的，而音乐则是可以随意替换的——音乐的“背景”位置被确立，成为影像可有可无的附庸。

当然，这种附庸的身份认同是中世纪式的：不会被越级干涉，也不会被彻底剥夺自由，音乐家也自然寻找到了某种独立性，这与舞厅、餐厅的现场伴奏乐师的独立性是一致的。当代，我们经常能看到交响乐队现场伴随无声电影影像的音乐演出，这种形式可以说是一种对百年前艺术“灵光”的复古式追溯，甚至，活动组织方恰好就精心挑选类似《神女》《小城之春》这样的早期电影，将这一复古感渲染到极致。

正因为这种独立性，电影配乐很晚才被纳入到电影作为“综合艺术”的控制网中。一直到20世纪70年代之前，电影配乐的风格和种类都是较为随意的，基本都顺应着当时主流的音乐流派：如黑白默片时代的小型室内乐、爵士音乐；二战之后开始出现的电子音乐、流行音乐、摇滚音乐等等，电影配乐的音乐本质主体始终强大 —— 如今我们将电影配乐与古典交响乐在思维上紧密联系在一起的聚合关系，在当时是完全不存在的。库布里克拍摄《2001太空漫游》，将《查拉图斯特拉如是说》和《蓝色多瑙河》放入电影中在当时可谓惊世骇俗的一大创举，在彼时一般的电影制作思维看来，宇宙、未来主题的电影，自然要使用那时最为前卫的无调性音乐或者是电子氛围音乐。

而电影配乐与类古典的交响音乐之间强烈紧密的关联和意义层面上的融合，很大一部分原因要归功于20世纪70年代的“新好莱坞运动”，归功于斯皮尔伯格、乔治·卢卡斯和配乐家约翰·威廉姆斯，更准确说，归功于《星球大战》。对于这部开风气之先的科幻电影，导演乔治·卢卡斯更加注重的，是电影本身的“古典英雄史诗”本质而非科幻色彩，《星球大战》甚至开创了一种被后世称作“太空歌剧”，乃至更加刻薄的“太空肥皂剧”的亚类型，即宇宙和星际航行只是故事的广袤背景，故事的内核依旧是人类最为熟悉、也最为古老的英雄传说叙事。卢卡斯的好友斯皮尔伯格由此推荐了之前在《大白鲨》里合作过的约翰·威廉姆斯，也奠定了《星球大战》电影配乐的创作思路：以瓦格纳的英雄史诗歌剧为模板，进行多主题的纯古典交响创作。

这群“新好莱坞小子”们没有想到，他们成功开创了一个颠扑不破的神话：从他们开始，电影配乐与古典交响乐团宿命般地被纠缠成一体，被画上既有印象的等号；而威廉姆斯仿瓦格纳歌剧式的“主题／动机写作”（motive）模式，不仅被后来几乎所有电影配乐家所沿用，成为金科玉律，也由此彻底将电影配乐纳入到电影综合艺术的控制网之下。音乐的本质主体性，至此彻底被剥夺。如下这些在如今的电影音乐爱好者看来是“常识”，是评判一部电影配乐创作水平的基本标准，其实都是源自《星球大战》所带来的跨时代成功：

电影的主要角色有没有各自专属的“音乐动机”，这些动机会在这些角色出场或者发挥重要作用时响起，并且承担一定的叙事和提示功能。

影片根据情节单元是否具备相应的如“战争主题”“爱情主题”，这些主题伴随着情节出现，也跟随情节进行元素的增加和发展。

主角的“动机”或者核心情节元素的主题是否可以发展成电影的“主题”（main theme），成为观众对电影的最直接印象，如《星球大战》中卢克·天行者的个人音乐动机，被发展成整个星球大战系列的主题音乐；又如《哈利波特与魔法石》中猫头鹰海德薇送来霍格沃茨录取通知书的情节主题，被发展成整个哈利波特系列、整个“魔法世界”的主题音乐。

配乐要将多个动机和主题进行整体性的架构规划，不同的主题之间通过“宣叙调”进行组合和重奏（reprise），以古典歌剧作品的评判标准来对电影配乐进行评估，配乐师掌控、指挥交响乐团和写作多声部乐谱的整体能力被极高要求。

社会神话的一大特色即是它的“自然而然”。每逢当代人主动将“交响乐”与电影配乐画上等号，将交响乐的写作水平和掌控能力作为评判电影配乐师的标准，将“主题”和“动机”时不时挂在嘴边，《星球大战》《侏罗纪公园》《超人》《夺宝奇兵》《哈利波特》等片的主题旋律也逐渐成为“世界名曲”的时候，也许谁都想不到，这一切是来源自瓦格纳的《女武神》旋律在《尼伯龙根的指环》上演时奏起的那个歌剧院里激昂张狂的夜晚。

黑暗骑士革命：电影配乐的音效转向

中文网络环境近十年来对电影配乐的关注，也必然伴随着一个伟岸的“英雄”形象的树立，那就是德国人汉斯·季默。汉斯·季默当然是当今好莱坞首屈一指的配乐家，同时也是站在风口浪尖的争议性人物。汉斯·季默从传统电影配乐风格出道，1995年凭借《狮子王》拿下奥斯卡最佳配乐奖，接下来的近三十年里，汉斯·季默为好莱坞带来了不可计数为观众喜爱的华彩乐章，而他之后七次提名奥斯卡却无一命中，甚至在一些专业内部人士看来，成为“破坏电影配乐艺术”的反面典型。

汉斯·季默如今的地位和形象以及其个人风格的真正蜕变，源自2005年开始，到2008年发展成熟的克里斯托弗·诺兰导演版蝙蝠侠系列（即“黑暗骑士三部曲”）的配乐工作。在此之前，汉斯·季默一直是好莱坞传统电影配乐模式的最好继承人，他的《石破天惊》《角斗士》《狮子王》《雨人》等作品都是听众们难以忘怀的经典旋律。而第一部由其学生完成，第二、三部由本人完成的《加勒比海盗》系列更将他的声誉推到了顶峰。在其集大成之作《加勒比海盗3：世界尽头》中，汉斯·季默眼花缭乱地将近十多条出众的动机和主题糅合在同一部电影之中，可称达到“歌剧式交响配乐”的极致。这段时期，汉斯·季默音乐宏大的气势、沉浸式的音响氛围、现代音乐元素的运用都已露出苗头，但这些都潜藏在传统的歌剧写作编制和过耳难忘的精彩旋律之下。

而从《蝙蝠侠：开战时刻》的创作开始，汉斯·季默与合作者詹姆斯·纽顿·霍华德一起，开始探索与众不同的创新思路。在这段被称为“黑暗骑士革命”的创作时期，汉斯·季默进行了如下颠覆性的探索：

首先，弱化旋律，剥离旋律与主题、动机写作之间被设定的“必然”联系——动机写作的目的是增强观众的记忆，迅速完成角色与音乐动机的结合，此时，旋律的复杂性、音符的多寡绝非重点，“记忆点”成为创作思路的主导。汉斯·季默和詹姆斯·纽顿·霍华德大胆地为主角蝙蝠侠创作了一个仅仅由两个长音符组成的“动机”，并且从这个动机出发完成了单乐句只有五六个音符的“英雄主题”，却同样达到了观众耳熟能详的记忆效果。类似的创作被汉斯·季默延续到后来，如《超人：钢铁之躯》的配乐中，汉斯·季默截取了约翰·威廉姆斯创作的超人主题旋律的前四个音符进行发展，也仅用这极为短小的“动机”就完成了宏大的主题乐章。

其次，制作固定音型的音效片段进行混音处理，从而能够取代交响乐写作中弦乐的独立乐章。比如熟悉《蝙蝠侠：黑暗骑士》的观众，都不可能遗忘在配乐中反复于节奏节点出现的紧张局促而优雅的弦乐片段。这个被称作staccato（断音、断奏）的技法处理，实际上只是将几个音符组成的片段旋律进行不断重复——汉斯·季默将这个极具刺激性的听觉片段进行了无限制的重复，填充了本来在交响乐写作编制中需要单独写作发展的弦乐声部，而这一颠覆性甚至破坏性的举措所带来的氛围情绪效果，甚至远高于传统的弦乐写作方式。一时之间，这种“又省力效果又好”的staccato技法开始充斥好莱坞各大配乐作品，令无数专业人士“谈staccato色变”，甚至在传统的配乐作品中偶尔使用一下staccato的配乐家也遭遇到攻击和争议。staccato技法只是冰山一角，根本还是在于交响乐写作与电影配乐在20世纪70年代开始形成的“你中有我，我中有你”的关系，被彻底颠覆了。

其三，电影配乐的“音效化”，结合当代的先锋极简音乐风潮和电子氛围音乐的流行，其作为独立音乐作品的价值和需求逐渐被取消，“电影配乐”更加专注于成为“背景”，沦为“音效”，而逐渐不再可以被当作独立的音乐作品来欣赏。汉斯·季默在《盗梦空间》和《星际穿越》中大量借鉴和致敬了当代极简主义音乐家菲利普·格拉斯的创作风格，而在《敦刻尔克》中更是尝试了一种被称为“谢巴德声调”（Shepherd Tone）的手法：对同一个音符进行不断重复，但以更大的音量演奏低于前一个音的音高，使人们听上去声音依然像是在演奏上行音阶。导演克里斯托弗·诺兰赞赏地表示:“如果这样做的话,你就能创造一种音高持续上升的幻觉,并且这种幻觉永远都不会消失。”但与此同时,这也意味着电影配乐中对旋律和乐章写作的需要已经趋近于零。如在《敦刻尔克》《疯狂的麦克斯:狂暴之路》中,这类在影片播放时给予观众极大刺激,但如果单独聆听则听感完全不成系统的配乐作品,从汉斯·季默开始,逐渐成为一股不可忽视的势力。

也正因为此,如今每一部作品都走在实验音乐先锋道路上的汉斯·季默,遭遇到了潮水般的争议和批评。可以说,他亲手打开了“潘多拉魔盒”,而他旗下工作室呈流水线一般生产的“配乐家”们,以及整个好莱坞配乐界的争相模仿,都无可挽回地指向一种“古典”的消逝。尽管这种“古典”或许也就数十年的时间,但对此类“灵光”的依恋和呼唤,和百年前本雅明感叹的“机械复制时代的艺术作品”是一样的。

“罐头音乐”“背景音乐”:能指与所指的永恒消逝

汉斯·季默在业内遭遇到的争议,与他在观众心目中收到的热捧几乎是成正比的。汉斯·季默的革命毫无疑问是成功的,他的作品受到世界范围内的追捧与喜爱,他追求的听众对情绪、氛围和沉浸感的塑造，是放之四海而皆准的。换句话说，汉斯·季默的实验在音乐本体上有其实验意义，但在观众的评判视野里，这些意义是空洞的。最大的意义层次在于这些音乐对听众的“直观”性的刺激——这几乎也就是当代好莱坞配乐为什么集体向汉斯·季默学习的商业逻辑：观众说好的，那就是好的。

而这层直观的“刺激”逻辑，引发了一个全新的现象，即商业音乐公司的“罐头音乐”意外走红。“罐头音乐”是纯粹的商业产物，立足于各类广告、宣传视频需要，但却缺乏足够的成本和精力进行专门的联系和创作，因此商业音乐公司雇佣一批音乐家进行命题片段写作，供各种采购方选择使用。“罐头音乐”顾名思义是缺乏表达和“灵魂”的，仅仅以“情绪是否合适”作为唯一的评判标准。

“罐头音乐”最早被关注，可以追溯到2010年电影《盗梦空间》的预告片发布。预告片的配乐《Mind Heist》激发了整个互联网的追捧热潮，一开始网友们普遍以为预告片的配乐就是为这部电影配乐的汉斯·季默所作，但后来被证实，这是电影公司购买的一首“罐头音乐”。从此，无数以往只会被采购音乐的部门关注的“罐头音乐”走进了大众视野，成为无数人追捧的“超燃名曲”。这些作品普遍具备宏大的气势、强烈的情绪渲染、精彩的器乐演奏水平，但在表达和旋律性上是机械的。毫无疑问，对于普罗大众而言，“罐头音乐”缺失的东西，对他们而言并不重要。

今年春节上映的《流浪地球》，其配乐同样也是当代电影配乐创作的一大经典案例。无可争议的是，曾经向汉斯·季默学习过的配乐家阿鲲出色地完成了调动观众情绪、烘托影片悲壮气氛的任务，但作品中强烈的“罐头性”令人窒息。《流浪地球》的配乐旋律上从法律评判角度绝无抄袭，是完全独立的，但在编曲、音效处理、声部选择上大量模仿了如《蝙蝠侠：黑暗骑士》中的staccato技法，《星际穿越》中的电子乐句构型，《超人：钢铁之躯》中的鼓点节奏，诸如此类的模仿有一种精选历年好莱坞电影“精彩配乐瞬间”然后煮成一锅“大杂烩”的突兀感。《流浪地球》配乐所产生的争议，正是当代电影配乐神话的映射：我们使用着语法上并不通顺的“BGM”一词，将音乐完全作为影像的“背景”，音乐的作用仅仅在于服务影像，彻底地夺走了音乐在原有层面的本体所指意义，从而连带着夺走如交响写作技法这类的能指意义，彻底将电影配乐构建成一种空洞的、全新的能指来进行符号操演。

这种能指与所指的丢失和永恒消逝，已经不再仅仅是外界乐见其成、业内苦苦保存的既定话语，甚至音乐制作业界内部，也逐渐接受并将其作为时代的发展方向。发布过各类音乐制作教程视频，近期受到广泛关注的音乐制作人colinzang曾在他的一个视频中讲解“创作好莱坞大片配乐”：使用购买来的“罐头音乐”，加上固定的古典节奏，配合随意弹奏的片段长音，“一分钟内就能感受到好莱坞大片的感觉”——这种手段在他看来没有什么不对，仅仅是一种可以推广的“技巧”。

在这里，原有音乐的所指意义、能指的符号表述方式在被统一为全新的“配乐”这一符号后，只能作为“调动情绪”这一新层面符号的能指而已，而“调动情绪”这一符号也无非是下一个意义层面的一种能指。随着意义层面不断地螺旋上升，我们似乎能看到站在最顶峰的是什么，却也有可能什么都看不见——为了一种我们毕生追求的空无，我们一路上不断丢弃着什么，直到我们将所有东西都丢弃了。

在这条螺旋上升的道路上，我们曾经在意、热爱的能指与所指都在永恒地消逝。这就是这个时代的神话，而不仅仅是电影配乐而已。

《地球最后的夜晚》：意识的心灵与理性的美丽新世界之间

刊发于2019年1月3日

在美丽新世界里，值得追求的是受苦受难的权利。因为人们要什么就会得到什么，永远不会要他们得不到的，他们很快乐。

——阿道司·赫胥黎《美丽新世界》

《地球最后的夜晚》作为一部院线电影，从业界角度看来，创造了近乎不可复制的奇迹。

这一“奇迹”并非完全褒义的。它开创了“跨年电影”这一营销模式，创下1.5亿元的预售纪录；它首日票房2.6亿元，第二日迅速坠落到1116万元“平流层跳水”；猫眼售票平台历史最低评价3.0分，豆瓣也从戛纳首映后的7.5分直坠6.7分（截至目前有所回升）。而这一切都可以被概括为，有关这部电影上映的所有行为，构成一次“营销骗局”。

电影开场不到一个小时就有观众离场，社交网络上充斥着“我看过的最烂的电影”“受骗上当”此类的戾气反噬，观众和业界几乎都将其与暑期档上映的那部，被认为是“挂羊头卖狗肉”的《爱情公寓》大电影相提并论。

数天之后，《地球最后的夜晚》的票房回归艺术电影在电影院线的发挥水平，然而有关本片的争论和对整个文艺作品讨论环境的强力撕裂，依旧不可能平息。

营销胜利还是营销灾难？

争论的焦点就在于，《地球最后的夜晚》是一部以创作者意图为重的“作者电影”，却拥有近6000万元的制作投资，包括16家投资商——以正常的中国电影院线商业逻辑看来，这样的投资数额是自杀性的，这样的投资方式极不专业的。电影上映前，投资人写过一篇文章，将这样的行为，归结于他们对电影艺术的理想主义。

被认为是“天才”“下一个大师”的导演毕赣，其成名作《路边野餐》的投资据说少于200万元，而最终国内票房是646万元，按照影院和投资商之间的分账比例，勉强盈利。而在这之前，被认为是“艺术电影”的作品，在国内的票房数字也难有破亿的纪录。（在这里，作者拒绝使用“文艺片”这一中国独有，并且已被完全扭曲的概念。《地球最后的夜晚》作为一部“艺术电影”，不仅与我们熟知的商业电影有本质不同，也与一般意义上如《江湖儿女》《归来》这类在市场上有一定影响力的，或者《肖申克的救赎》《辛德勒的名单》这类“非商业电影”有着明确区分。更加准确的定义，可以是“作者电影”。）事实就是，以纯粹商业范畴内的市场承载能力来看，票房是无法让《地球最后的夜晚》保本的，这部电影如果仅以商业逻辑，不该被拍摄出来。

正因此，当《地球最后的夜晚》以三四线城市、抖音为阵地，刻意突出作品的爱情元素，进行“一吻跨年”的营销模式时，这本身就是对正常商业逻辑一次巨大的、严重的冒犯。而当这次冒犯遭遇到铺天盖地来自观众、来自业界的双向反噬时，也就不足为奇。

对这次“一吻跨年”的“营销骗局”，市场营销方自认有话可说：在抖音等网络阵地投放的《地球最后的夜晚》的宣传广告，单论文本和图像本身，并不存在欺骗行为。电影本身的画面、零点会出现角色接吻、希望观众看电影跨年等，这些营销文本，字面含义上无可厚非。但是，不可忽视的事实是，对于一贯只有商业电影才会采取如此营销方式的院线市场来说，这种营销手段无论本身文本如何运作，都具备被意义叠加的符号性：接受这一营销的观众自然而然会赋予电影“商业爱情片”的“大众消费品”特质，在市场场域内，这一符号的运作从营销行为发生开始就是不可逆转的。

所以，有关这次“营销骗局”的公众讨论，往往成为一种市场规律的“同义反复”：观众斥责没有看到他们想要看到的电影，业界指责营销方为了商业利益对营销对象刻意错位，然后再按照基于大量市场调研的市场逻辑指出“精准营销”的重要性，批判此次营销对市场、对观众信心、对未来的电影营销产生的“伤害”，继续编织“观众无辜”的社会神话。

谴责《地球最后的夜晚》营销的“灾难”已经成为一种“确论”，各方重复、强调这一确论的根本理由，其实是某种权力的话语彰显：被无数利益集团、观众和业界共同建构的市场逻辑遭遇到了一次强力的冒犯，因此“重建市场的未来和信心”，对其反击、批判和自我保护则变得理所当然。

在这里有两个问题似乎是有些被忽视的。其一，《地球最后的夜晚》借助此次营销，国内票房即收回投资成本，这一“天方夜谭”式不可能被完成的任务，实际上被市场完成了；其二，无数业界之外的观众、普通的电影爱好者，不自觉地因为此次事件，将自己放在与市场逻辑、商业逻辑合流的位置之上，主体与他者之间的矛盾、边界和冲突仿佛被无视了，而商业市场逻辑，似乎成为了公共讨论场域里的唯一正确。

作者电影的私人性与互文性

《地球最后的夜晚》所带来的公共讨论风波中，最荒诞的自然是对电影本身的讨论退居二线。这是一部被观众普遍认为“看不懂”的作品，同时，对这部电影的艺术价值较为专注的评论，也被淹没在声势更大的“拒绝理解”的浪潮中而变得消沉。有关这部电影究竟是不是好作品的讨论突然失去了现实意义，观众与创作者的核心冲突，来到了一个基本的文学理论问题上：如果创作者没有主动为观众的理解服务，那么观众是否有理由拒绝对作品进行理解？

事实是，观众们显然认为他们有。

回到《地球最后的夜晚》本身。一贯被认为是拍摄“诗电影”的导演毕赣，相比于上一部作品《路边野餐》，已经大规模地增加了影片的情节性，或者说，做出了一定程度的叙事努力。《地球最后的夜晚》除开叙事手段上的各种诡计，是存在具体的人物和直接的情节的，并且套用了“黑色电影”的侦探模式。从叙事角度来说，本片唯一缺失的是一个现实性的“结局”。对这一缺失，创作者使用了一个虚幻的梦境进行填补。

电影以前70分钟的2D部分和后70分钟的3D部分划分为“现实”和“梦境”两部分，其中2D的“现实部分”，是“多年前的记忆”和“现时的寻找历程”的混合剪辑。前70分钟，故事主线里主角寻觅的最终结果，电影是故意留白的。影片中，黄觉饰演的主角最终找到了目标地点：歌厅。那时，距离见到他要寻找的女人只剩下3个小时。为消磨时间，他去电影院看了一场3D电影，他随着电影睡去，一场70分钟的3D梦境，将主角前70分钟展现出来的所有欲望、执念和感情都一一对应，给予了满足。在这种满足中，电影戛然而止，至于现实中的结局，即主角是否见到了他要找的女人，找到了又会如何，在导演看来似乎已经没有意义。

不谈影片缓慢的叙事节奏，不谈影片前70分钟对两个时间段落叙事的刻意打散，不谈观众对于主角颇私人化的动机难以理解，本片尽管存在一个故事主线，但这个主线在电影进行到一半的时候即告终止——电影后半段落对“结局”的填补，在情节意义上是不具备说服性的。也就是说，《地球最后的夜晚》在某种程度上为了吸引、迎合商业电影观众所作出的叙事努力，反而因为其断裂和不完整，产生了更加严重的后果。这种后果，甚至比毕赣《路边野餐》里完全不在乎叙事性，要让观众愤怒得多——没有期待和期待落空，是不一样的。

另外一个有关电影本身质量的讨论，相比于探讨一部“作者电影”的“叙事性”，似乎更有价值：毕赣在这部电影中传达的“私人性”，似乎并没有那么“私人”。《路边野餐》掀起的赞扬，大多来自其提供了国内电影创作中难得一见的自我表达，有关时间、记忆和美学价值的强烈个人“风格化”。而在《地球最后的夜晚》中，毕赣的私人表达没有超出《路边野餐》的范围，大量的影片时间，被其对塔科夫斯基多部电影中仪式化场景的致敬，被其在文本上对莫迪亚诺、波拉尼奥的互文，被其影像上对多部作者电影的模仿和再现，以及在技术上达到革命性的70分钟3D长镜头所填补。毕赣将个人的艺术体验完整地“互文”在整部电影里。这些元素的存在，完善了导演的表达效果，却也将导演缺乏新表达的状态暴露出来。

作者“私人性”的“拒绝理解”，以及过度“互文性”导致的表达遗憾，使得《地球最后的夜晚》失去了被深入讨论的土壤。观众对其采取的方式，也许得是“浸入”和“体验”。那么，其实很多有价值的疑问还未被广泛注意，比如：用精致的、建构性的主观长镜头表达梦境，是对梦境的复制还是对梦境的虚假重写？第一人称视角与长镜头一定是形影不离的吗？3D形式下，电影本身对“梦境”的刻画，在美学上的革命性是否与其技术上的革命性相配呢？

这些本来是这部电影上映后，很多人其实会关注的问题。

文化资本的战争：某种“艺术专制”与“美丽新世界”

面对针对此次营销的质疑，导演毕赣曾经表达过一个被认为是理想主义的看法：针对观影群体的所谓“精准营销”，是一种业界对观众的强力傲慢。他说，没有人能够决定三四线城市的观众喜欢看什么电影，比如他本人就是一个来自小城市的艺术电影爱好者，他相信他营销的对象中，一定有喜爱这部电影的人。

类似的观点，几十年前，毕赣的精神偶像，俄罗斯电影大师安德烈·塔科夫斯基也曾经表达过。在回应认为他的电影拍摄得过分晦涩的评价时，塔科夫斯基以他收到的多封观众来信为例。他说，这些都是来自社会各界的普通观众，即使有些人表达了“没有完全看懂”的意思，但都从电影中汲取到东西，获得了共鸣。

这种观念，我们或许可以将其称之为一种乌托邦逻辑下的先锋主义：20世纪初，伴随着十月革命的风暴，俄罗斯艺术界涌现出了至上主义、构成主义、未来主义等一系列极为先锋的艺术形式和风格，它们以对过往的艺术形式和“资产阶级”艺术形式的反叛为基本的思想诉求。这一系列的艺术尝试极大影响了后来的苏联艺术，但也不可避免地造成了巨大的审美鸿沟。不得不承认，过往的艺术形式、“资产阶级”的艺术形式是经典的，是易于被刚接触文艺的受众所理解和喜爱的，而艺术上的“无产阶级先锋性”，与艺术形式创新的“精英主义”，产生了不可调节的矛盾。

苏联艺术的实践结果是，被认为“人民群众喜闻乐见”的“社会主义现实主义”取代了先锋主义，但先锋主义的影响则在美术、建筑、电影、音乐等领域留存下来。这种先锋主义的根本逻辑在于，认为艺术和审美是存在进化过程的，是有先后和高下之区分的。在这一前提下，艺术家对广大人民的文化和审美素养的提高充满信心。对大众的教化，与创造者坚持的自我意识成为一元二维，共同组成一种心灵无意识状态下的，创作者唯我独尊的某种“艺术专制”：

“创作者认为这是好的——观众应该获得好的——因此创作者只给观众他们觉得好的。”

米歇尔·福柯在《反俄底浦斯》序言中曾经提到过所谓“无意识心灵的法西斯主义”：“不仅有历史上的法西斯主义，不仅是希特勒和墨索里尼的法西斯主义……而且是我们所有人身上、我们心灵中以及我们的日常行为中的法西斯主义，这种法西斯主义诱使我们热衷权力，欲望主导和利用我们的东西。”

毋庸置疑，这一逻辑在当代电影市场和观众面前，是荒诞的。在当前电影依然以大众消费品，以文化产品而不是以艺术品的身份存在的现状下，电影是不存在审美高下之分的，所有院线电影都必须以商业逻辑来评判，而且商业逻辑的根本来源，是当前所有观众口味的“最大公约数”，因此具备最普遍和最广泛的支持。

那么，对毕赣之前的说法可以有这样的一种回应：“我们已经告诉过你我们不喜欢了，没有其他人介入，你不要，也没有资格强行把我拉出舒适圈。”

文艺作品的审美和品位是否应该有高下之分？这个问题的答案，在于我们对艺术的建构，与科学、商业等建构是否能够相同这一本体论问题中。当代理论的建构认为文艺作品在审美品位方面具备高下之分是不言而喻的：类似布尔迪厄提出的“文化资本”，鲍德里亚提出的“符号价值”，都是建立在艺术作品本身存在一个由符号组成的、既定的、有层次的建构这一基础之上。

以“文化资本”理论为代表的大众文化批判认为，之所以存在“大众文化”和“精英文化”的分野，根本在于文化是在不断发展的，普罗大众在一定程度上必然缺乏更高的文化素养。而这种缺失，是因为精英阶层将不断发展的文化也视作一种不可或缺的权力话语，他们运用资本主义机器垄断了“文化资本”，剥夺了普罗大众掌握“文化资本”的渠道和可能，从而使得普罗大众缺乏理解、喜爱更高层次文化的能力，确保不同阶层“文化资本”之间的断裂。

批判理论甚至更进一步，认为精英阶层这种对“文化资本”的垄断，更深层次是对普罗大众劳动力和精神的异化，并潜移默化中造成“自然而然”的表象。因为缺乏获取更高层次文化素养的渠道和可能性，以及在劳动力和精神力上双重被剥削，资本主义机器得以用这种不可能的绝望，从本质上促使普罗大众彻底放弃在文化和精神上进行超越的期待，成为“单向度的人”，从而丧失抗争性和创新能力，在“大众文化”中原地踏步——“娱乐至死”，建成一个从审美到物质上都完全固化，个体沉溺于自我满足之中的所谓“美丽新世界”。

于是乎，有关《地球最后的夜晚》的一切讨论，都归结于无意识心灵的某种“艺术专制”和理性商业逻辑之下的“美丽新世界”之间不可调解的永恒战争。

这一永恒战争的核心，在于我们是否愿意给予文化艺术以功利效用之外的本体论意义。相比于科学建制、商业建制的不证自明，我们对一部电影究竟能够要求什么？除了创造商业价值，满足观众的娱乐和消遣需求，以及推动社会各方面各领域的“进步”（包括美育价值）之外，以电影为代表的文化艺术产品，能否拥有真正独立的本体存在价值？在牺牲了99%的观众对“艺术电影”的好感后，那“1%的烛光”的存在，产生的对“艺术电影”延续的意义，是能够被确认并且赞扬的吗？

在讨论的终结，我们还可以打一个比方，这也回到我们最初对影片的疑问：《地球最后的夜晚》之所以采取“冒犯式”的营销手段，一个重要原因，是其技术上具备革命性的70分钟3D长镜头的拍摄，消耗了巨额成本。

如很多评论者的意见，这个长镜头在艺术表达上的革命性并不如其技术性。那么，如果这个长镜头的唯一意义就在于它的“美”，甚至不少观众并不觉得它“美”，如果这个长镜头所剩下的唯一意义仅仅是从来没有拍电影的人这么做过——

你觉得花这么多钱去做这件事，可以吗？

契诃夫的《海鸥》可以是一出当代情景喜剧吗？

刊发于2020年4月5日

对于契诃夫的《海鸥》，也许首先我们需要放弃“四幕喜剧”这一纠结的主题。契诃夫的原意是重要的吗？是，但我们似乎连他对喜剧的定义都难以把握，因此我们看到的是后人对“喜剧”的强扭和努力贴合——纷纷走向滑稽、自我怀疑和尴尬。有人觉得把几个语言包袱保留着就是喜剧了，有的人则觉得人物都该虚伪可笑无耻一些，有的人觉得契诃夫的喜剧实际上是作为“非人”在以宇宙视角看待人类。无论如何，我们都被限制住了。这几乎是匪夷所思的，21世纪了，我们一边谈着“作者之死”，一边努力试图还原某种“原意”。

“无法还原原貌”即是当代排演契诃夫的一大困境，这甚至影响了契诃夫走入当代甚至未来的渠道：如果我们都无法确认一部作品在创作当时的面貌，我们又何以确认作品可以被解读为未来的状态？但反过来说，如果“当时”已经不可把握，是否意味着我们永远无法用单纯的“时代”来禁锢《海鸥》呢？或者说，我们为何要用任何的框架和既定认知去限制《海鸥》呢？这就是此时我在试图做的：人物形象应该是可以被随意生产的，这种生产可以是现代的也可以的后现代的，具体说，是没有时代的。

拉脱维亚国家剧院版《海鸥》是年轻导演Elmārs Senkovs的成名作，这部首演于2012年的经典改编制作，去年于上海静安现代戏剧谷演出。作为一部明确将契诃夫的《海鸥》搬演到现代社会的作品——这一手法在21世纪的当代剧场不足为奇，但在契诃夫剧作的排演历史中，却是大胆而少见的。“现代”意味着对契诃夫原意忠实基础上的再超越，而实际上，“忠实”就已经是所有导演面对《海鸥》时难以跨越的门槛。

导演本人在节目单上留下了这样的解读：“比起悲剧，这个故事更是个悲喜剧。契诃夫并非刻意把这部剧写成喜剧，恰恰是剧中人物追逐梦想和幸福的样子暴露了人性中最致命的弱点，让人啼笑皆非。从剧中人物身上我们能看到太多自己的影子……人人都必须处理自己与过去及当下的关系。我最感触于特里波列夫的经历，他最终失去了一切——他的母亲，他与妮娜的爱情和他对自我的信念。”

在“悲喜剧”“当下”“啼笑皆非”这些预设下，《海鸥》在当代似乎可以颠覆固有的角色关系，呈现“当代家庭情景喜剧”的氛围，而这种肥皂剧般浮夸而细碎的质感，也最终指向现代人类和当代生活“原子化”的琐碎、无聊和虚无——似乎在时空对话中，这个时代正在发掘、重复并呼应契诃夫的最初情绪。

《海鸥》的超时代文本生产

从特里波列夫开始，作家和写作这些固定语汇，也许就应该被剥离或者是扩展：一切存在均是写作，特里波列夫拒绝的是某种“工作”，坚持的是“创造”。他要寻找的“新的形式”，甚至也不仅仅只是艺术上的“创新”，而是另外的存在方式。他向母亲展示其写作的“二十万年后的戏剧”，本质上是在向母亲证明他要，并且能够弑杀母亲曾经成功的“工作”。结构只要求特里波列夫和阿尔卡基娜从事类似的活动，阿尔卡基娜可以被取代，但阿尔卡基娜也可以加以评判甚至主导特里波列夫的工作。

另外，特里波列夫的“创造”也不应该仅仅是艺术形式的、戏剧叙事方法的、纯粹写作技巧的——他所需求的是某种“超越”，这种超越在去除时代限制之后，可以超出对于其从事的“工作”本身，这种超越是可以一劳永逸地解决特里波列夫对工作的“超越性”和对家庭关系的“超越性”，从而走向无拘无束、拥有对其所爱之人掌控权力的自由。

与此同时，这种“工作”的性质被禁锢为“戏剧”存在的原因是本体论式的，是《海鸥》自我“戏中戏”形式嵌套的需求，即特里波列夫的工作并非是专属于特里波列夫这一角色，而必需具备“展演”的性质。这就使得后续的解读者对于特里波列夫的解读所遭遇的藩篱，实际上是对展演式艺术形式，“观看”与“被观看”之间关系的禁锢——《海鸥》必须在空中飞翔才能看见被击落，失去“戏中戏”这一展演性质的特里波列夫也就不成为一个“问题人”，他是否自由就无从谈起。我们的问题实际上是：要以戏剧的形式推翻《海鸥》本身的戏剧范式。

那么首要问题即为，《海鸥》的经典地位究竟有多少受惠于“戏剧”本身的范式？

对于戏剧艺术的创新、对演员和剧场经验的回溯，对年轻人艺术梦想产生和失落的刻画，这些“戏剧”作为本体生发出来的解读空间，有多少是“文本性”的，有多少是具备永恒性而不可被替换的？实际上，只要我们的特里波列夫还是一名展演艺术的表演者或者创作者，没有被剥夺现场性，那么他将依然永恒地在契诃夫创造的时代里打转。观众、审美、品位和论资排辈的传统问题，是常谈常新的也是形成套路的，这一点恰好与契诃夫所谈论的“生活的庸常性”相契合。

在《海鸥》的文本中，除了特里波列夫、阿尔卡基娜、特里果林、妮娜、多尔恩这些专注于“艺术”一面的角色外，我们依然拥有玛莎、索林这些似乎更能代表“生活”的人物。较之特里波列夫的极端性，他们对于生活的态度和处理方式，更多是对不可能性的提前预知，以及由此而对生活本身的自我抛弃——这种倾向经常被解读为一条与特里波列夫的抗争并行的环境线索，是“生活”，是压抑“艺术”的对立面，是庸常性的具象化。但同样的，它们似乎更加决绝地，更没有犹豫地，更令人震撼地接受并履行了某种人类本体的不可为和无力。这种履行意味着与毁灭无关，而是用生存的顺从来对抗存在，用放弃来证明并嘲讽失败——这种“反讽”性超越了所谓“艺术对抗现实”的二元论，也似乎从另一个角度回答了我们之前的问题。

《海鸥》的永恒性应该与它本体中对戏剧形式的渊源相剥离，创作者因此而对《海鸥》产生偏爱是必然，但要剔除、不能沉醉于这种偏爱也是必须。在这里，“人人都是海鸥”似乎意味着，特里波列夫等人是我们能够看见的被击落的海鸥，而地上早已经长眠了很多海鸥的尸体。将这些尸体的故事进行讲述也是必要的，因为被击落之后的海鸥与它们无异：我们都是海鸥，我们也都将成为海鸥的尸体。

因此，某种理想性的《海鸥》至少不应该是某种原貌，而更应该是一种时代的再生产，因为结构是作品唯一独创的部分。后现代性是老生常谈的，却也是我们不敢承认或者不敢大声疾呼的某种禁脔。伴随着特里波列夫的自我怀疑和“超越”诉求，妮娜主动寻找皈依和灵魂寄托的方式是更“心灵的法西斯”的，而代表着过去时代的专制禁锢，代表着唯我并脱离环境，代表着彻底绝望只剩下存在，并只能由存在来反抗生活的，都圆融共生于这个文本里——我们必须，也应该走向这种探索边界性的文本生产，这种边界性的讨论不应当只把突破和超越当作唯一的议题。

“不够现代”与“超越现代”

回到拉脱维亚国家剧院的这版《海鸥》：相比于意图复原19世纪末的俄国乡村（经典的斯坦尼斯拉夫斯基、丹钦科导演版以及后续的模仿、致敬与延续），或是完全模糊时代背景（如布图索夫导演版），或将其还原到排练室回归戏剧本质（科尔苏诺夫导演版），Elmārs Senkovs将剧作故事转移到当代的企图是明显的。可能是为了遮掩这一创作思路至少在契诃夫作品排演史里的“离经叛道”，导演甚至做了很多“原教旨主义”的“忠于原著”的处理，如每场之前都有一个毫无情感的机械男声以旁白形式朗读契诃夫原剧本中的舞台说明，整场演出除了开场的人物介绍环节之外，对剧本从场次到台词没有进行任何改动。这些行为显示出不言而喻的刻意性，一种示威性质的笨拙——没有起伏，神神叨叨的旁白声像是对宗教经典丧失生气的“复读”，全场的“忠于原著”似乎本身就具备了反讽和仪式化的自我确证，体现了与传统强烈的不合作态度。

导演“当代呈现”主要的侧重点在于人物的“现代化”，在于确保剧作的故事如何在当代环境中得以成立。因此这版《海鸥》的角色形象虽然是现代的，但角色形象的穿越却是从文本自然生发而来的，有些角色甚至仅仅是被“当代”了而已。如从原剧本负责搭设舞台，现在负责吉他伴奏的仆人雅科夫、依旧苍老颓废的索林、更加沉迷烟酒的玛莎、同样市侩而懦弱，IPAD不离手的麦德维坚科，似乎都看不出时代变化、依然是标准退伍军人和管家婆形象的沙姆拉耶夫和波琳娜，见多识广稳重老成的医生多尔恩，导演在处理这些角色时，并未对他们的“现代性”有更多的突破，甚至表现出某种“刻板印象”的当代展演——这些角色的一致性指向的是对原著故事的依附和尊崇，以及《海鸥》本身戏剧情境的永恒性。

而令观众印象深刻、展现导演的现代性思考的几位主要角色，在甫登场时，其实也并未出乎观众太大预料。导演并未试图借助时空穿越和当代形象进行吸引眼球的外部刺激。妮娜打扮淳朴普通，依然是一个渴望艺术和名气的乡村少女；阿尔卡基娜则更像一名处于事业中后期，却依然霸占年轻角色的电影明星，虽然坎普风格的打扮和骄纵的性格吸人眼球，但也并未跳脱出剧本的预设，女演员的精彩表演可以说是完美复现了契诃夫对阿尔卡基娜这一人物的原意；特里果林则可能是给观众最直观现代印象的一位，他呈现出一种不善交际、略显笨拙、专心自我世界的“极客”（geek，nerd）形象，背后有很多当代畅销书作家、娱乐公众号写手的影子；特里波列夫初看来无非是举止乖张、穿着随意，演奏多用于奇幻、恐怖题材影视配乐的电子乐器“特雷门琴”，指导雅科夫弹奏电吉他，指导麦德维坚科做实时影像直播，但这些“现代”似乎都仅限于外部呈现和技术性处理。也因此，这版《海鸥》刚开始时给人的初印象绝不乖张奇异，相反它近乎严肃到刻板的地步，现代性似乎只是某种点缀和“餐后甜点”，仅仅是表征意义上的，无论特里波列夫是否是一个朋克青年，无论阿尔卡基娜是否是电影明星，无论这个故事里是否存在手机、IPAD、投影或者是特雷门琴。

这意味着导演在创作过程中的自我质疑和试图兼顾。对这版《海鸥》进行“不够现代”或者“不够复原”的评价都是有理有据的，这其实就是导演对这版《海鸥》进行现代排演的思路："当下"不仅仅是外部刺激，他实际上关心的是原有的人物关系和结构能否在当代框架下爆发新的火光，以及角色与当下是否能够产生新的关系。他与传统的不合作，无需表征就如此泾渭分明。

尽管对原剧本的台词进行了原封不动的演绎，但导演在情感倾向和人物关系上展现出了特殊的个人理解。他注重《海鸥》故事在当代生活中发生的可能性，将其作为普遍性而非特殊、独异的状态来表现，也就是希望讲述一个在当代的各个家庭都会发生的故事，刻意要让《海鸥》变得"老套"——将契诃夫创造的独一无二的人物转化为现代生活中的各种"刻板印象"或者是普遍人物，从而取消某种崇高性，这正是本作真正赋予人物角色的"现代性"印记。而伴随导演的这一指导精神，我们注意到这版《海鸥》在人物关系处理上根本的"离经叛道"之处：

首先，是"艺术"之于整部作品的根本价值，被导演从特里波列夫的形象出发进行的否定和取消。特里波列夫在以往《海鸥》的排演中，都还是一个有些才华的文学青年，其对艺术形式革新的呼唤、他创作的"二十万年后"主题的话剧，也被如医生多尔恩等人所理解、珍视。最终特里波列夫的自杀，带有天才和新锐艺术不被理解、被社会压制，年轻艺术家早逝的悲剧性意味。而在本作中，特里波列夫的创作更像是一种"游戏性"的表达，运用了特雷门琴、实时投影等技术演出，甚至更像一种反讽性质的，网络直播形式的现代行为艺术。因为情感缺失而集中表现的示威性，取代了艺术性本身。

剧作也大幅度淡化了其他角色对特里波列夫才华的欣赏。在阿尔卡基娜与特里波列夫的对峙戏份中，二人的关系被一种纯粹的、扭曲的情感线索所主导。阿尔卡基娜对特里波列夫的善意也仅限于母爱维度，几乎将特里波列夫本人“艺术家”的性质取消殆尽，完全没有对他的艺术才华给予任何理解。原作第四幕中特里波列夫已经成为一个小有名气的作家，而这一点也在呈现中被完全淡化——这一切都意味着，场上那个看似朋克但在当今社会并不新鲜，完全就是“星二代”纨绔子弟形象的特里波列夫，也许在本作的表达里根本就不是一个艺术家，只是一个因为母亲的职业偶然涉足艺术的普通青年，其身上缺乏关注、缺乏关爱的脆弱人格才是人物存在的核心本质。在他心里，获取关注、战胜母亲比创造艺术要重要得多——一种当代颓废青年的普遍性由此诞生。

其二，这版《海鸥》对妮娜的形象以及特里波列夫与之的感情做出了极大颠覆。妮娜被设定为当代怀揣明星梦的乡村少女，不再孤陋寡闻懵懵懂懂，而是早就对社会现实和可能发生的一切做好了准备。妮娜在本作中对特里果林的接触和勾引是蓄谋已久的，对自己未来发展的可能是处心积虑的。妮娜与特里果林的戏份在导演的处理下，呈现为处心积虑、主动的女追求者和笨拙迟缓、被动的极客作家之间的勾引把戏，最终以特里果林全身心地被妮娜所征服收场。

因此，本作中妮娜对特里波列夫的感情是淡漠的。妮娜对特里波列夫创作的话剧评价语气较为尖刻，而并非传统印象里的“爱之深责之切”。而两年后妮娜最终回到乡村别墅时，我们看到的也并非传统印象里的那个悲剧形象——妮娜以一个戴着金色假发、穿着黑色皮衣的“成人的”冷酷形象出现，带着别样的独立感和生命力。虽然口中讲述着自己的失败和悲伤，但却始终是坚定的，不需要同情的，对自己的未来前景极为笃定的，无时无刻不在向特里波列夫重复“我们回不去了”的表达。这样的表演处理显然体现了导演对妮娜人物形象的改造：在这里，妮娜似乎从一开始就是与特里波列夫疏离的，她从来没有爱过特里波列夫和他的艺术，她与特里果林的爱情和失败也是计划之中的。虽然她生活现状不佳，还没有成为一个好演员，但她对自己选择的道路坚定不移，两年后回到乡村别墅见到特里波列夫也只是她单纯地回到故地追忆往事——

这一切都意味着本作对特里波列夫和妮娜之间关系的刻画重点，在于特里波列夫追求的“认同”的彻底破碎，在于二者最终分处两个完全不同世界的彻底疏离。妮娜的形象也从独一为二的“海鸥”转化为我们生活中常见的“明星梦”女孩（这使得剧本中妮娜最后的台词段落显得反讽、荒诞，指向对崇高意义的嘲讽与唾弃），悲剧的核心被导向为当代生活中青年人对前途好坏的理解相悖，青春成长道路上日常的分道扬镳。从人物关系和意识形态上的“现代”处理，我们窥见的是导演试图将《海鸥》从艺术范畴上的“崇高”拉回当代现实生活的“庸常性”的尝试。

当代的海鸥是肥皂剧和情景喜剧？

这版《海鸥》的结尾很有巧思。大家聚在客厅放礼花庆祝，礼花的声音正好与特里波列夫自杀的枪响同时。多尔恩发现特里波列夫自杀后，所有人离开舞台，只剩下弥留之际的索林，和照看他的玛莎与麦德维坚科。接下来，索林闭目仿佛已死，正当玛莎和麦德维坚科大为震惊之时，爱开玩笑的索林又睁开眼睛——在一个经典的、同时也是滥俗的“惊喜”笑点中，整座舞台的大幕被缓缓拉上。

契诃夫写下的那句“四幕喜剧”是百年来戏剧导演的噩梦。不过，本作还是以近乎“釜底抽薪”的方式，给出了一种将《海鸥》排演成喜剧的方法——这种“喜剧”本身就是不高明的，就是琐碎、庸俗而滑稽的，这与导演要表达的现代生活状态其实完全贴合，也就是说，当观众不再把《海鸥》看作艺术家的自我写真和艺术家的痛苦，而真正看作他们自己的痛苦时，我们也许至少能够达到某种“喜剧性”—— 这是某种现实主义的《人间喜剧》的喜剧性、或者是宗教性的、神灵视角的《神曲》的喜剧性。

因此，这版《海鸥》肆无忌惮地以一种“愚蠢”的形式暴露着角色身上所有的可笑性，演员也没有“表演经典”的包袱，完全以松弛而滑稽的状态进行夸张的喜剧表演。导演设计的如怎么都调节不好的床板、阿尔卡基娜穿脱丝袜、将高跟鞋踢到房顶、不穿裤子的特里果林遇见妮娜、索林屡次假死、麦德维坚科摔断了腿等桥段，伴随着全场封闭、未做更换的木盒状摄影棚式室内场景，共同构建出夜晚八点档电视肥皂剧、家庭情景喜剧的浮夸质感，刻意地演出着“劣质”和“不高明”。从笔者演出结束后的调查中，有评论者给出了“类似开心麻花喜剧”的观感。而实际上这种观感从导演的创作初衷来看，似乎又的确是“合适”的 —— 正是在将《海鸥》转化为现代的，甚至后现代性中“非人”倾向下的虚无主义语境里，整部剧作自然而然被导向了这种庸俗的、浮夸的、格调不高的闹剧性。

我们是否可以由此将其看作一种对契诃夫隔空的灵魂呼应？虽然我们看到了强烈的“劣质”和“格调低下”，但毫无疑问导演对此投下的眼神是冷峻的。机械冷漠的演出说明旁白，滑稽可笑甚至卑劣的诸多角色，根本不与观众共情的妮娜，特里波列夫毫无意义的、霎那的、荒诞感极强的“现代性自杀”，都与家庭情景喜剧的琐碎、劣质和空洞巧妙融合为一个整体。那崇高的“海鸥”，也许只不过是读者们对契诃夫善意的、自我感动式的曲解呢？

我们的结论也许是：当代的现实主义，正是一种后现代表达；而传统的现实主义，已经与现实无关。在这版《海鸥》里，特里波列夫砸碎了自己的特雷门琴当作“海鸥”扔给了妮娜，而妮娜根本对此毫无触动；两年后，这架特雷门琴被修好，但是特里波列夫已经完全失去了兴趣，相反是阿尔卡基娜cosplay（角色扮演）夜店DJ，玩得极为开心。也许，理想性的《海鸥》至少不应该是某种原貌，而更应该是一种时代的再生产，因为结构是作品唯一独创的部分。后现代性是老生常谈的同时，却也是我们不敢承认或者不敢大声疾呼的某种禁脔。

我们当代的《海鸥》就是一场浮夸的肥皂剧，就是一场糟糕的情景喜剧，里面的每一个人都是我们，我们都是滑稽可笑甚至卑劣的，我们的生活是琐碎、无聊、恶心、令人生厌的，所有坚实的感情和崇高都如同露水般消逝了——这个样子是导演做错了吗？是《海鸥》剧作本身导致的吗？也许契诃夫就是这么想的呢？

Ⅳ
“巴黎没被淹”:
电子游戏

因为方舟是个结局圆满的神话：人类在其中拉开一段有距离地观看对人构成威胁的种种自然力，思考自身的处境，把自身所具的力量酝酿为必不可少的信念，从灾难本身得出这样一个明确的事实：世界是可以驾驭的。

——罗兰·巴特《巴黎没被淹》，屠友祥译

作为意识形态，文学的现实主义完全不依赖作家所说的语言。语言是一种形式，它不可能不是现实主义的，就是非现实主义的。语言所能做的一切，或是具有神话性，或是不具有神话性，或是像《布法和白居谢》那样，具有反神话性。不过很可惜，现实主义与神话之间不存在任何不相容之处。众所周知，我们的“现实主义”文学常常具有神话性（只不过是作为现实主义的粗糙神话），而我们的“非现实主义”文学至少具有神话性稀少这一长处。

——罗兰·巴特《神话作为被劫掠的语言》，屠友祥译

超文本叙事：“第九艺术”正主导我们的时代吗？

刊发于2019年3月12日

2018年的国内外单机游戏（或称客户端游戏）环境异乎寻常的繁荣，是在不经意间发生的。市场成熟的欧美业界看似无甚波澜，但过去几年才会涌现一部的“白金级”千万级别销量游戏，在佳作频出的今年已经成为“日常现象”。在艺术性和真实性上登峰造极的《荒野大镖客2》甚至卖出了2300万份，所占据的市场份额已然数倍于一部好莱坞商业电影。而在手机游戏占据绝对市场主流，据单机游戏爱好者自行调研得出核心玩家数量可能只有约300万的大陆单机游戏市场（数据来自百度“国游销量”吧调研），从2018年下半年开始，也陆续涌现出如《太吾绘卷》《中国式家长》《波西亚时光》《古剑奇谭三》等现象级作品，一时令国内玩家集体惊呼“国产崛起”。

相比于以娱乐性、社交功能、消除碎片时间为首要诉求的商业手游、网游，需要玩家投入足够多的时间和精力，以“作品”形式出现的单机电子游戏，则更能彰显“独立”价值和艺术面貌。作为网络赛博时代最典型的流行媒介，电子游戏逐渐开始拥有革命性的“交互诗学”，或者说“超文本叙事学”——“第九艺术”已不再是空谈，而是正在发生的现实。

每当技术进步和时代变迁轰鸣而至时，无论是沉浸其中的个体，还是漠不关心的旁观者，都会不自觉地去回溯其最初的起源。总有天才般的预言家预言过这一切，却也在微观的、褶皱的、无限可能的信息之海中迷失。既有的理论被摧毁、崩溃、再进行重建，最终以全新的面貌，主导我们身处的时代。

RPG角色扮演：超文本二元机制与传统叙事逻辑的混血儿

20世纪下半叶由“法国理论”主导的叙事学研究，根本是由马塞尔·普鲁斯特的《追忆逝水年华》所引发的。这部卷帙浩繁的“意识流”作品，为后现代群英们提供了开阔的叙事学研究空间。1972年，热拉尔·热奈特发表《叙事话语》，借助对《追忆逝水年华》的专题分析，对故事时间与被称为“伪时间”的叙事时间之间的关系提出重要判断：在故事中，多个事件可以在不同的时间段落里发生，因此故事时间是多维的；但是叙事却只能是线性的，叙事者必须找到一种“顺序”，一种组合事件的方式。这种组合方式在传统叙事中是时间和因果逻辑，而在现代作品中则呈现出某种开放和任意性。差不多同时，茱莉亚·克里斯蒂娃和罗兰·巴特以“互文性”来解释我们所身处的信息场域，语言成为世间万物的主导形式，“作品”成为浩瀚的文本海洋中遵循某一种“线性”所组织而成的“文本织物”。

进入20世纪90年代，“超文本”概念随着计算机科学的发展进入理论界。1994年保罗·爱德华兹（Paul N. Edwards）在论文《超文本的张力》中指出，“超文本将对我们社会和政治知识的组织方式产生革命性的影响。”不过正如“超文本”的提出者乔治·兰道所言，这一超文本“革命”实际上早有巴特等人的预言，只不过当代“文本”的组织形式，已不再是巴特设想的任何一种既有的人类语言，而是依靠0和1的数字编码。

超文本的二元机制依附于信息场域中的某种“线性”。借助各类文本的共存和超链接的架设，任何一个浏览者可以抛弃既有的类型壁垒、因果关系等陈旧的结构形式，仅依靠文本之间最细微的“互文”来激发聚合关系。浏览者浏览A文本，被A文本的某一组成部分激发了兴趣，点击进入B文本，接着再由B文本的某处细微的、与B文本主旨关联不大的兴趣点进入C文本……此时C文本已经基本与A文本失去直接关系，然而A、B、C三个文本却被一条独立的、没有尽头的超文本漫游路线聚合在了一起。这背后，即是超文本的，也就是电子游戏“需求／反馈”的初始机制，而普鲁斯特，则可以被称作是“第一个超文本游戏玩家”。

为满足“需求／反馈”机制的电子游戏，从最早的“电子乒乓”“俄罗斯方块”，逐渐开始被玩家要求加入某种叙事性——这促使了角色扮演游戏（Role-playing Games，RPG）类型的诞生。此时放在游戏制作者面前的，是一个前所未有的经典难题：超文本的漫游路线、“需求／反馈”的二元机制，如何与满足时间空间逻辑的“故事”结合起来？和普鲁斯特这个疯狂的“超文本游戏玩家”不同，大多数玩家对故事的要求是经典的，这一谜题的解答毫无理论可以参照。最终，无论是大陆深受影响的日式RPG，还是以“龙与地下城”文化为主导的美式RPG，都是介于超文本二元机制与传统英雄史诗逻辑之间的“混血儿”。基本上所有的RPG游戏，本质都以一个英雄的成长和拯救世界为情节线索来铺陈故事。

这种选择，追求的是玩家闯过一道道越来越难的关卡，不断形成正反馈的二元机制，与英雄史诗文学中主人公面对强大敌人，逐渐得到成长的叙事逻辑之间的共通。然而，细究起来，这种嫁接产生了无数仅在游戏范畴内才合理的荒诞场景：

主人公的成长过程中，面对敌人的实力分布恰好是从弱到强的，主人公永远会遇见与自己实力相近的对手；

主人公在剧情里紧迫地、甚至千钧一发地解决各种事件，玩家却在游戏提供的自由活动时间里于各个城镇搜寻物资、赚取金钱、了解支线剧情、参与各类无关事件，而这些自由活动时间，在故事里实际上是完全不存在的；

游戏的故事情节被均匀分布在各个关卡之间，主人公在“迷宫”或者“副本”之中不会遇到剧情，可以专心进行娱乐。

诸如此类的荒诞场景，实际上在游戏玩家看来是完全可以忽略的。玩家们心照不宣地将游戏逻辑与故事逻辑割裂开来。如《古剑奇谭三》中，按照情节设定，主人公所保护的“天鹿城”在剧情的开端和中段遭遇了两次来自同样的敌人“下等魔”的进攻，但在游戏实际操作中，玩家对抗的难度则先易后难——作为同样的对手，实力却前后不一。又如《仙剑奇侠传》《古墓丽影》《生化危机》之类的游戏改编影视，编剧面对原作均匀分布的剧情，都不得不进行大刀阔斧的修改。大量游戏中以“迷宫”或者“副本”出现的场景被删去或是重新组合，而玩家习以为常的“支线剧情”，作为与人物命运和情节发展无关的细枝末节，在电影电视中是不可能存在的。

没有玩家会对这一切提出异议，因为合理的难度和关卡分配，对玩家“需求／反馈”机制的满足，是电子游戏本身“游戏性”的必然要求。也因此，RPG角色扮演游戏作为超文本机制和传统叙事逻辑之间的“混血儿”，与小说、影视和戏剧这些叙事艺术存在一条鲜明的界线。这条界线是先天给定的，玩家潜意识里没有把电子游戏当作真实，在情节线之外永远存在一条只属于游戏性的“线”——无论游戏本身制作得多么令人沉浸，它永远是另一个“可能世界”，哪怕游戏的类型并非科幻、玄幻，就是取材于周边的现实题材或历史题材，都无济于事。

“电影化”“交互式”与“走路模拟”

去年底，大热电视剧集《黑镜》推出特别篇《黑镜：潘达斯奈基》，以“交互式”电影这一形式吸引众多关注。观众在Netflix电视平台观看这部作品，作品在播放过程中会时刻出现剧情选项供观众用电视遥控器选择，不同的选择最终导向不同的情节发展与结局，据不完全统计故事有八个大方向的结局和十三种具体分支。不过，虽然宣传阵势轰轰烈烈，但《黑镜：潘达斯奈基》实际上并不新鲜。

且不说由观众选择剧情走向的电影早在20世纪60年代就有先

例，在电子游戏界这甚至本身就是一种游戏类型：文字冒险游戏（Text Adventure Game，TAVG），又称“交互式小说”（Interactive Fiction），国内著名的文字冒险游戏平台“橙光”就以大量宫斗主题的交互式游戏而闻名。这一切与《黑镜：潘达斯奈基》的区别仅仅在于：《黑镜》用电视遥控器，电子游戏用鼠标、键盘和手柄。而“橙光”平台上最出名的抗日间谍题材游戏《潜伏之赤途》，更是在近期被改编为游戏《隐形守护者》发售。本作最夺人眼球的是，作为一款电子游戏，它的所有画面都是实景真人拍摄的，制作过程与影视拍摄基本无异——实际上，这就是又一部《黑镜：潘达斯奈基》。

早期的电子游戏因为技术的限制，只能依靠剧情、机制和内容对现实世界进行仿真，但随着3D技术的不断发展，电子游戏的画面表现能力已然突飞猛进，依靠视觉进行仿真已经不再是不可能完成的任务，这就又催化出一个游戏类型：电影式交互游戏。2018年上半年的现象级作品《底特律：成为人类》就是其中翘楚。玩家选择扮演一个角色，通过简单的操作，以第一人称视角欣赏了一个未来的人工智能主题故事，而画面呈现、镜头处理和情感渲染上的出众，使得《底特律：成为人类》几乎就是一部在计算机平台上的电影作品。

“交互式电影”这一形式的电子游戏，解决了之前传统RPG游戏的叙事问题：通过电影叙事的节奏，使玩家完全理解主人公存在时空的紧迫性，从而让影视艺术的仿真性保证了电子游戏的仿真性，并利用电子游戏独有的交互能力，放大玩家的代入感和沉浸感。

然而，从“交互式电影”类型出现开始，有关这类游戏的争议就不绝于耳。核心原因在于，交互式电影解决叙事困难的方式，是基本抹杀游戏性。大多数此类游戏的基本操作一般只有行走、拾取物品、做出选择而已，没有什么操作性和娱乐性可言，被玩家戏称为“走路模拟器”。而像《底特律：成为人类》这样的爆红作品，甚至因为亲身参与完成游戏和观看网络上录制的游戏视频之间是否存在区别而产生争议。这意味着，这类游戏在解决超文本叙事困境的方式其实是打破超文本叙事逻辑本身——在严格的玩家看来，它们不但没有解决问题，甚至也不配被称作电子游戏，更不应该是电子游戏在未来作为一门独立艺术门类的发展方向。

“探索”“记忆”与“开放世界”

实际上，哪怕同样是“交互式电影”的“走路模拟器”游戏，利用电子游戏特殊的超文本机制，如《史丹利的寓言》《伊迪丝·芬奇的记忆》等作品就走出了新颖的道路，证明就算模仿电影叙事逻辑，电子游戏也依然有其不可替代的独特叙事能力。

在2014年发售的独立游戏《史丹利的寓言》中，主角以第一人称视角行动，目标是在身处的建筑里进行探索、逃出并获得自由。然而游戏并未给出多少二选一式的选择，而是从头至尾有一个"旁白"，根据玩家的不同行为，持续保持与玩家的语音对话。"旁白"在建筑管理者、游戏制作者、上帝、造物主、故事作家等身份中不断转换，促使玩家开始质疑身处的环境和周围存在的意义。《史丹利的寓言》的画面效果并不出众，但其"元游戏"甚至"元叙事"的主题和呈现，效果上类似、甚至强于戏剧影视作品中"打破第四堵墙"的"间离"手法，开拓了电子游戏叙事独立于电影叙事逻辑的全新可能性。

而荣获2017年游戏产业盛会（TGA）"最佳游戏叙事"奖的《伊迪丝·芬奇的记忆》，更是将"走路模拟器"类游戏提升到难以逾越的高度。玩家扮演芬奇家族的一名少女，在一无所知的情况下回到自家废弃的祖宅，通过对祖宅的探索，挖掘出家族所有已故成员死亡的原因。作为一款第一人称视角的游戏，作品在每一段被主角伊迪丝·芬奇触发的记忆中，都会切换到死者生前的视角，玩家不得不亲手按照游戏的提示，让自己的角色走向不可逆转的死亡。在精心设计的具有梦幻色彩的各类死亡故事中，玩家也体验了一般“走路模拟器”缺乏的颇具游戏性的各种操作。而游戏的结尾，是最负盛名的“路易斯死亡段落”：玩家切换到沉迷精神世界的罐头厂工人路易斯的视角，左手操作路易斯精神世界里幻想的英雄形象征服世界，右手操作路易斯在真实世界中切着流水线上不断送来的鱼头，最终在游戏的指引下切断了自己的脖颈。

《伊迪丝·芬奇的记忆》以独特的叙事手法、丰富的游戏性和颇具《百年孤独》风格、博尔赫斯式的死亡美学取得巨大成功的同时，展现了当代电子游戏叙事的新模式：将主人公“探索”的路线作为“超文本”的路线，运用倒叙和插叙“记忆”，使游戏故事的情节线与游戏性的超文本路线成为同一条线。游戏讲述主人公各处探索、寻找回忆的心理历程，利用心理环境的反时间、反空间和超文本性，达到与现实中玩家心灵世界的共通——某种意义上，即是让玩家在“心灵游戏”里进行游戏，那么“需求/反馈”的机制就可成为当前叙事中的唯一逻辑。探索旧地，寻回记忆，这不就又是那位“超文本游戏玩家”，“追忆逝水年华”的普鲁斯特留下来的吗？

2017年春，经典日式RPG游戏系列《塞尔达传说》推出新作《旷野之息》，将“开放世界”的概念完成到前所未有的深度。“开放世界”概念并非其首创，源自20世纪下半叶以D·刘易斯

(David K.Lewis)、克里普克 (S. A. Kripke) 等人为代表的，源自莱布尼茨的“可能世界”理论。“可能世界”理论认为除了我们生活的现实世界，可能、理应存在平行的多个实在世界，因此在艺术作品中，世界观的塑造和架构 (world-building) 成为与人物、情节等元素同样重要的关键组成部分。

“开放世界”意味着，游戏故事所发生世界的塑造水平前所未有——如《旷野之息》中的海拉尔大陆,《侠盗猎车手》中的洛圣都，玩家基本找不到现实生活中的参照，游戏开始即是对这个平行架空世界的探索过程。《旷野之息》作为一款RPG游戏，竟大胆地将“情节性”降到了最低，让主人公也和玩家一样，对这个世界恍然懵懂，必须进行探索：玩家扮演英雄林克，从一百年的沉睡中醒来，面对完全陌生的海拉尔大陆，只知道自己的目标是杀死大陆中央的一位魔王，救出塞尔达公主。

《旷野之息》的剧情几乎为零，作为替代，游戏将广袤而丰富的海拉尔大陆的每一座城市，每一片山野湖泊和每一位居民都完全抛给了玩家。为了解自己是谁并找回一百年前失落的记忆，为了增强自身能力击败最终魔王，玩家开始了完全由自己掌控的海拉尔大陆之旅。可以在任何时间到达地图的任何一处并遭遇到那里强弱混杂的敌人；可以探索大陆，在城市里漫游是了解自己的一种方式，游戏里除了可以找到的数个主角的“记忆碎片”之外，没有任何限制玩家的剧情线；游戏一开始就可以挑战最终的魔王，也可以始终在地图里漫游遍历风土人情。

每一个进入《塞尔达传说：旷野之息》游戏世界的玩家，经过“探索”和“记忆”的洗礼，最后都将体验到被这样一个浩瀚无际的可能世界带来震撼，不断填充的内心历程：

> 一个人要经历多么艰难的冒险，才能够将我们曾经无所作为而又无所知晓的命定（fate），转变为属于我们的选择与责任的命运（destiny）。
>
> ——豆瓣，常井项
>
> 《现在，在海拉尔——<旷野之息>中的后现代主题》

继《旷野之息》后，借助创造“开放世界”来达到只有电子游戏可以达成的“世界拟真”的游戏逐渐涌现，比如文首提到的《荒野大镖客2》，创造了一个恢弘而真实的19世纪末美国西部世界，其真实性甚至引发了玩家对于艰苦的牛仔生活的厌恶，从而产生对游戏缺乏娱乐性的抗议。如果电子游戏通过对世界观的塑造和架构，达到让玩家体验到真实世界所必然包含的痛苦与无奈，从而损失了游戏最初的“娱乐性”，电子游戏的本质会受到拷问吗？

实际上，从我们将电子游戏作为“第九艺术”看待开始，这就已经不是问题了。电子游戏要做的已经不再仅仅是“仿真”，通过超文本的机制和逻辑，电子游戏的“超文本叙事学”，已经在革新我们这个时代对于真实、对于叙事、对于生存意义的理解。在电子游戏创造的“可能世界”里，时间与空间的限制、因果关系的限制、价值观和思维方式的限制都被最直观地破除了，叙事艺术中对人物塑造、情节描写等传统的评判标准也过时了。

一百年前普鲁斯特用晦涩难懂的文字所进行的超文本游戏还很难被大众理解，数十年前巴特、兰道等人对于“互文性”和“超文本”的设想还仅仅存在于案头论文之中，而如今通过“第九艺术”，我们思索和存在于这个世界的方式，终于被彻底地、直观地改变：无论是“新人”“赛博人”，甚至是“非人”，人类必须重新开始寻找定义自己的方式。

诗人、文化研究者倪湛舸在新浪微博上写下过：“游戏是二十一世纪的主导艺术，就跟二十世纪属于电影，十九世纪现实主义小说一统天下一样。十九世纪没档次的科幻、玄幻，在二十世纪靠影视翻身了，然后在二十一世纪再借着游戏的平台继续上升。”

也许，就像蝎子乐队在上世纪80年代末唱的那样，“It is the wind of change”（变革之风）。

我们何以热爱开放世界？
一种赛博世代的创世神学

刊发于2020年12月22日

随着索尼和微软两家厂商分别推出新一代游戏主机PlayStation5和Xbox Series X，电子游戏界正式宣告从“第八世代”走向“第九世代”，这个以技术能力为评判标准的“世代叙事”的分界点，也引发了无数玩家和游戏研究者对过去世代“当代著史”般的怀念与总结。如果要为2013年开始，时长七年的第八世代寻找一个可资代表的历史坐标的话，开放世界（Open World）游戏的大行其道是一个典型的注脚。历数这个世代里重要的3A级别游戏，“开放世界”甚至都不是一种可供选择的类型，而是一种必须的配置。若以销量来计算，这个世代近乎95%的单机游戏玩家，都购买过一款以上的开放世界游戏。

人们为何如此热爱开放世界游戏？或者说，开放世界游戏为何能在这一世代占据电子游戏艺术的顶峰位置？如果说技术力的进步导致游戏创造者可以更好地“拟真”世界，那又该如何解释本世代最能够被写入历史的伟大作品，在开放世界创造中进行了前所未有颠覆性革新的《塞尔达传说：旷野之息》(The Legend of Zelda: Breath of the Wild)，其实是一部卡通画风的“非写实”游戏？这样的疑问促使我们必须从创作者和受众的两重角度去看待开放世界游戏，试图探索开放世界游戏的存在形式、发展可能和对于“人”而言最终的意义：它是对现实的究极拟真还是一种心灵的自由狂想？虽与技术发展紧密贴合，但它与组成我们的人性和灵魂相近吗？我们对开放世界的渴求潜意识里意味着什么吗？面对本世代开放世界类型的“泛滥成灾”和随之呈现出的技术缺失，下一个世代和之后的世代还会如此追捧开放世界吗？人究竟在开放世界的“潘多拉魔盒”里能够扮演怎样的角色呢？

至少有一点可以首先确定，那就是开放世界类型根植于人类最永恒和最悠久的渴望：探索和认知。早在电子图形技术还仅限制于绿色点线面的时代，1981年就出现了人类历史上第一部开放世界游戏《创世纪：黑暗时代》(Ultima: Age of Darkness)，当时的程序员与玩家依靠输入编程指令创造出同简笔画没有多少区别的画面，就想象出一片浩瀚的海洋与五六块风土人情各不相似的大陆。无关技术优劣，人类的灵魂深处总潜藏着一种“创世”的渴望，而如今走在“拟真”的时光大道上的开放世界游戏，本质上正是人类在赛博世代的一种“创世神学”。

“开放世界”作为一种“超文本可能世界”

在这个数码资本主义时代和赛博后人类时代，电子游戏是颇具代表性的“第九艺术”，电子游戏所创造的世界，也自然而然成为了上个世纪60—80年代从文学理论中萌芽的“超文本”和“可能世界”概念的实在化和具体载体。随着技术的突飞猛进，曾经自认领先的案头理论狂想已经成为人类可以感知到的现实，而相较于一般的“箱庭世界”游戏和不具备探索特性的竞技类游戏，角色扮演类型的“开放世界”游戏，恰好是对于超文本和可能世界理论的最佳实践——它提供无限的解读、参与路线，提供广袤而可供探索的开放空间。

电子游戏中的开放世界，以极大的沉浸感、拟真性和交互性，使得参与者与文字、图像、影像、音乐等不同介质的媒体以数码为形式直面。这种体验的革命性意义在于，相比于戏剧、影视等传统艺术的交互手段仅仅为“观看／被看”，电子游戏的交互手段是全方位的，人类作为参与者不再仅仅是观众，也进行了身体运作，可以选择亲身扮演不同角色，甚至成为“创世者”——身体运作的双向性使玩家全身心投入其中获取拟真体验。为了增强这种拟真体验，电子游戏厂商还开发了如手柄体感技术、VR眼镜、重力手柄等机械设备，而这些机械设备作为人类的“义体”，又带来了全新的概念：赛博后人类。在电子游戏这一新兴而开放的场域，开放世界和参与其中的赛博后人类“玩家”，发展出几个明显与理论上的“文本世界”不同的特征：可以被分解为时间、行为和交互三重层次。

首先，时间性在开放世界空间中被统一了。开放世界作为一种与现实世界相似的拟真空间，是向任何人开放的世界。因为互动的必然需求，时间对任何一个参与者都是相同的，世界地图中只有空间的封闭，而难以阻止时间的共享。固然游戏体验的叙事环节，必然会通过演出、影像等手段延展一些相关的时间段落，但大多数由玩家本人参与的时间必然与现实趋同。这使得玩家的拟真体验在时间维度上趋于传统，而能够模拟出符合人类广义时空维度认知的事物，也是开放世界游戏能够给予玩家拟真性质的“探索”体验的感知前提。

其次，欲望和身体的分离和身体性的后退，指向“人性”的后退与“神性”的萌芽。在现实世界的生活中，人类有关欲望的运作往往只能通过身体运作来呈现，身体行为在生活有不可或缺的价值。但在电子游戏开放世界中，身体性与欲望被分割开来了。玩家的行为依然是由人类的欲望所驱使的，游戏呈现的主题也依然是欲望的运作，但是这一主题却不再一定需要身体运作。在目前的技术水平下，似乎任何电子游戏还是需要玩家控制身体进行操作，但是在可见未来的赛博“义体”的作用下，人类不通过身体，而是完全通过意识操纵机械进行游戏控制将成为可能。在科幻电影中人类已经模拟过这两种截然不同的状况:《黑客帝国》中人类要进入“矩阵”程序，只需要在后脑插入接口即可，之后一切操作完全由意识完成，身体机能处于休眠状态；而在《头号玩家》中，人类则需要佩戴眼镜、体感装备进入“绿洲”游戏并进行身体的运作，玩家身体的运作被直观反映在游戏之中。后者提出的方向，也在2020年一款足以革新玩家体验的VR游戏《半衰期：Alyx》中体现，被称为下一个世代的先声。玩家的行为可能不再是“身体行为”，而是模拟身体性的数码符号运作。这种运作意味着“开放”不仅仅是随心所欲，更能够达到曾经“人力所不及”的超越性，从而让开放世界提供给玩家现实生活中没有的体验。当然，可以确定的是，赛博后人类在意识数码化、身体机能机械化的情况下，身体性本身的存在意义必然会有所下降。实际上，赛博后人类意味着人类的生命意识和欲望也会被编码进入可控状态，此时被质问的将不再仅仅是身体性的缺失，还有自由意志和生命意志的后退，而这也指向了必然会产生的，开放世界最终无法达到“彻底自由”的本质藩篱。

其三，当“观看”被扩展为交互性，观众和创作者之间的差异就被打破。因为这个谁都能涉足的开放世界，不可能作为一个静态的作品被观看，而是动态的、共生的个体与参与者共同的生成和发展。这是技术发展所带来的全新体验，也将巴特文本的“可写性”、德勒兹的“生成性”等概念化为现实。电子游戏解决了交互的共时性、同场域，以及信息传达和反馈的准确性问题，把“观看”行为转化为了“生成”，电子游戏的剧场性不再是潜藏在静态之中的思维形式上的动态，而就是在动态生成进程中的动态——开放世界游戏因此指向了一种在统一时间维度内，仿身体性的欲望运作与多用户（人类、程序、赛博，以及后人类）共同参与的生成状态，这种多元的“生态”性，是超越单纯的二元交互性的，也为开发开放世界提出了更为彻底的难题：拟真不再是一个主体与客体的问题，而成为了一个多形态、多角度、多连结的共存性生态环境的构建。电子游戏对世界的模仿和拟真已经超出“相似”的维度，更指向运转逻辑和生态系统的本质。

我们可以发现，“开放世界”在因为技术成为一种可能的同时，也成为了理想化、“创世”式地构建一个“完美新世界”的无底洞，承载了理论家的高期待和大众玩家对于“拟真”“自由”和“创造”

的所有狂想。因此，对于本世代几乎所有重要的游戏作品都是“开放世界”游戏的这一论断，建立在游戏分类本身是一门不需要存在的伪科学的基础上。无数玩家争论“开放世界”的定义，几乎将所有游戏都纳入到了“开放世界”的范畴，因为人类对“开放”和“自由”的具体定义就是模糊的。这种对具体组成结构框架的多元化争论，本身正体现了某种“开放性”。与其说这是在以游戏为客体进行研究，不如说是反映出了玩家希望在游戏世界里扮演怎样的角色，因为不同的角色设定决定了他们对“开放世界”的不同诉求，我们也许很难知道“开放世界”的最终定义该如何限定，但我们至少可以敏锐地把握哪些元素在玩家看来给予了他们“开放世界”的体验，也能够明白为何会存在很多在玩家看来“缺失明显”的开放世界——其实，这就足够是一种定义了。

什么是开放世界？取决于你想扮演的究竟是谁

相较于现实主义艺术，幻想类文学艺术具备独特的“原创世界性”，增加了读者、观众、玩家超越现实世界逻辑、对全新的世界观进行“认知”的重要环节。这一叙事逻辑在电子游戏中得到完整体现：玩家扮演的角色一无所有，一无所知地被凭空“抛入”到虚构世界之中。玩家的游戏体验，实际就是一个将自我内世界逐渐扩展为外世界，让自我的内时间逐渐适应外时间的过程。这一过程与梦境、潜意识相似。在梦中，我们凭空被抛入到一个梦境世界之中，这个梦境世界是现实世界的一种“非真实情形”，是有自我运转逻辑、由我们个体的潜意识搭建的可能世界。当我们进入梦境时，对这个由我们脑海中潜意识生成的世界一无所知，我们的行动出自本能，出自内心的内时间和外时间同步，以及内世界和外世界合一的意向性。依照这个逻辑，那么作为存在个体的我们每一个人，出生即进入了现实世界这一可能世界中，我们生活、经历事件的过程，同样也是对这个全新世界的“认知”过程。

因此，同样是内时间和外时间、内世界与外世界的意向性融合，任何一个可能的世界对作为认知主体的我们来说，本质都是相同的。因此，我们可以说，玩家是什么样的人，就决定了玩家需要什么样的开放世界。而也正是因为玩家的选择，构建了如今较为主流的两种开放世界类型——游客型玩家热爱的“旅游模拟器”类型，和“创世”型玩家所热爱的“强创造性”类型。

对“开放世界”最初的定义，即玩家在游戏地图里可以“自由探索”，与“箱庭”式游戏相区分，之后也出现了“涌现式叙事”与“线性叙事”之间的分野。传统电子游戏无论是否具备完善的叙事或者情节，都遵循传统的线性关卡流程：玩家在一个阶段内的活动范围被限制在一个有明确面积大小的空间，被称为“箱庭”，玩家只有在这个箱庭里解决了游戏关卡提出的问题，或者触发了关卡要求的情节，才能够被游戏带到下个关卡，进入新的箱庭进行下一个部分的挑战。线性叙事和箱庭式游戏设计颇具经典戏剧和文学的“章节性”，即将情节与发生场景进行高度绑定，玩家严格遵循设计者安排好的路线进行游戏——毫无疑问，必然有具备自主性的玩家对此提出异议。如果设计师已经创造了很多值得游玩的电子世界场景，为何玩家一定要按照既定的情节和关卡顺序来感受呢？在电子游戏发展的古早时期，设计者往往采取“已经通过的关卡可以开放选关”这一方式来解决玩家的自主需求，但这种被赋予的“自由”相比于开放世界显然是不足够的。因此，玩家可以自由活动，可以任意到达游戏世界的任何一处地域而不受到游戏设计师的限制，只需要付出与现实生活中相同时间的设计，就成为“开放世界”的首要特征。

这种对广袤的游戏世界进行“自由探索”的诉求，促使了“旅游模拟器”类开放世界游戏的发展，开发商育碧著名的《刺客信条》系列即是这一诉求的重要代表。将游客型玩家作为“旅行者”看待，意味着有两种需求被育碧发扬光大：

一、游戏世界的风景和名胜古迹的可旅游性。《刺客信条》最受玩家喜爱的，是在对特定历史时期风土人情的绝妙还原之下几乎可以取代亲身旅游体验的开放世界建构。从复原建筑的巴黎圣母院再到文艺复兴的威尼斯，从托勒密时期的古埃及到整个伯罗奔尼撒半岛的古希腊，开放世界设计实现了“足不出户可环游世界”，育碧也不失时机地开发了去掉战斗和剧情的纯粹“旅游模式”，这一模式已经进入了欧美部分国家的小学历史教育课堂，成为一种赛博世代独特的沉浸式历史教学方法。

二、可探索区域的“广大”。育碧游戏开放地图面积之大，若以玩家操控的游戏角色的步伐来衡量可谓超越想象。《刺客信条：起源》中等比例缩放的托勒密时代古埃及地图大约有80平方公里，玩家骑马从一头走到另一头需要30分钟，而这在《刺客信条》中只是平常。《刺客信条：奥德赛》中的古希腊世界地图有130平方公里，新作《刺客信条：英灵殿》中的英格兰和挪威地图累计也有140平方公里，而系列历史上面积最大的《刺客信条：黑旗》中的加勒比海地区地图更有235平方公里之广。技术的发展和游戏主机的技能提升促使厂商能够创造面积超大的游戏世界供玩家自由探索，这不仅在过去的电子游戏中是不可想象的，对大多数玩家来说，也是日常生活、普通旅游都不可能拥有的体验——通过电子角色无限的体力，马、汽车、船只等载具，游客型玩家可以尽情满足自己对旅行探索的渴望。

然而，“自由探索”却带来了游戏进行线性叙事的困境：玩家一旦不再按照设计师安排的路线前进，就无法保证线性剧情的体验，如果玩家提前来到剧情尚未开始的地区，就会造成事件的因果关系链条被打破，起承转合复杂、具备独立节奏的游戏情节与节奏缓慢游离的世界探索过程之间存在无法调和的矛盾。一般情况下，开放世界游戏采取这三种方式来缓解这一痼疾：

一、将主线情节与游戏探索历程基本分离，让玩家自行产生割裂的体验，主动选择合适自己的玩法。这种方法某种意义上是一种“精神胜利”，并没有解决体验割裂的问题，类似《巫师3：狂猎》中“沉迷昆特牌无心救女”、《最终幻想15》中“王子沉迷钓鱼无心复国”的问题甚至已经登堂入室，被一定程度合理化，成为构建开放世界游戏舆论生态的过程中不可避免的“梗”。

二、将线性情节模式转换为符合开放世界的“涌现式叙事”，即在保留主要情节框架的情况下，尽量减少与具体场景对应的固定细节，而特意在玩家探索世界的行为过程中安排更多在“涌现”出来的情节，从而达到与线性叙事类似的效果。这一方法意味着对游戏情节经典的“主线”和“支线”区分的高度重视，意味着对“支线剧情”的极大丰富和碎片化叙事的极致扩展。《荒野大镖客：救赎2》中无数的“随机事件”填充了玩家作为一个西部牛仔的每一寸生活细节，为最终的主线剧情叙事提供了充足的铺垫和情感动力；被人诟病为“公式化开放世界”、缺乏精心打磨的“涌现式叙事”的《刺客信条》系列也在新作《英灵殿》中尝试了数百个分散在地图上的“神秘事件”来组建碎片化的叙事生态;《赛博朋克2077》则是结合CRPG(Computer Role-Playing Games)多选择、多结果的核心精神，将多线分支交互式叙事与“涌现式”叙事相结合，以对情节、人物精心的多元化复调式塑造做到对现实世界的动态拟真。甚至于，因为一般地图只有一条线性通道，并不能像大多数开放世界游戏那样进行多路线“荒原探索”的“魂”系列游戏，游戏地图上会“涌现”出各类遗迹、尸体、文字，其中潜藏大量暗线叙事内容，通过这些令人思维发散、印象深刻的“尸体叙事”，从而被一些玩家认为具备开放世界探索性的基本特征。

作为目前最为主流的开放世界剧情游戏的解法,“涌现式叙事”需要极其高超的叙事手段技巧，很多力有不逮的团队其实是表现拙劣的。而更关键的问题在于，要想让开放世界达到对现实彻底的动态拟真，完美应对玩家每一种独特的交互和选择，需要超越常规，天文数字般的人力、物力投入——《荒野大镖客：救赎2》开发成本已经达到5亿美元，累计开发时间长达8年。实际上，如果沿着这条“拟真”的“涌现式”道路继续开发更加完善的开放世界，8年、5亿美元甚至只是一个起点。这也促使广大游戏厂商和创作者开始重新审视开放世界开发“堆料”和“劳动密集”的灰暗未来——在技术没有爆炸式革新的情况下，在已经有《荒野大镖客：救赎2》《赛博朋克2077》这样“堆料”先例的压力下，单纯依靠“量”的积累想达到整个开放世界生态的“质变”是一种“不可承受之重”。

因此，游戏开发者们想到了第三种解法，基于玩家的另一种需求和特性：玩家不再作为“游客”，不再是观众、体验者、故事的被讲述者，而是世界的主宰，是可以改变一切的“创世神”——这意味着游戏并不需要故事情节，玩家也并非扮演一个在开放世界里生活的角色：玩家作为“创世神灵”，如何对这开放世界进行独特的互动、探索和改变，就是唯一需要关心的事情。而这正是之前提到的“创世”型玩家，他们同时也热爱“沙盒”游戏，风靡全球的像素风游戏《我的世界》（Minecraft）就同《塞尔达传说：旷野之息》的粉丝颇有重合度。在这一类“强创造”游戏中，玩家被赋予了唯一可以与这个开放世界深入互动的权力，不再有相关的剧情情节、主线任务来引导玩家如何进行游戏。

在《塞尔达传说：旷野之息》中，玩家扮演的是一个早已经成为虚无代号的角色“林克”，他从百年的沉睡中醒来，与玩家一样对整个海拉尔大陆一无所知，也对自己的人生目标与意义一无所知。玩家操纵着林克开始对整个地图漫无目的地探索，逐渐接触这个游戏以水、木、火、电四大元素为基础运转的深层次世界逻辑：玩家采集食物并烹饪养活自己，意识到在冰雪天如果不穿厚衣服自己会冻死，发现了火的重要性甚至放火烧山，制造冰块铺设道路改变地形地貌，手持铁质武器在雷雨天被闪电劈中，几百个藏着宝藏的神庙谜题等待玩家解开……游戏中对天气、地形地貌、生物和聚落的刻画极为细致，没有叙事的压力，没有时间的限制，也没有具体的任务和目的，玩家在纯粹自由的探索中发现这个世界所能感知到的任何事物都是可以互动的。纯粹的"好奇心"和"好玩"的驱动力促使玩家一个个区域地进行探索和游历，玩家是整个开放世界里唯一不死的神灵，唯一可以真切给这个世界带来改变的存在，哪怕时常在空无一人的荒野感到孤独，但这种专属于创世神灵的孤独感，恰好就是游戏想要赋予玩家的独特哲思（这一体验在2019年小岛秀夫制作的《死亡搁浅》中被发扬光大）。

在没有情节的外表之下，《旷野之息》最终甚至又提供了一种独特的"涌现式叙事"：玩家在探索世界的过程中碎片式的寻回自己丢失各处的记忆。当玩家和角色终于想起来自己的目标是要打败地图中央的魔王，拯救整座大陆的时候，最终的胜利也就意味着游戏的结束。每个进入游戏的林克的结局都是打败魔王，但在打败魔王通关之前数百小时的经历都是完全自由交予玩家来书写的，何时结束对世界的探索而去打败敌人也完全由主体自行决定。（参考本书第24篇《超文本叙事："第九艺术"正主导我们的时代吗？》）

“后劲不足”的开放世界游戏的未来在哪里？

《塞尔达传说：旷野之息》之所以被誉为本世代最伟大的游戏杰作，并不是因为在游戏开发技术上有多么革命性的改变，它所提供的四大元素交互逻辑和神庙迷题也并非独一无二、无可超越，而且采取的3D卡通画风与当前开放世界的“拟真”动机几乎是背道而驰的。《旷野之息》受到玩家和业界巅峰级别赞誉的原因，在于提供了一种全新的“创造”式开放世界体验，这令沉迷在收集元素、旅游体验、超大地图和复杂“涌现式多选择叙事”的玩家和游戏开发者们眼前一亮：大道至简，大巧不工。《旷野之息》似乎以纯粹的“好玩”来重新诠释了一贯以“拟真”为目的的开放世界游戏，从而促使我们重新回归到电子游戏初创的“游戏”本质，而非将开放世界的构建作为赛博世代对超文本可能世界进行“拟真”挑战的主流观点。

然而，这种“革新”看似为业界提供了全新的开放世界设计思路，实际上却也是一种偏离主流的“剑走偏锋”。《塞尔达传说：旷野之息》发行两年来，游戏业界似乎并没有出现之前预期的学习、模仿狂潮，被普遍认为模仿了《旷野之息》的作品，只有国产手游《原神》和育碧开发的《渡神纪：芬尼克斯崛起》，二者都被认为是中型、甚至是小品级制作的游戏。也就是说，《旷野之息》

提出的开放世界创造式解法，并没有改变当前国际大型一线开放世界游戏的设计思路。原因可能有二：其一，角色扮演至今依然是最为主流的游戏类型，也最符合大众玩家的需求，大规模地去除游戏情节和叙事的《旷野之息》路线很难成为当前主流游戏的开发模式。相比于因为叙事的不完善而放弃叙事，玩家更希望看到的是更加高超、更加复杂、更加丰富的涌现式叙事。因此在对剧情有如此强大的商业诉求之下，以探索和互动作为主要甚至唯一玩法的设计思路，就只有任天堂具有这样的玩家基础和勇气。

其二，《旷野之息》虽然是如假包换的“开放世界”，但游戏设计师为了让玩家保持充足的探索欲与好奇心，在游戏路线设计上依然还是经典的箱庭式关卡思路。不论是从游戏最初五个小时初始台地精妙的新手引导，还是以马厩为节点所进行的“将区域划分为无数箱庭”的设计，都体现了任天堂多年来独特而深厚的游戏玩法设计积累。这种潜藏在字里行间，只有亲自上手才能够体验完全的精妙设计，绝非一句“自由探索”就可以概括——这是其他游戏厂商无法企及的创意和技术积累，也意味着《旷野之息》对于开放世界的设计同样要付出与构建“涌现式叙事”相同甚至有过之而无不及的精力。那么对于游戏开发者来说，《旷野之息》更像一个无法被复制的“天才之作”，并不能成为广泛被借鉴的普遍思路。

尽管如此，为何《旷野之息》给业界带来了如此之大的震动？是因为玩家和业界都已经意识到，在第八世代风靡一时的开放世界游戏，已经进入了“后劲不足”的死胡同。本世代虽然开放世界游戏众多，但有“游戏奥斯卡”之称的TGA给予年度最佳游戏奖项的，除了《旷野之息》只有《巫师3：狂猎》这一部。大多数开放世界游戏，尤其以育碧出品的游戏为代表，时常被推上“粗制滥造”的风口浪尖：超大而没有设计、甚至是由电脑AI随机生成、毫无乐趣的地图，只是为了让玩家把地图走完的枯燥的收集元素，毫无灵魂的支线剧情和被探索行为冲淡到无味的主线剧情，以及玩家如果要体验游戏的所有内容，“checklist”（清单）般消除问号标识、如同打卡上班的疲惫感，对“真实”的极致模拟所损害掉的趣味性和可玩性，这些问题都伴随着天文数字般的成本与开发时间，成为开发商难以逃脱的噩梦和无底洞。

诚然，怀抱实用主义的厂商用“神秘事件”“取消问号标识改为光点”“增加战斗趣味性”（《刺客信条：英灵殿》）等方式做出过局部的修补和改革，但这也无法改变玩家和厂商对于“开放世界”灰暗未来的预设。玩家已经体验了很多厂商付出了技术和成本极限、呕心沥血而成的开放世界作品，可他们依然不会满意，因为玩家对自由、探索、拟真和互动的要求，对“创世”、改造世界的渴望，对完全模拟现实世界的动态生态环境，创造理想国般的超文本开放世界的期待，都是无法被立刻满足的。从根本上说，这和人类的欲望一样，是无限的，而人类渴求的“自由”这一范畴本身，根本无法给出无限的应对。

在模仿电影的影视化路线和超文本式的开放世界路线都面临后劲不足、VR技术还不能彻底解决成本和移动方式这两个根本问题的情况下，我们似乎看不到即将到来的第九世代的电子游戏，能给我们创造一种什么样的新颖未来。游戏创作者和开发商已经来到了无法承载这种创世神灵重担的十字路口，他们不仅要创造全新的、动态的、活灵活现的开放世界，还要满足每一位玩家在这个世界里成为神灵的诉求，这对任何一个创作者来说，也许都太过沉重。当代文学理论赋予了作者创世神地位的同时，其实也宣告了他们必然死亡的命运。

曾经我们认为无所不能的赛博世代，也将遇到人类所无法摆脱的终极问题：我们渴望如创世神般无所不能，而我们却终究无法做到——开放世界游戏一定会继续被制作，一定会越发进步，一定会越发贴近现实，一定能够创造更多人满意的理想国和虚拟世界，但我们看不到，也可能永远达不到那个救赎的终点。这也许，就是以开放世界游戏为隐喻的，哪怕是赛博世代的人类也终究会复读的创世神学。

《极乐迪斯科》：CRPG的文艺复兴，后冷战时代的百年孤独

刊发于2020年3月25日

2019年12月的TGA（The Game Awards，世界游戏奖）颁奖典礼上，一个来自爱沙尼亚的小制作团队ZA / UM异军突起，以他们的处女作《极乐迪斯科》（Disco Elysium）摘下最佳角色扮演游戏、最佳独立游戏、最佳叙事和最佳新晋独立游戏开发商四项大奖。这部独立作品没有任何资本与大游戏公司的协助推广，于2019年10月16日在网络平台Steam直营发售，单单凭借质量取得玩家钟爱并摘下如此殿堂级奖项，游戏业界“英雄不问出处”的特色尽展无疑。而如今《极乐迪斯科》受到的评价，已不仅是获得几座“游戏奥斯卡”的普通佳作级别，它很快被誉为“CRPG”类别游戏在当代的“文艺复兴”之作，“20年以来（继《异域镇魂曲》之后）最伟大的游戏”等历史性赞誉。这部文本量达到100万之巨

的游戏界“世界名著”，也将在数月后推出中文版本。

并不是所有的游戏界杰作都能得到如《极乐迪斯科》般的高度反响，实际上这正是因为《极乐迪斯科》是当代电子游戏界，哪怕是以“第九艺术”为目标的独立游戏创作界的异类。来自前苏联加盟共和国爱沙尼亚，现在主要在伦敦活动的ZA / UM既是一个“新晋独立游戏开发商”，同时也是一个有十五年历史的“激浪派”艺术运动团体，在主脑Robert Kurvitz带领下出过三张摇滚专辑，开发过几款桌面游戏，出版过一本长篇小说，而开发时间长达五年多的《极乐迪斯科》其实也只是团队借助电子游戏介质所进行的一次“日常”艺术尝试。因此其卓尔不群之处在于，《极乐迪斯科》并非如其他电子游戏般在游玩和商业的基础上实践并发展21世纪多媒体交互艺术，而是运用已经较为成熟的新媒介技术作为形式，创作最传统、最古典主义范畴上的文学，来弥补Robert Kurvitz等人当初发表长篇小说受众不广的遗憾。所以在《极乐迪斯科》面前，一切曾被称为“电子互动小说”的游戏界杰作都只能是“小说式游戏”，在大批玩家和游戏业界认为《极乐迪斯科》技术过时、仅仅依靠文本写作的争议下，我们不能以过往对电子游戏的眼光来看待这一“旷世奇书”。

但是，我们又不能忽视《极乐迪斯科》的确是一部杰出的“游戏”。它完全架构在具有数十年历史的“龙与地下城”（DND）桌面游戏体系之下，也无法剥离制作组ZA / UM对CRPG类型游戏机制的革命性颠覆。这部作品为何被激动的CRPG玩家推为21世纪CRPG文艺复兴的代表？是因为《极乐迪斯科》不仅再现了电子游戏这一艺术形式脱胎自文学的历程，也再现了CRPG是桌面角色扮演游戏（TRPG）的纯粹“电子化”这一本质特征：当电脑屏幕上出现两个六面骰，以点数决定你扮演的人物命运时，那个曾经只用纸板和言语就让玩家陷入奇幻世界的美好过去就已再度归来。

CRPG的“文艺复兴”：桌游机制革命下的人类思维模拟

因各种原因直接接触电子游戏而错失了“龙与地下城”为代表的桌游时代的中国玩家对CRPG的概念往往较为陌生，“线下跑团”至今仍是独特的小众爱好。CRPG带着“电脑角色扮演游戏”这样一个包罗万象的名字，实际上仅仅是角色扮演游戏中独特的一种——桌面角色扮演游戏的电子游戏形式。这也不能怪罪当初命名的人，因为在那个电子游戏刚刚产生的时代，只有这一种“角色扮演游戏”：玩家围坐在“龙与地下城”厚厚的规则书前，记录下自己扮演人物的性格与各项数值，然后在GM（管理员，Game

Master）的指引下，通过桌上的地图、人偶与骰子进行以对话为形式的战斗游戏（说到这里，还是经历过《大富翁》狂欢的国内青年人应该深有感触）。而随着电子技术的进步，动作性、实时性和仿真性的各类角色扮演游戏逐渐取代CRPG成为主流：相比于直观的刺激和动作性，桌游机制在电子游戏中成为基础而不是玩法，甚至在线下桌游界也退居二线似乎是不可取代的趋势，尽管CRPG依然有一群无论国界的坚定玩家群体。

《极乐迪斯科》的主创Robert Kurvitz也是其中的一员。在爱沙尼亚经历了苏联解体、社会动荡的少年时期，和玩伴们宅在屋中玩“龙与地下城”几乎是唯一消磨时光的办法。他始终沉迷于创造不同的桌游机制，也终于在《极乐迪斯科》里开创了独属于他们的CRPG机制性革命：玩家不仅能够在21世纪的电脑屏幕前体验原汁原味却同样刺激的桌游数值争夺快感，同时还将这一机制与“角色扮演”的行为和人类思维的构成实现了拟真同步——注意，这是一款没有“战斗”机制的RPG，而数值、机制和游戏性的存在都来自玩家自己的思想冲突、与游戏世界的感官交互以及与游戏世界里各类人物（NPC）的对话交流。玩家要面对的敌人不是可视的“反派”，而是这个世界的运转逻辑和自己本身。

这并不意味着我们要面对往常印象里厚厚的要读一下午的“桌游规则书”，如Robert Kurvitz所说，《极乐迪斯科》的游戏机制“可在一张餐巾上写出来”。玩家开局要把自己的技能点数放在分为智慧、心理、体质和感知能力4大类24小类的技能体系之下，这24个技能不再是传统意义上与战斗机制有关的“攻击力”“防御力”“魔法力”，而是如“博学”“反应速度”“同理心”“说服力”“忍耐”这些思想和心理维度的范畴，而游戏就在以这24个技能为基础的数据判定机制上进行。玩家扮演一个要破案的侦探，要在与NPC对话和交互的过程中考验自己的技能属性才能得到相应的信息推进游戏。游戏的进程既是侦探探案获取线索的进程，也是你不断强化自我，提升自我思想维度的过程。玩家会发现，当自己的相关技能提升时，你面对的NPC的对话都会改变：不仅是获取有用信息的难度降低，而是根本上对话内容的改变与升级。游戏没有战斗模式，但每一场对话都是思想维度上的斗争。

以游戏开场第一段对话为例，玩家必须拥有良好的“同理心”和“修辞口才”能力，才能提高自己投骰子过关（专业术语称为“检定”）的概率，得以在失忆状态下迅速从房间隔壁的女角色口中得知自己的现状与任务。而如果技能不足导致检定失败，玩家将不得不说出一些性骚扰性质的话语导致女角色气愤离去，获取不到相应的信息。而检定失败的概念意味着，并不是玩家想选这些性骚扰性质的话语，而是因为玩家本身的思维技能不足，在角色头脑中认为这些话语是正确的才会说出。与此同时在玩家选择对话的过程中，这些技能还会以大脑中的“小人”的形式与你自己对话，给你提供行动建议（当然，根据技能强度，建议有好有坏）。比如你的“同理心”“逻辑”等技能“小人”，他们是否能跳出来取决于你的能力。如果你的逻辑过强而同理心太差，你只能得到过度理性的建议，从而有可能导致对话失败；同理心过强而逻辑太差亦然。如果二者都比较强，“小人”则会同时跳出来给你相反的建议争吵起来。像这样“精神分裂”式的技能建议场面在游戏中比比皆是，玩家的对话甚至有1／3是与自己技能的“脑中对话”，一丝不苟地还原人类行为处事的基本模式。

那么如何对玩家的技能进行提升呢？不仅有传统意义上人物通过检定成功、获取有用信息从而获得技能点数的机制，《极乐迪斯科》还开创了独特的模拟人类思维方式的“思维内阁”机制。玩家在与各类NPC对话的过程中根据各种条件从对方那里获得了一种意识形态，然后需要专门花时间对这种意识形态进行思考和“内化”，在这个“内化”过程中还会有一些技能因为玩家正在“思考”而暂时改变。在一段时间的思考内化之后，这种意识形态被玩家完全理解成为玩家自己“思维内阁”中的一员，由此玩家的相关技能被彻底改变，也相应改变了角色的思想和外部评判这一角色的态度。

在游戏中，玩家寻找工会主席的路途被一名工会打手拦住，起初玩家无法通过这位打手，也无法和他进行正常交流，因为他是一名自说自话的法西斯种族主义者。此时玩家必须用几乎十来分钟的时间耐心听完他所有的种族主义言论，获取意识形态“种族优越理论”。得到这个理论后，玩家需要用几个小时进行“内化”思考，直至完全掌握。此时，完全理解“种族优越理论”的玩家可以再次来到这位打手面前，或是进行理论批判让对方心服口服而让路，或者进行附和甚至发表新颖的见解让打手引你为同伴而让路，无论何种选择都可以推进剧情。然而无论使用何种方式，你都将“种族优越理论”放进了你的“思维内阁”，你与其他NPC对话时就会产生各类法西斯和种族主义言论选项，而如果这样的话说得多了，各自具备不同意识形态的NPC也会对你产生不一样的态度。像这样的“意识形态”游戏中有53个之多，一个角色最多可以内化12种——一个思想无限可能的人物就在玩家手中诞生。

《极乐迪斯科》表面上以看似过时古老的投骰子判定这一经典桌游机制在“文艺复兴”CRPG，同时却利用电子游戏世界超越传统桌游的“开放世界”与“无限交互对象”的优势，实现了崭新的对人类思维模式、对话交流模式和行为方式的有效模拟，用简单的桌游数值机制实现了自洽的对复杂人类思想运动进行演算的独特拟真体系，真正创造了一个实现个体与他者实时互动、同生共存的有机体可能世界。这种通过机制创新而不是通过技术进行拟真的游戏体系，与同年TGA“年度最佳游戏”《只狼》的死亡拟真体系堪称双壁：在《只狼》中，游戏通过剧情安排游戏主角受到“不死诅咒”，从而在正常时间流逝的前提下解决了玩家不断“死亡”并“复活”的本体论可能性，并且通过持续不断的“死亡”与“复活”给玩家造成了强大的心理压迫感应，大大推进了玩家对游戏剧情中角色对“死亡”概念的共情和理解——这些以游戏机制达到拟真的天才式思路每年都是少见的。

“电子小说”与后社会主义的百年孤独

尽管拥有极为拟真和可玩性的桌游机制，《极乐迪斯科》受到制作组非专业的技术能力限制，在很多当今玩家认为理所应当的方面捉襟见肘：在玩家早已习惯在《刺客信条：起源》中仅仅通过眼睛就感受到古埃及亚历山大城的辉煌壮丽的时代，《极乐迪斯科》以版画和当代油画作为主导美学的2.5D画面显然不能第一时间吸引玩家眼球，一些堪称神来之笔的经典剧情场面（如男主角与前妻的三次对话，男主角梦中的迪斯科城市幻象，剧情结局中达到神学范畴的超自然存在）等都是“尽力”了，但实在无法不令人想象如果以当代最为尖端的3A大作画面呈现，将会是多么震撼的奇景。

但这一切缺憾在主创们达到极致的文本写作中得到弥补。为什么称其为真正意义上的“电子小说”呢？因为当玩家进入一个场景时，除了可捡取的道具之外，还可发现很多标记着圆点的可交互对象。玩家用鼠标点击圆点时，一行文本描写突然出现在画面中。我该如何表达，当我来到一片2D油画风格的海水前，点击海水上的圆点，出现一行“海风吹拂着你的脸颊，你竖起衣领略微感到寒冷”的文字时那一刻的心理震动？这种震动并不一定是因为每一行文字都写得动人心魄（实际上的确大多数如此），而是已经进入游戏思维的玩家，突然与文学的文本抽象思维再度对撞的超新星爆炸般的冲击。当你走在破败的雷瓦肖城街道，一个个点开圆点阅读描写城市风貌的文字的时候，复古的上个时代的油画视觉与文本营造的想象视觉在重复与差异中融合蜕变。这一刻，那些被称作“互动小说”的电子游戏就显得只是影像的单维度模仿，而《极乐迪斯科》创造了双重维度的，罗兰·巴特所谓的“文字影像”。

尽管没有战斗，但你在游戏中依然时刻要面对死亡和困境。你有可能因为体力技能的缺憾，在一些与场景交互的时候失去生命值而死去；你也有可能因为对话的失败、意外的变故导致精神奔溃，从而放弃查案离开城市导致游戏结束。但无论是何种“死亡”方式，游戏都不会像传统意义上直接重新开始，你会看到报道你死亡或者放弃的报纸，在死亡前再度与你内心中的思维“小人”对话。除此之外，技能检定的失败是不会造成游戏结束的，而只是让角色进入到另一种剧情的走向与可能，有时甚至柳暗花明，检定失败后采取的弥补方法还好于直接检定成功——游戏机制彻底还原了当代小说的创作心理，即创作者亲手完成人物的性格成长，然后任由创造出来的性格让角色自行决定行为和应对，迎来哪怕原作者都不一定想得到的独特剧情。（托尔斯泰：“我开始写时没准备让安娜·卡列尼娜自杀。”）玩家在《极乐迪斯科》里可以真切地认识到，自己分配技能点的操作决定了角色的性格构成，亲手将角色送上了必然的命运道路——这种强悍的代入感甚至可以让玩家觉得，除了角色死亡必须重来之外，一切因为检定失败造成的读档重来都是对这本伟大小说本质上的挑衅，对自己亲手创作的人物深层次上的背叛。

而说到小说，其实又不得不说《极乐迪斯科》具备当代小说的一大并不光彩的特色：主线剧情并不突出。作为一个侦探故事，最终的案件走向只是堪堪及格，如果真的对探案过程期待过高，最后也许会有种被欺骗之感。不剧透地说，主创犯下了推理小说尤其不应该出现的，在凶手出场方面上的错误。但这种失望更多是白璧微瑕，因为甚至可以下定论说《极乐迪斯科》只能打70分的主线剧情仅仅占据整个文本世界的三分之一甚至更少。当我们的主角哈利·杜布瓦以宿醉醒来，完全失忆的状态开始游戏时，法国作家帕特里克·莫迪亚诺《暗店街》的灵魂就逐渐在游戏进程中生根。

角色开始借助一座本身就陷入回忆和遗忘的陌生的破败城市，寻找根本不存在的自己的痕迹，追寻自己的记忆。你可以非常主动：但却难以掩盖和接受那悲剧性的过往对自己的诅咒；你也可以随遇而安甚至逃避过去，直到令人心碎的过去宿命般地将你攫取。一如《暗店街》的主角意识到自己的失忆更可能是一种主动的遗忘，隐喻20世纪下半叶全法国对四年德占时期的“集体性遗忘”,《极乐迪斯科》里的主角最终将面对一个他并不愿意接受的过去和自己，而他必须在存在主义式的拷问中做出选择。

男主角哈利·杜布瓦警官曾经对自己的过去充满幻想，因为他发现自己钟爱迪斯科音乐，一直想着要在大庭广众面前演唱卡拉OK —— 在这片“极乐世界”，咖啡店、迪斯科舞厅和旅馆合三为一的建筑是这片破败港口的娱乐中心，也是留给这个世界最后的欢娱记忆。这座城市在五十年前曾经是共产主义世界革命的中心，而公社体系却在外部镇压中被摧毁殆尽，沦为无人管理的三不管地带。主角在这里探寻自我记忆的唯一结果，就是看到这座城市的失败记忆，看到这座城市曾经的辉煌和彻底的万劫不复。

这是一块贫穷、落后与复杂的“后社会主义”“后冷战”的绝望城市地带，缺乏管理和规划的结果导致的是思想的肆无忌惮。你在街头与工会法西斯种族主义的打手唇枪舌剑，接着就在海上游艇里与资本家派来的优雅女谈判代表大谈商品经济；你看着小贩卖着标记“人道主义救援”的救济粮与他谈起自由主义和道德伦理，又在“公社成员墙”后与隐居的社会主义苦修者在颓然与坚定的复杂情绪中相遇；你走进无人问津的教堂废墟，意识到被战争破坏的不仅是共产主义，还是所有有关善良和美的女神崇拜；你不得不面对你组织罢工的工会主席，看出他的两面三刀却又猜测他似乎真有信仰；你为你的移民搭档辩护，与其实也贫穷可怜的种族主义分子对骂到精神崩溃；你也最终登上一个苍白的小岛，在超自然和神性的抚摸下忘却尘世的一切苦痛。我们可以尽情批评作为一部侦探小说，《极乐迪斯科》在推理设置上的不专业，但最后玩家也会和主角做出一样的选择：因为相比于你在雷瓦肖城所遇到的、所讨论的、所思考的一切，凶手和那个已经死去的受害者或许没有那么重要。

最终我们不得不感叹，这群来自爱沙尼亚的“前苏联左派艺术家”，深深体验到后社会主义的苍凉和冷战苦痛的人们，是如何将彻底的反思性和令人敬佩的包容开放用艺术的形式结合在一起的，是如何将后马克思主义不灭的理想与彻骨沉痛的现实主义结合在一起的，就像他们是如何将文学与游戏这两种截然不同的艺术形式融合的那样：《极乐迪斯科》不是一本厚厚的纸质小说，它拥有建立在CRPG机制体系下革命性的“性格游戏”体验；但它同样也并非纯粹的“第九艺术”，因为电子媒介技术和赛博幻想并不存在其中。它的文本成就不仅被视觉和感知上的美学创造所诠释，也同样自成一派创造了现代性的影像谜团，就像德里达[1]所谓的“马克思的幽灵”：一种反思批判与怀念追忆的融合情绪如幽灵般徘徊在主创们心中，也在游戏的每一处飘荡呼唤。

它是一群艺术家以电子游戏为载体创作的最好的“后冷战”文学，它是我们这个时代的，一切在过去、现在甚至未来体验过，或者即将体验社会主义体制的人们的《百年孤独》——《极乐迪斯科》的伟大，正在于它无论是思想上、形式上还是游戏性上根深蒂固的“古典”，而这种古典在这个时代唯一存在的形式却是新锐的先锋艺术。随着我们的时代继续向前奔流走向不可预知的可怖，它的先锋与疏离正逐渐远离我们身处的世界，一如马克思主义虽然从未远去，但它在某些时空里存在的形式却永远只能是鬼魂幽灵。

1 雅克·德里达（Jacques Derrida，1930－2004），法国哲学家，西方解构主义的代表人物。

P社游戏的历史模拟与操演：计算机能否演绎“历史的逻辑”？

刊发于2020年7月15日

来自瑞典的游戏公司Paradox（以下简称“P社”）几乎是一个非常小众，但却在当今亚文化时代蔚然成风的电子游戏门类——历史模拟类游戏的代名词。P社出品的五个游戏系列《十字军之王》（模拟公元769—1337年中世纪时期）、《欧陆风云》（模拟公元1444—1821年的文艺复兴时期）、《维多利亚》（模拟公元1836—1936年的第二次工业革命和帝国主义时期）、《钢铁雄心》（模拟公元1936—1945年第二次世界大战），以及模拟未来宇宙星际航海时代的《群星》——被国内玩家亲切地合称为“P社五萌”。P社游戏之所以小众，在于其虽然描绘的都是重要的历史时期，但玩家无论扮演中世纪的贵族家主、一国之君还是宇宙联合国的总决策者，P社都没有提供给玩家直观的历史场景或者恢弘的战争场面，而仅仅是一幅可涂色的世界地图和繁琐复杂、宛若办公工程软件的交互界面。如果是从未接触过P社游戏的观众，光看屏幕都很难意识到这是一款“游戏”，也很难理解死忠玩家的废寝忘食——毕竟，P社游戏初看是没有“游戏性”的，它的运行过程基本可以概括为：在一幅世界地图上办公。一切历史的波澜壮阔都只是地图的颜色变化和界面上的文字描述，玩家就在屏幕前依靠脑补来谱写自己的“独家历史”。

并非所有电子游戏玩家都是历史爱好者，同样，并非所有历史类电子游戏玩家都热爱P社游戏。热爱历史人物、事件和文化遗产的玩家，可以选择《刺客信条》系列；热爱战争和决策的玩家，可以选择《全面战争》系列、《骑马与砍杀》等作品；就算想要扮演一国之主，对历史的演变进程感兴趣，也有著名的架空历史游戏《文明》系列可供选择——“游戏性”似乎被降到最低，大多数乐趣都要依靠玩家脑补的P社游戏，实在是与“平易近人”无缘。哪怕P社游戏和其相关的“谜因”已经成为当代亚文化圈的常客，大多数人也仅仅是通过视频播主来了解，而不会亲自打开复杂的游戏界面。

P社游戏的“小众”，本质在于其潜藏的制作和游玩动机，是试图用计算机来操演人类历史演进发展的基本机制和根本逻辑。所有的游戏机制都从这一核心动机出发，因此在历史类游戏的商业逻辑里最为重要的对历史面貌的“形式表达”，在P社游戏中却是次要的——如果说在游戏里创造出荒诞的架空历史场面，是大多数历史类游戏玩家的重要快感来源，那么P社考虑的，则是看似荒诞的结果在历史的逻辑里是否真的可能发生？而如果与游戏设定的历史机制相违背，也就是所谓的“不真实”，那么无论其给玩家带来多少快感，都并非P社游戏的追求。

人类历史演进的根本动力和逻辑是什么？计算机如何可以模拟和操演历史的逻辑？利用电子游戏来解决这些问题，似乎是异想天开。这是可能完成的任务吗？或者说，这是电子游戏可以承担的任务吗？但无论如何，从2000年第一款游戏《欧陆风云》发售开始，P社和其死忠玩家们已经在这条寻找和演绎历史逻辑的道路上走过了二十年的时光，也因此，P社游戏在当代亚文化圈的火爆，伴随着P社游戏产生的“精神罗马人”“大明天下无敌”“入关学”等网络谜因，正是对国内青年一代历史观念的绝佳研究范本。

脱离英雄史观，从事件驱动到历史唯物主义

在P社游戏出现之前，不论业界还是玩家对历史模拟游戏的理解往往并非基于历史记载，更多的还是叙事作品所驱动的英雄史

观——最出名的莫过于日本游戏公司光荣经典的《三国志》系列。在《三国志》系列里，人才是最重要的资源，玩家所获取的武将文臣的数值能力，将决定谁最终能够统一天下。哪怕是历史上的无名小卒，如果能够招徕曹操、诸葛亮等优秀的人才为之效力，那么统一全国就绝非难事。在英雄史观的驱动之下，不同的玩家想法各异，玩法多元，这就造成了只有游戏开局时的局势与历史真实大致相似，游戏进程必然很快地与史实分离，进入架空历史的场景。但这对于很多玩家的游戏体验打击是明显的：比如玩家从十八路诸侯讨伐董卓开局，那些历史上很快灭亡的势力却因为随机的可能性而发展壮大（但比如当时实力较弱的刘备势力经常会被直接灭亡），接下来的官渡之战、赤壁之战、天下三分、北伐中原等场景几乎都不可能被游戏模拟出来，那么玩家游玩三国游戏的乐趣又在哪里？

所以，游戏设定不同的剧本开始时间，供玩家直接从感兴趣的事件开始成为了历史模拟游戏的主要机制之一，但这是治标不治本的方式：游戏只能模拟一次"事件"，而缺乏模拟一个具有延续性的时间段落的能力，缺乏对玩家架空历史的"校正能力"。由此，"事件驱动"机制开始出现，也就是说，在游戏的固定时间点设定发生真实的历史事件，无论玩家当时的游戏局面如何，都强行将局势拉回到历史真实。实践证明，这一对历史真实亦步亦趋的机制不仅很难达到预想的校正效果，还进一步摧毁了玩家的游戏体验——毕竟，谁都很难接受自己辛辛苦苦创造的局势被“事件”扭转，好不容易消灭的对手因为“事件”而死灰复燃。

P社游戏从一开始就致力于消灭英雄史观和解决“事件驱动”机制的实践难题。与传统的历史模拟游戏不同，P社游戏里“历史人物”的重要性被削减到最低。在《十字军之王》中，玩家扮演的是一个“家族”而非单个人物，作为家族族长，你随时有可能因为寿命有限而死去，但只要你安排好继承人问题，游戏就可以一直进行下去。因此，尽管游戏中的人物也有自己的能力与数值，但这些数值对游戏进程的影响仅仅是微观的，并不能改变历史大势：大将关羽带领几百人击破不知名武将率领的几千人的场景是不可能实现的。玩家可以在游戏中遇见历史上的伟大人物，但这些人物也只能在活着的时候发挥一定能力。可操作人物不断因为寿命有限而死亡的机制，确保了玩家将注意力转到经济、地理和宗教等因素上去。《十字军之王》之外，P社游戏更是取消了角色扮演机制，玩家不再扮演一个人物，而是扮演一种形而上的虚拟“国家意志”，真实的历史人物只以文字和数据形式出现，只是为了让玩家感受到熟悉而存在，能力虽有区别但影响有限。一个经典的案例是，P社游戏中但凡出现起义军或叛军，其领袖都会按照数字命名为“Leader One”“Leader Two”“Leader Three”（被玩家戏称为

"林登万将军""林登图""李德胜")——也就是说，在P社游戏的机制里，不存在"英雄"，单个个体的能力和性格，甚至玩家本人的决策操作，都不能完全决定历史的走向。

既然抹去了英雄史观和具体历史人物的影响，P社对"事件驱动"的理解就更趋于核心，也就是说，遵照了历史唯物主义的经典判断：历史事件的发生宏观上是必然的，但微观上则是偶然的。当玩家所创造的历史局势合适，或者相关的历史节点到来的时候，"事件"必然发生，但发生的只是"事件"本身——《维多利亚》中，当玩家不可避免地加入了"协约国"或者"同盟国"阵营，战争一触即发的时候，"萨拉热窝事件"必然发生，但这一事件仅仅是名字叫做"萨拉热窝事件"而已，它可能发生在任何一个国家，被暗杀的可以是任何一位国家领袖，唯一确定的是事件所带来的影响：协约国与同盟国宣战。在P社这一历史唯物主义的"事件驱动"机制下，产生了很多一眼看去荒诞不经的历史事件，形成了大量"梗图"在网络上传播(比如日本共产党执政并宣布加入抗日民族统一战线)，但这些看似荒诞的历史事件的发生缘由和所造成的影响却又是符合游戏设定的历史机制的。"事件驱动"机制在《钢铁雄心》中发展为各个国家的"意识形态决议机制"，为各国都设定了三套事件驱动逻辑供玩家选择，以此来解释各国究竟在二战中加入的是同盟国、轴心国还是共产主义阵营。只要玩家完成游戏所设定的“事件决议”要求，就能够“有逻辑”地架空历史，在满足玩家独特喜好的同时，也不失历史模拟游戏的真实感。

P社最受历史爱好者玩家好评的《维多利亚》系列几乎是一部以电子游戏为载体的工业革命模拟器和帝国主义理论教材。《维多利亚》的核心机制是“POP”（Population，人口），每一个国家地区都有不同的“POP”，即不同的人口群体，以种族、信仰和阶级等条件来区分，并被设定有不同的需求和政治观点。玩家进行任何决策都会取悦于一部分“POP”，同样被另一部分“POP”所反对和唾弃，正是“POP”对玩家决策的反应决定了游戏的进程。在游戏过程中，玩家很少特意关注国家的军事力量和将领士兵，而是要将大量的精力投入到国内的工业生产、不同“POP”人群的安置、国际贸易的路线和殖民地经济的管理上，玩家得以体验到第二次工业革命时期各个帝国主义国家各具特色但却又殊途同归的发展路径。在《维多利亚》这一“POP”机制的推动下，玩家不得不按照历史唯物主义的逻辑去进行游戏，必须走工业生产和国际贸易的道路来壮大国家，军事力量和历史人物的作用被降到最低，这几乎从根本上杜绝了玩家“架空历史”的可能性：玩家如果选择历史上无所作为的偏远国家，在游戏里大概率也只能无所事事“看海”一百年；而到游戏的末期，无论玩家如何精妙地操作，做出多么平衡的外交决策，席卷全世界的帝国主义战争几乎都不可避免。P社在《维多利亚》的制作中投入了难以想象的精力和严谨，对世界各国当时的经济、地理、宗教和意识形态进行了大规模的分析、数值模拟和录入，并以“POP”机制和独特的“事件驱动”为辅助，最终确保了玩家在游戏进程中得到近乎沉浸的真实历史体验，也使得这款游戏成为了历史唯物主义和帝国主义理论在游戏界的绝佳注脚。

“历史逻辑”的演绎谜题：如何解释中国？

尽管P社在“英雄史观 — 事件驱动 — 历史唯物主义”的历史逻辑操演上投入了大量心血和精力，但面对浩瀚复杂的人类历史，P社的游戏机制还是会出现很多疏漏，从而造成了经典的网络谜因“P社魔幻历史学”。比如在《钢铁雄心》中，玩家竟然可以按部就班，富有逻辑地将德国皇帝威廉二世迎回柏林，开“历史倒车”让德意志帝国在二战时期复辟。相较于真实历史现状，《钢铁雄心》中的德皇复辟“事件决议”过程其实是严谨的，逻辑上也是成立的，仅仅是减轻了其中每个环节的难度，这成为P社模拟历史逻辑时难以绕开的问题：可能实现并不代表必然实现，完美模拟历史演进的逻辑，同样需要解释人类心理、意识形态和精神的作用，还需要更加精确细致的数据支撑。在《钢铁雄心》之后，P社试图制作描绘美苏冷战的游戏《东方VS西方》，但最终游戏流产未能上市。也许P社正是在制作过程中意识到了在《维多利亚》里能够完美模拟历史演进的“POP”机制，在解释和演绎更加复杂、纠缠着更多个人和意识形态因素的冷战时期的困难程度。

对于中国玩家来说，P社的历史模拟工作还遭遇了一个非常现实的问题，那就是无法完美地在游戏中模拟中国。作为一家来自瑞典的游戏公司，P社在四款有真实历史背景的游戏中很不容易地去除了欧洲中心视角，将中国放在与欧美国家平等的位置进行描绘，但这一值得赞扬的举措反而造成了游戏机制上难以解决的谜题：按照P社坚持的人口至上、经济和贸易至上的历史逻辑，具有庞大人口储备和资源的中国非常容易在玩家的操作下无视历史时空而成为世界的霸主力量，这与真实历史进程相悖。

在《十字军之王》中，P社鉴于西欧中世纪封建制度与当时唐宋时期的大一统中国迥然不同的历史现实，做出了不引入中国势力的决定。在游戏中，中国以“西域都护府”的形式出现在地图的末端，玩家操作的势力可以与之进行外交交流，与中国皇帝搞好关系，并且可以向中国“借兵”——而这一机制的结果就是来自中国的士兵宛若“天兵天将”，“机械降神”般进入到游戏进程中，对整个游戏的势力平衡造成了极大的冲击，制造了不少中国影响中亚局势甚至西欧局势的“魔幻”场景。

在《欧陆风云》中，明帝国的人口和资源相较于游戏开局的西欧诸国实在是太过强大（而这实际上也的确是遵循史实），操作明帝国的玩家也必然与历史上的皇帝不同，选择发展科技和资本主义萌芽，因此极其容易造成明帝国迅速统一世界的局面——这就是经典的P社网络谜因“我大明天下无敌”的来源。因此，P社引入了两个杜撰的游戏机制来限制明帝国：一、“天命”系统。玩家如果选择操作明帝国，则必须关注“天命”，即控制人口对中国皇帝和儒家文化的认同度。一旦明帝国开始大规模扩张，就会接触到非儒家文化圈的人口，一旦玩家将这些人口纳入到明帝国统治之下，就会出现“天命”数值下跌的现象，而“天命”数值如果下降到一定程度，国内就会无视当时玩家操作的经济状况而爆发大规模的叛乱。二、“士绅优待”系统。P社为中国设置了明帝国独有的“士绅阶层”，这一阶层会在数值上直接影响游戏中国家的决策难度和行政效率，以“文人官僚主义”来解释玩家在操作明帝国时遭遇到决策无法正确得到响应的情形。

在《维多利亚》中同样面对清帝国在数值上过分强大的问题，P社也给出了两个独特的、但难以摆脱西欧中心主义和东方主义的游戏机制：一、“文明开化”机制。游戏开局时大部分西欧国家都是“已开化”的，可直接进行发展科技和工业、开展国际贸易和殖民的决策，而包括清帝国在内的一部分国家则是“不开化”的，在军事能力上与西欧国家有代际上的差距，也不能进行有关科技和工业上的决策，必须先行采取各种耗时良久的措施，提高人口的识字率进行“开化”；二、将清帝国的人口刻意按照地域划分为不同的“POP”，在机制上削弱中国人口的民族认同（如果说满族和汉族的“POP”区分具有一定历史依据，那么“北方汉族”“中原汉族”“南方汉族”的区分就比较荒谬了），这使得清帝国哪怕能够“开化”，也会很容易陷入长久不断的内战之中，从而不可能得到较快的发展。

然而，《欧陆风云》和《维多利亚》中这些针对中国的弱化机制造成了广泛的争议，争议不仅仅来源于这些机制潜意识背后的西欧中心主义和歧视倾向，更在于类似“天命”“士绅优待”和地域“POP”区分这些机制，都是从观念角度出发的，在游戏中是先验存在的，并非有现实历史逻辑的支撑——这实在是与P社游戏一贯的现实历史逻辑相悖。玩家在游戏进程中遇到中国时体验到的“魔幻”和“强行调和”的感受，与平时严谨的现实沉浸感相比非常割裂。因此，在描绘二战的《钢铁雄心》中，对于中国的弱化机制都被去除了，可这再一次导致了“魔幻历史”的发生：《钢铁雄心》里的中华民国政权拥有远超于历史真实状况的军事动员和国家组织能力，配合以庞大的人口基数，导致游戏完全无法模拟十四年反法西斯战争的艰苦卓绝，玩家在游戏中实现“抗日神剧”实在是轻而易举。

也就是说，无论是否对中国进行专属的机制削弱，P社都无法将中国的真实历史发展进程在游戏原有的历史逻辑机制中进行完美的模拟。根本上，P社作为一家游戏公司，能够很好地在特定历史时期和特定地理环境下，利用计算机模拟已存在的历史机制理论，而如果想要进一步寄希望于计算机模拟第三世界国家的历史，或者创造新的历史发展可能性，则必然遭遇结构主义和科学主义的本质问题——单一结构面对世界多元的失语和无解，也暴露出了计算机时代对于历史唯物主义可能的机械化和庸俗化倾向。

“反人类”的《群星》与亚文化范畴里的“开眼看世界”

在众多P社游戏相关的“网络谜因”中，“P社玩家都该枪毙”是一个经久不衰的梗。究其原因，玩家在P社游戏中扮演“国家意志”的角色，时常与个体价值和人性产生根本的立场冲突——玩家为了获取游戏的胜利，为了操作势力的发展壮大，抹去少数人的利益仅仅是删除一些数据的日常而已。玩家在面对一些关乎人道主义和人性本质的选择时，往往为了游戏中的国家利益而选择

“反人类”的行为。《维多利亚》中，深知帝国主义发展对于平民阶层影响的玩家，深知并深受“996”其害的玩家，依然会为了获取资源和财富毫不犹豫地为大资本家“POP”减税，近乎无限制地盘剥无产阶级“POP”;《钢铁雄心》中，P社制作人员更是充满恶意地将“托洛茨基回国”事件安排为玩家拒绝进行“大清洗”的大概率结果，从而暗中逼迫玩家扮演斯大林执行惨无人道的反人类罪行——这些设定都被P社以“模拟历史真实逻辑”为名合理化，更陷入了一种历史决定论：一切发生过的事件都是合理的。

P社近年来最为成功的作品《群星》，将题材放到了千年之后的星际航行时代。抛却了历史真实的束缚，P社将《维多利亚》中的“POP”机制和近乎机械化的庸俗唯物主义应用在科幻小说性质下的未来时期。这一尝试在游戏机制上是成功的，游戏具备较强的可玩性和对星际宇宙范围下极强的未来历史模拟代入感。游戏中对于“星际殖民”进行了历史合理化，因此尽管设计了大量与人类历史发展进程迥异的外星文明（甚至包括使用“灵能”的精神主导的魔法性质文明），但是归根结底还是将宇宙的发展历史，概括为文明之间军事能力和经济实力的比拼。在《群星》中，对发展程度低于自己的外星文明进行殖民、屠杀甚至“圈养”都是可能的，同时如果玩家扮演人类和地球文明也不会有任何有优待，一旦落败同样会遭此命运。相比于《维多利亚》中细致到个位数的

“POP”划分，《群星》动辄以亿万人口为单位的机制更是进一步让个体价值在游戏中处于尴尬地位：玩家可以轻易在游戏中毁灭一颗星球造成亿万伤亡，但这在游戏的整体进程中却又的确并不重要——科幻宇宙题材必然具备的对空间、数量、范畴的“崇高”想象，令P社冷冰冰的历史逻辑更加体现出了不近人情的残酷一面。

P社游戏曾经只是一小部分历史爱好者的禁脔，因其困难的上手程度、对历史文化知识储备的高要求和语言的障碍，其死忠玩家群体普遍对西方历史、文化和意识形态具备深入的了解。实际上，P社游戏近年来在亚文化圈的“出圈”和爆红，在世界范围内来看是颇为罕见的。在国外很少有如此数量、如此集中的P社玩家群体，而中国历史爱好者的数量，以及历史爱好者与电子游戏玩家之间的重合程度，也是独步世界的。这就造成了国内独有的亚文化现象，即P社相关的历史“网络谜因”在大众文化中的曝光率极为突出。其中一个独特的例子就是“精神罗马人”——对于无论是历史时间、地理位置、文化传统还是法理法统上都距离中国甚远的“罗马传承”问题，中国历史爱好者对此的关注程度之高是不寻常的。固然，这的确体现出中国作为一个延续至今的大一统文明对于历史上的其他大一统文明精神上的亲近感，但P社游戏从中做出的历史普及和传播贡献也不可小视：在《欧陆风云》中操作拜占庭帝国击退奥斯曼帝国入侵，避免东罗马帝国在1453年灭亡，始终是P社玩家的经典挑战之一。

一个可以从P社游戏的传播现象中管窥的可能：第三世界国家不仅在接受来自西方的“东方凝视”，也同样在始终坚定不移地凝视西方。第三世界国家对“西方”的了解程度和“开眼看世界”的力度从潜意识里是非常强烈的，所谓的“闭耳塞听”“居大自傲”并不占据主流。热衷和熟悉P社游戏的玩家某种意义上是对西方的历史、政治和意识形态现状具有充分了解的群体，对他们来说，“开眼看世界”几乎是一种自觉。对于第三世界国家民族主义甚至沙文主义的兴起，是开眼看世界之后的必然，而绝非闭关封闭的结果。并且，开眼看世界的主体也逐渐从器物、制度和当代文化的观察，转向历史和意识形态性质的反思，也许，一个更为宏大的主体将书写新的历史叙事。因此，我们对P社所代表的这种用计算机模拟历史逻辑的尝试报以更高的要求和期待。如果终极的形式、构型和概念真的存在，那么等到了技术进步的《群星》时代，人类一代代为之奋斗探索的终极真理已经出现在眼前，人类螺旋式的上升和前进终究有了来自远方的晨曦晖光的时候，我们必须有新的历史逻辑：这和星际探索一样，不应该有任何的止步——历史永远不可能终结。

拒绝阐释的任天堂神话：游戏研究要解释“好玩”吗？

刊发于2020年8月14日

1889年（明治二十二年），山内房治郎为自己设计制作的花札纸牌，创立了任天堂骨牌公司——50年后，这家全日本最成功的纸牌制造公司转向玩具设计制造产业，并最终转型为全球最为成功的电子游戏厂商，其开发的《超级马力欧》《塞尔达传说》《宝可梦》等系列不仅征服了从日本到北美的全世界玩家，更是塑造了一代人印象里“电子游戏”的面貌。2020年疫情期间，《集合啦！动物森友会》在中文网络上火爆出圈，以Switch主机为核心的当代任天堂游戏生态在被称为“主机荒漠”的国内得到一定程度的普及，Switch主机和任天堂的游戏终于重返当代大陆流行文化视野。至此，任天堂的商业全球征服已算基本完成。

任天堂的商业成功无需赘述，美国作家戴维·谢弗的《游戏结束：任天堂全球征服史》于去年翻译为中文，围绕着对于《俄罗斯方块》版权纷争的精彩书写，本书向读者描绘了一幅任天堂于20世纪90年代征服北美主机游戏市场的壮阔画卷。而在本书记录的历史结束后的三十多年里，任天堂依然通过不断更新的主机和堪称伟大的作品保持其无上的统治地位。然而，基于国内电子游戏市场的历史发展原因，在“主机荒漠”的中文语境下，对任天堂游戏的记忆发掘和严肃研究是不足的。并且，任天堂游戏本身的设备独占策略和其休闲娱乐的本质，为当代游戏研究者带来了“失语”的困境：在将电子游戏看作新媒介和技术载体的21世纪，没有人知道该如何“适宜”地看待任天堂的“复古”。

如果借助经典的文学叙事研究路径来分析任天堂的作品，一种高度去文本化、缺乏叙事元素和拒绝阐释的空虚令人迷惑，而如果完全借助“游戏学研究”（Ludology）结构来进行分析，又似乎落入了行为主义和纯粹心理学研究的窠臼，沦为对人类行为反馈本能和快感追求机制的复现，仅仅满足于对“好玩”肤浅的同义阐释。面对纯粹将休闲娱乐作为唯一动机的任天堂，游戏研究存在相应的研究范式吗？或者说，游戏研究一定要把任天堂纳入范式中吗？游戏研究需要去解释“好玩”吗？

大众范畴的“主流”/游戏业界的“非主流”

自从文学叙事研究和文化研究路径成为游戏研究主流后，对任天堂出品游戏的介绍、分析和举例就不太多了。英美游戏研究领域在1980—1990年代普遍地将任天堂擢升为电子游戏的代表和大众面貌，但随着图像技术发展、3A游戏和手机端游戏的火爆，对任天堂游戏的研究已经很难新颖，任天堂游戏开始作为“上个时代”的电子游戏被看待；在中文研究场域内，作为较为小众的主机端游戏，任天堂游戏更是因为其纯粹的娱乐性和看似“低幼”的初见印象，在各类试图严肃和科学化的游戏研究尝试中缺席。

这似乎不太公平。毋庸置疑，任天堂游戏是绝对“好玩”的，其作品的好评率、动辄数千万的主机和游戏销量都让人无法忽视，数十年如一日始终坚持不变的休闲风格和对游戏性的追求，使其拥趸以近乎对待“神”的态度不懈追随，《塞尔达传说：旷野之息》《超级马力欧：奥德赛》《集合啦！动物森友会》等爆红作品也根本不缺曝光，但较为尴尬的结论是：任天堂游戏之所以在游戏研究领域、甚至游戏爱好者的讨论话题里出镜率降低，甚至一定程度上被边缘化，是因为它实在是太“游戏”了——21世纪，很少有电子游戏只满足于自己是“游戏”，能够像任天堂出品那样触及和代表着“游戏”的本质了。

这句话是夸赞吗？也许是，但另一个角度的理解是，任天堂游戏的地位就像QQ斗地主、蜘蛛纸牌和扫雷那样，作为纯粹的休闲娱乐，缺乏引导当代游戏研究和游戏爱好者持续投入的可能。任天堂的商业征服史和其现在的商业版图，本质上也的确沿着一条“面向广大非核心玩家”“在圈外大众面前代表电子游戏”“集中于休闲娱乐需求”的商业化路径前行。一方面，任天堂借助强大的IP、产品出众的游戏性和出圈的影响力，从90年代开始就几乎垄断着全世界普通民众对电子游戏的第一印象和基本面貌（当提到“电子游戏”四个字，谁不会想到“超级玛丽”和那首经典音乐呢？）。但这意味着，任天堂的“千万销量”和一些3A主流游戏的“千万销量”的受众之间是错开的，前者中存在大量对电子游戏并不精通、主观上仅将电子游戏作为最简单的休闲娱乐、将其放在和电脑自带的扫雷和斗地主同等位置上的消费者。他们购买任天堂的主机和游戏产品，满足于任天堂的游戏世界，不太会进一步了解其他平台和其他类型的电子游戏，但因为任天堂绝对能够超额满足他们对于“休闲”的需要，从而使他们成为了任天堂的长期黏性用户——割裂在于，他们的声音在大众范畴内甚至完全可以代表电子游戏，但在游戏圈内部却又是缺席而沉默的。

另一方面，任天堂的玩家圈子，因其平台独占的策略，本身就高度圈层化，存在鲜明的疆界感。实际上，无论任天堂玩家的声音多么响亮，无论媒体和大众反响多么铺天盖地，也依然存在大批不会选择购买switch主机，坚持在PC或其他平台上进行游戏的玩家，平台独占的限制将让他们始终无法亲身体验任天堂游戏。此类玩家为数众多，掌握话语权的他们不会将任天堂游戏当作电子游戏的“主流”来看待，因此，任天堂游戏动辄千万销量的巨大体量和其玩家在游戏爱好者中的微弱声势是相当不匹配的。如果不是《塞尔达传说：旷野之息》和《集合啦！动物森友会》的爆红，任天堂常年的平台独占策略是否能够继续奏效，甚至Switch主机的未来甚至都是一个未知数。因为各种原因在发售前就被认为过时、无特色、必将黯然落幕的Switch主机，在本身缺乏一定技术优势的情况下能够成为历史上最成功的主机之一，其中不可或缺的决定性因素或许在于无数玩家只是想玩到“21世纪最伟大的游戏”《塞尔达传说：旷野之息》。

按道理，我们应该回到任天堂的游戏产品本身，但除《旷野之息》外，近年来任天堂创造商业奇迹的游戏产品，大都处于一个令游戏媒体、游戏评论者和爱好者“失语”的状态。2021年2月，每年必出的“年货”《宝可梦》系列召开发布会，公布了万众期待的《宝可梦：珍珠 / 钻石》的复刻版，而其预告片暴露出来的技术能力落后和粗制滥造，就引发了一场巨大的公关风暴。历年《宝可梦》系列的销量都在1000~1500万份的高标准上，然而相较于业界其他千万级别销量的游戏，几十年如一日毫无变化可言，甚至还在不断退步的《晶灿珍珠 / 闪亮钻石》点燃了大部分玩家的愤怒情绪。从前玩家对万变不离其宗、换汤不换药，每年却依然能够赚得盆满钵满的《宝可梦》系列“骂完记得买”的玩笑，终于变成了“这次不要想骗我钱”“赚最多的钱，做最烂的游戏”的怒火。如果说《晶灿珍珠 / 闪亮钻石》主要因为产品本身的质量问题引发的玩家怒火是一个意外，毕竟任天堂最大的优势其实就是品控能力的话，当《集合啦！动物森友会》《健身环大冒险》《任天堂大乱斗》《世界游戏合集》这样的佳作斩获令人艳羡的商业成功的时候，广大游戏评论者和爱好者却依然是沉默的：

因为你很难讨论扑克牌到底为什么好玩，尽管它真的好玩。

比如，一个已形成既定研究范式的游戏评论者，该如何从选题、游戏性、画面、技术、叙事等角度来分析《集合啦！动物森友会》？因为单从游戏作品本身的角度，《集合啦！动物森友会》是一款普通的休闲游戏。它没有任何地方超越其他平台上的优秀“种田类”模拟经营类游戏，哪怕从网络游戏社交理念和与其他网络平台进行互动交互的层面，它也没有什么独特的地方。任天堂经验丰富的开发能力保证了可玩性，独占平台策略制造了天然的游戏社群生态——不在乎卖相、不在乎现今游戏厂商对于电子游戏的任何定义、也不做任何出格的尝试，任天堂在做的，是坚持不懈、心无旁骛地满足人们最为朴素、最为简单、最为初始的“休闲”需要。

可以说，没有任何其他电子游戏，能够像任天堂那样依旧坚守着“游戏”“玩具”的本体本质。但同时也可以说，时代发展至今，大多数电子游戏已经完全不在任天堂所设定的“游戏”概念框架之内了，电子游戏和“任天堂”的游戏，似乎已经是截然不同的两种存在——就像一部《侠盗猎车手5》和一副扑克牌那样，它们都是消遣和娱乐，都是“游戏”，但任何人都明白，它们是迥然相异的两种东西。

“电子游戏”范式转变中的“活化石”

必须声明，将任天堂的很多作品比作“扑克牌”，绝非对任天堂的某种矮化和鄙夷，相反可能是对其成就无法企及的高度礼赞，和对任天堂创作者开发能力的无限认可。其他游戏开发者在单个体裁之下创作作品，而任天堂则是在开发和创造体裁；当任天堂决定在其他人创造的体裁中稍微尝试一下，他们也能拿出《旷野之息》这样的旷世极品。无论是在纸牌行业，还是在玩具行业，还是现在的电子游戏行业，任天堂都属于登峰造极。我们的疑问仅在于，任天堂的成功是否还是游戏研究的内容和话题。

任天堂的作品曾经是，包括现在也依然是电子游戏在大众心目中的门面。在游戏研究在英美学界草创的1980 — 1990年代，游戏论者们借助《超级马力欧》《俄罗斯方块》等作品来向学术界和大众讲述电子游戏的人机交互特质，简单的游戏画面和反馈机制背后是人类对于计算机发展可能的无限畅想。这一时段尽管游戏研究需要依托类似心理学、行为理论、算法技术等领域的学术背景，但一定程度上是较为独立和定量性质的，集中于研究人类"游戏心理"和"游戏行为"的技术层面。但自从叙事元素的引入和图像技术的迅猛发展，导致"电子游戏"开始呈现更加现代性的综合艺术面貌，并经历了经典文学叙事学范式将游戏作为一门"新媒介艺术"进行的"文本化"改造后，这种归属于"游戏"范畴的性质似乎消失了。

伴随着这一范式转变，无论是开发者还是评论者都意识到，面对绝大多数任天堂作品，新的文学叙事范式是"失语"的，这一失语状态哪怕在角色扮演游戏《塞尔达传说》系列中都有些难以缓解。面对《超级马力欧》这样的经典横版清关游戏，面对《任天堂明星大乱斗》这样的传统格斗游戏，任天堂就是一座固守在"电子游戏"改变自身形态的范式转向风潮之前坚韧不催的堡垒。玩家们讨论的永远是如何按键搓出大招，永远是某一关卡精妙的关卡设置和心理反馈感受，是从1980年代到2021年几十年都不会改变的东西，而并非对一部叙事类艺术作品来说不可或缺的情节、人物和世界。它们之所以数十年长久不衰，是因为“横版清关”“街机格斗”并非是一部“作品”，而是一种“游戏门类”，而游戏门类可以类似围棋、纸牌那样经久不衰。任天堂所提供的，是这种游戏门类中最好玩的那个产品，是最好的玩具——就像百年前他们提供印刷和手感最好的花札骨牌那样。

归根到底，无论时代荏苒，任天堂始终还是那个最好的“玩具”厂家，它在电子游戏领域的位置，仿佛一块历经范式转变和生物大进化后留下的“活化石”。换句话说，21世纪，任天堂还在做“游戏”，而电子游戏大多数已经成为“文学”“艺术”和新媒介产品——技术发展将绝大多数游戏都改造为我们现在所认识到的“电子游戏”，而任天堂是将技术作为一种“介质”，继续精致、成熟而稳重地制作以电子媒介为载体的“玩具”。

沉迷于复杂的剧情和纷繁生动的虚拟世界，追求高度拟真的图像和感官体验，期待“第九艺术”改变未来的当代电子游戏玩家，可能很难再接受任天堂卡通渲染的萌系人物，缺乏现实和历史关怀的孱弱文本，以及本质上依然属于休闲游戏范畴和童年玩具性质的游戏理念。但是与此同时，仅仅是把电子游戏当作一种介质是电子设备的休闲和消遣的人群，他们还是会强调游戏最重要的是好玩，追随将游戏打磨得越发精致、在“工匠精神”达到无可企及的高度的任天堂。究竟哪种人群对“电子游戏”的理解更加准确呢？

固然有人会说，现在提到电子游戏不应该还是以《超级马力欧》作为代表了，我们应该提到那些更加具有时代意义的如《侠盗猎车手5》《巫师3：狂猎》《荒野大镖客2：救赎》这样的综合艺术品；但在一些人心目中，电子游戏是DOTA、自走棋、LOL、《王者荣耀》这样的“电子竞技”；而在更广阔的人群中，电子游戏是手机上的《贪吃蛇》《植物大战僵尸》，是逼着他们氪金的《摩尔庄园》《恋与制作人》《阴阳师》；可对逐渐崛起的任天堂玩家和休闲玩家来说，能够在客厅电视前玩的《健身环大冒险》《节奏光剑》和《舞力全开》，才是电子游戏对他们生活最本质的介入和影响。

“游戏”谁都在玩，但对“游戏”的定义任何人都不尽相同。主机电子游戏目前的发展方向，是创造类似电影（或者表演类艺术）的感知体验和主动交互的“沙盒式”体验，然而以任天堂游戏为代表，依然还有很多其他领域的电子游戏，永恒专注于人类千百年来始终不变的休闲、消遣和竞赛体验——可是大家都还被叫做“游戏”。这些本质上天差地别，有的连“游戏性”都不再是重点，和“休闲娱乐”距离越发遥远的千姿百态的“游戏”，无论是在产业内部、评论分类、受众群体和学术领域上却都还没有分离，可实际上早就应该如此了。这恐怕不仅仅是任天堂一家，电子竞技如此，北美长盛不衰的“车枪球”游戏如此，手机游戏如此，健身游戏、VR游戏如此，“独立游戏”也是如此。我们触摸到的，其实是当代游戏研究和游戏产业的核心问题所在。

我们将太多本质已经完全不同的存在，都囫囵放在一起将其称作“游戏”，然后各说各话，走向截然相反的讨论方向，最后沦为一团乱麻。

抛弃“好玩”：游戏研究还需要讨论任天堂吗？

我们很难对缺乏基本叙事元素、叙述功能与结构的任天堂游戏进行文学叙事范畴的研究，对任天堂游戏的哲学研究也可能缺乏相应的独特性。任天堂所创造的游戏体验本质上与体育竞技、桌面游戏甚至广义上人类的一切游戏娱乐活动类似，无论是对任天堂游戏游玩体验的本体论思考还是其生存体验都不是唯一的。而如果回到游戏论（Ludology）的领域的话，无论是立足于输入/输出二元的机械的行为主义反馈研究，对玩家心理和情绪变化进行把控和分析的心理学研究，还是纯粹服务于游戏开发的算法和技术研究，这些对任天堂游戏的相应研究范式可能如游戏本身一样，从玩法和游戏性本质上十多年来都不曾改变。

现在的游戏研究太过包罗万象，还无法将任天堂的产品排除出“电子游戏”范畴，这就导致我们反复不断地拷问是否存在一种任天堂式的游戏研究范式。但任天堂的“好玩”是不是游戏研究必然要关注的事情呢？或者说，当代的游戏研究，究竟是在研究一门新媒介艺术形式和一种新兴的文化现象，还是依然在研究“游戏”本身呢？如果是前者，那约翰·赫伊津哈（Johan Huizinga）上世纪20年代出版的《游戏的人》其实对大多数研究者来说已经没什么用了，“好玩”也根本不是重点了。当然，他们还是在前赴后继，坚持不懈地引用和阅读它。

我们都赞叹《塞尔达传说：旷野之息》看似塑造自由探索的开放世界，实际上是以马厩和神殿为节点所进行的“隐藏箱庭”设计，赞叹其点到即止、简练明确、驱动玩家主动参与却又时刻将玩家掌控其中的初始台地新手教程，赞叹其利用四种元素的组合变化给予开放世界以无限自由性的类“沙盒”游戏逻辑，会督促开发者将这些作为珍贵的开发经验加以实践。但仅限于此吗？真的所有人都满意于《旷野之息》苍白空洞无趣、缺乏文化信息积累的世界观、人物、剧情和感官体验吗？爬塔、打神庙、收集呀哈哈、各种角度各种方式虐待波克布林，真的就是人类对“好玩”的唯一解释吗？这是我对《塞尔达传说：旷野之息》在完美的光环下能提出的最大疑问，也可能是对任天堂游戏的最大疑问。

玩具很重要，但也只是玩具。

当打开那本《游戏结束：任天堂全球征服史》的时候，我们最初都想看到更多游戏开发者的创意故事，却看到了连篇累牍，幸好还算扣人心弦的商战内容。失望之余，我们也许会意识到，可能这家公司真的只有这些商业上的胜利有书写的价值呢？也许能够保证任天堂的开发者们坚守阵地、长久维持在“玩具”层次进行创作的，只是无限的商业利益和其作为一家商业公司逐利的本质。也许创造伟大的“任天堂神话”，其实也就像做一家成功的纸牌公司那样，只要占据了独占的平台再加上精致的印刷呢？作者戴维·谢弗能够在写作任天堂历史时主动抛弃游戏本身的内容，那么我们是否有一种魄力和办法来解决这种研究范式缺失：将任天堂这一“玩具”至少驱逐出叙事学游戏研究之外呢？

任天堂对于游戏研究者来说，可能是一幅尚未开垦、充满障碍的马力欧关卡地图，也有可能已经通关、清掉所有小怪、尝试过所有分支。任何人都能说出一句“任天堂就是好玩”，然而这句不言自明、无需自证的“好玩”是一座高度完整、凭空而降，拒绝任何分解和阐释的迷墙壁垒——几十年来一直根植于“好玩”，并且以低调却强制的平台独占策略构建了一个看似与世无争却无处不在，疯狂敛金征服全球的商业帝国的任天堂，宛若一个当代游戏研究必须开拓全新路径和创新范式的隐喻。我们该如何理解“好玩”？至今为止游戏研究者对于任天堂的纠结，其实就是觉得“好玩”天然应该与游戏研究有关，害怕如果我们无法真切地理解什么是“好玩”，我们就不能理解游戏本身。

其实我们应该大胆承认，“好玩”和当代的游戏研究本质上根本就没有什么关系。我们可以将“好玩”脱离出电子游戏，因为我们早已将“电子游戏”也脱离出了“游戏”的范畴，将其看作一种新技术媒介、新艺术体裁和人类互动的新形式。这呼应了我们心灵本质里对进化、对向前的渴望和对崇高的向往，也是一种对于我们都经历过的，游玩电子游戏时遭遇到外界反对和侵扰时进行自我保护和自我证明的必然意志。从这个角度来说，“好玩”意味着一种人类对自身既有反馈满足机制的复现和重复，它所带来的愉悦和快感，是人性中存在但不是100%的东西——我们称赞“好玩”，但我们不可能只沉溺于“好玩”，一旦心灵得到机会，我们不可能不继续向上。人类对于休闲和消遣的体验虽然永恒，但却不可能永远拘泥于此：这也许就是任天堂与游戏研究者复杂而尴尬的关系里，最辩证和最矛盾的部分。

如何在21世纪扮演维京海盗？当代新历史主义和“阴谋论”

刊发于2021年2月20日

《刺客信条：英灵殿》作为一款万众瞩目的3A单机大作，从2020年夏季公布预告片伊始，就陷入了一场如何看待过往历史的纠纷中。玩家在游戏中扮演一名公元873年从挪威远渡重洋侵入英伦三岛的维京海盗，而要迎战的对立阵营，恰好是英国“国父”阿尔弗雷德大帝所率领的，站在英国建国历史观上以抗击侵略、保家卫国闻名的威塞克斯王国。对于任何一个希望将自身代入到游戏情境之中，精心塑造自我在游戏里“化身”的游戏玩家而言，这个被传统历史观坐实了的“侵略者”的身份显然是令人踌躇疑惑的。比《英灵殿》早一个季度上市的《对马岛之魂》同样将游戏背景放在了历史上的一场侵略战争（1274年蒙古入侵日本），但玩家扮演的是一位抗击蒙古侵略的日本浪人，游戏取得了非凡的口碑与商业成功。那么，如何在21世纪让玩家没有心理和历史负担地扮演一名维京海盗？每一款《刺客信条》游戏开头必会出现的几行文字声明似乎是一个答案：

“本虚构作品受到历史事件和人物的启发，由不同信仰、性向和性别的成员组成的多元文化团队设计、研发与制作。”

育碧的“走钢丝”：去意识形态和“表演”操演

首先，近年来刚刚在流行文化界开始流行的维京海盗题材，一大特点即是没有文本根基，即并非有成体系、具备一定影响力的文学或者叙事艺术作品作为文本基点。整个维京海盗题材的流行更多拜网络小众文化圈的迅猛生长所赐，从小众的历史爱好者到古代冷兵器文化圈层中的武器、护甲复原爱好者，维京海盗和维京文化始终是以“形式”为基点出发而野蛮生长的。也就是说，整个维京海盗文化在当代流行文化中闪耀的起点和核心动机，仅仅是受众对于维京海盗造型、武器和其杀戮行径在视觉和直觉上感受到的“酷”“野性”和“反叛”的冲击力——一种“情动”(affection)所驱使的当代想象。这种驱动心理是非常强大的，由非理性爆发出来、令人脱口而出“酷”的情绪背后，蕴含着无限的文化消费动力。但与此同时，“情动”现象又是急需文本和历史材料所支撑的，否则我们无法解释为什么同文同根的北欧神话作为一种长期在奇幻、历史文学中扮演重要角色的文本库，却始终无法带动维京海盗文化产生一部足够丰富、历史悠久、影响深远的叙事艺术作品。在《刺客信条：英灵殿》之前，能够被提起的恐怕也只有一部电视剧《维京传奇》，可那也是2013年的新近创作了。

维京海盗文化某种意义上具备“恶之花”式的美学特征，它所拥有的强大的、富有煽动性的美学冲击力，与从意识形态上无法被忽略的负面性是共存的，它意味着美学在文本和审美范畴上根本的超越性——具体表达为非道德性。非道德性可以较为轻易地在视觉艺术、感官冲击中存活并被发扬，但又很难在需要理性思维的叙事文本中获取本体性的存在逻辑——如果不是维京海盗的时代已经过去了近一千年，任何一部描绘维京海盗文化的叙事艺术作品，在传统历史意识形态观念里，都恐怕是一部里芬斯塔尔[1]的《意志的胜利》。

育碧创作《刺客信条：英灵殿》，显然是为了满足并消费玩家“扮演维京海盗大杀四方”这种超越道德性的“情动”驱动力（他们的确获取了系列最佳的商业成功），但与此同时，他们面临着一个前所未有的难题，即如何在更加需要代入感和“扮演化身”需求

---

1 莱尼·里芬斯塔尔（Leni Riefenstahl），德国演员、导演兼电影制作人。

的单机游戏载体上，令玩家放下道德思维和意识形态批判，真正“沉浸”到一个杀人放火掠夺的角色和满目疮痍的被侵略大陆的环境之中？如前文所述，这比单纯的视觉和感官表达困难许多，也是维京海盗题材的叙事文化作品较少的根本缘由。

育碧完成的是对维京海盗历史的去意识形态化，也就是要消除或至少弱化维京海盗“侵略者”的定位。这个工作是从传统历史观念中“侵略者”一方和“被侵略者”一方的两个维度开始运转的。首先，对玩家扮演的维京人艾沃尔所在的挪威黑鸦氏族进行“和平”面貌的刻画，玩家扮演的维京海盗被单独提取出来，与传统的维京海盗概念相比迥然不同：一、黑鸦氏族在挪威是一个被侵害压迫，积蓄力量试图复仇的无害形象，玩家一开始的任务是为黑鸦氏族报二十年前的杀父灭族之仇，这段时间玩家游戏的驱动力是无可指摘的正义的；二、在挪威完成氏族的复仇后，游戏剧情给予玩家一个先验的、从天而降的凭空选择：是在挪威本地做被国王统治的不自由的臣子，还是到英格兰做不被管控的自由之民？此时，“侵略英格兰”这一行为在符号意义上被“自由”这一概念所置换了，此时的“英格兰”成为某种意义上代表自由、开拓精神的“新大陆”，“侵略英格兰”被转换为“去英格兰发展并寻找自由”；三、玩家所操作扮演的黑鸦氏族笃信在千年后的当代外交图景中才广泛存在的“和平共处”原则，玩家的日常任务并非是侵略战争和抢夺地盘，而是与英格兰大陆上的各郡当权者结盟并达成和平协议，玩家始终是以一个来到英格兰为本氏族的生存发展而奔波的和平主义者形象出现在游戏剧情之中的。

其次，游戏对对立阵营的刻画，试图以“还原历史”的方式，用潜移默化的手法削弱“被侵略者”的正义和道义性。一、游戏借主角艾沃尔之口，指出如今在英格兰建立王国的布里吞人、盎格鲁人和萨克逊人也都是几百年前入侵英伦三岛的“海盗”，而并非这片岛屿的原住民，他们和现在维京人的区别只在于“先来后到”，只是抓住了公元4世纪罗马人撤出英伦三岛的历史空隙而已。在维京人看来，这片土地是“无主”的，属于谁、由谁来居住还是要靠族群的实力说话。这就首先在概念和法理层面否认维京人的“侵略”性质，来弱化游戏对立阵营的道义性。这种颇具殖民主义性质的“诡辩”，虽然在理论建构上漏洞百出，并不成立，但至少为玩家的行动提供了一个“说得过去”的前提和借口；

二、游戏中的英格兰此时正是“七大王国”的分裂时期，作为被侵略一方的布里吞人、盎格鲁人和萨克逊人并未“统一战线”，相反互相征伐不断，甚至经常与维京人合作打击另一方，具体的角色刻画上也多有无耻、无能、道德败坏之辈。这是从具体的实践层面指出此时英格兰人并不具备充足的道义性；

三、将《刺客信条》传统的历史阴谋论“刺客组织与圣殿骑士之争”融入到剧情刻画之中，玩家扮演代表自由、叛逆的“无形者”刺客一方，而本来是抗击侵略阵营的领袖，阿尔弗雷德大帝则被刻画成代表秩序、独裁和压迫的“上古维序者教团”一方。也就是说，尽管在传统历史观念里，玩家是侵略者，阿尔弗雷德大帝一派是被侵略者，但在《刺客信条》的剧情逻辑里，正邪对立被反转，玩家代表自由、抗击专制秩序的正义一方，“侵略行为”被非常熟悉地置换为“为地区带来自由”的正义行为，玩家得以投入足够的情感和道义性。

不过，实际上从游戏情节和叙事表达来看，育碧做出的这些看似要为维京入侵“翻案”的尝试，却又是程度有限，同时又将玩家“特殊化”的，并未触及和翻转传统的历史观点和意识形态印象，而是试图引导玩家全方位地进行历史反思。首先，除了玩家扮演的艾沃尔和黑鸦氏族是唯一的、“白莲花”一般的和平主义者之外，玩家所遇到的其他维京氏族，依然还是爱好杀戮和战争的侵略者形象。其中固然有一些善于统治、追求和平的人物性格刻画，但玩家大多数时候看到的，依然是如为了不断战争获取“荣耀”而撕毁和平协定的“无骨者”伊瓦尔、猜忌冷血的哈夫丹等经典“维京海盗”形象，以及被游戏叙事基调暗中批判的如西奥武夫这种与维京人合作的“英奸”人物。游戏中也刻画了大量英格兰原住民因为侵略而失去生命、家破人亡的惨状，并未彻底地为维京入侵所造成的负面后果洗白。

其次，游戏并没有将与玩家敌对的英国“国父”阿尔弗雷德大帝，塑造成真正意义上的反派。明面上，阿尔弗雷德大帝屡战屡败但百折不挠地抗击着维京人，与玩家无私仇只有立场之分，虽然是对立阵营，但玩家对其只会产生钦佩而非厌恶之情；暗地里，玩家最终将发现阿尔弗雷德大帝作为“上古维序者教团”的领袖，其实与玩家站在同样的立场上，对教团进行了自我毁灭。剧情写作的尺度把握也很精妙，巧妙地将情节故事安排在公元873–878年，即维京人在英格兰取得统治级别的优势时期。游戏结局的878年正是阿尔弗雷德大帝兵败孤岛，苟延残喘，人生中最为落魄的一刻。游戏的潜台词非常清晰，剧情于维京人在英格兰最辉煌的时段结束，之后阿尔弗雷德大帝卷土重来，击败维京人建立现代意义上的“英国”，就是与游戏无关的另外一个故事了。玩家的历险在878年以“大团圆”的面貌结束，时间在这个节点被中断，从而无需面对在真实历史中最终被打败的尴尬。

其三，游戏在玩法设计上并未主动地让玩家真正代入到“正义”心态里，采取的更多的是一种客观而中立、引导玩家进行自我批判的态度。游戏剧情中，尽管黑鸦氏族不直接参与侵略行动，但玩家操作的角色艾沃尔为了与其他统治者结盟，亲身参与各种侵略、劫掠和杀戮是家常便饭。“劫掠修道院”是游戏非常重要的玩法，游戏体验是为了100%复原维京海盗的掠夺行径，给予玩家扮演“海盗”的沉浸式感受。在这种丰满而完整的交互扮演体验中，游戏苍白的“劫掠修道院是因为教会掌握的资源并没有为劳动人民所用，不如抢过来建设自己的根据地”的动机解释，和“只能与士兵交战，杀死平民会导致游戏结束”的惩罚机制，不仅达不到翻转维京海盗“非正义性”的目标，相反颇具有反讽和反思意味。

游戏里这种“折衷”态势，甚至“自我批判”的反讽性质的历史解读，以埃塞克斯郡的情节写作为最高代表。在这段剧情里，玩家来到埃塞克斯郡谋求结盟与和平协议，被告知必须以协助郡长和夫人离婚作为交换。因为阿尔弗雷德大帝不允许这桩政治婚姻公开破产，因此郡长和夫人另辟蹊径，想到借助玩家所扮演的“维京人”来协助，即制造一场“劫掠表演”将郡长夫人“劫走”，制造夫人被维京海盗杀死的“新闻”，来让郡长得以合法公开地离婚。

在这场“表演”情节中，玩家不得不以经典的“侵略者”形象出现，演出一场杀戮的“闹剧”，客观上犯下侵略、杀戮和掠夺的罪行，美其名曰是为了达到“和平”的目的。代表原住民撒克逊人的郡长一方，更是毫无顾忌地抛弃反侵略战线与维京人合作，为了一己私利在这场表演中任凭自己治下的人民被劫掠和杀戮——

剧情最终以郡长和夫人得其所愿，玩家也得到结盟誓约的皆大欢喜场面结束，但其背后的反讽和“自嘲”意味很难被忽略。一方面，这段剧情将维京入侵行径改写为一种族群合作的“表演”，似乎是在做一种全新角度的历史诠释。但另一方面，这种“表演”式的文本操演，却更加深了对维京入侵行为和对当时整体历史环境深切的批判和讽刺意味，玩家所扮演的维京海盗绝非是被洗白的一方，而是被纳入了更加宏观的历史反思话语之中。

我们能保证每次都不掉下来吗？新历史主义与“阴谋论”

综上所述，我们几乎可以为育碧在《英灵殿》中对历史进行解读和阐释时，所表现出来的绝妙的意识形态尺度把握而击节叫好。他们绝不负“由不同信仰、性向和性别的成员组成的多元文化”之名，展现了在坚实的历史考证基础上强大的“走钢丝”式历史阐释能力——当然，这是其作为制作全球售卖数千万份3A顶级游戏的商业大厂所不可或缺的，育碧必须找到写作历史题材时所面对的受众的最大公约数。

为了利用好明显能够被转化为丰富的商业消费价值的“情动”力量，为了显而易见的商业盈利诉求，《英灵殿》选择了“政治不正确”的维京海盗题材，并最终运用强大的文本能力基本解决了维京海盗美学的“非道德性”，使其不会影响到纯粹的美学表达和商业诉求。玩家能够一定程度上克服对于扮演“侵略者”的厌恶和不安，沉浸式地体验扮演维京海盗纯粹美学和情绪上的满足。与此同时，玩家并没有真正与维京海盗行为“共情”、迷失。游戏虽然跳出了“歌颂反侵略，批判侵略者”的传统历史叙事，但也没有滑向为侵略者洗白的殖民主义话语，而是以更高的历史视角和更加全面的思维，将批判和反思的锋芒转向整个时代与“战争”本身，是一个经典的以人本主义为途径进行“去意识形态”化的新历史主义解读范例。

1973年美国历史学家海登·怀特（Hayden White）发表《元史学：19世纪欧洲的历史想象》，对黑格尔、米什莱、兰克、托克维尔、布克哈特、马克思、尼采、克罗齐八人的历史写作进行了详尽的文本分析，借助源自列维-施特劳斯和雅各布森的隐喻、转喻、提喻和反讽四种基本语言结构，源自斯蒂芬·佩珀的“世界构想”理论中形式论、机械论、有机论和情境论的四种真实性理论，源自诺斯罗普·弗莱的小说理论中的浪漫剧、悲剧、喜剧和讽刺剧的四种情节结构原型，源自卡尔·曼海姆的意识形态理论中无政府主义、激进主义、保守主义和自由主义的四种意识形态蕴含策略，对八人的历史写作进行分类，最终提出历史学家的写作也是一种必须要对其进行形式分析的“文学写作”，他们的文本是由语言结构、真实性理论、情节结构原型和意识形态所组成的形式操演。

也就是说，新历史主义者从根本上质疑从历史记载和历史学家的著作中获取绝对历史真实的可行性，指出任何历史学家的作品和“史家”的记录都不可避免地以文学创作作为思维构型，展现的是文本写作者本人的历史观念和历史态度。新历史主义被广泛认为是20世纪下半叶后结构主义和后现代理论思潮对传统历史学研究的理论入侵，因为它从“元史学”的角度质疑了历史学以历史记载为纲的本真性，某种意义上彻底模糊了文学虚构与历史真实之间的界限。一旦任何历史学家和历史记载者的文字都只能被当作文学文本来进行读解，我们将很难通过人类目前掌握的唯一认知手段——语言来探索和确认历史的发生和所谓的“真实”，一切都被纳入了叙事和文学的混沌中。

由多元文化团队所创作的《刺客信条：英灵殿》并非主动，但却客观上呈现了一场新历史主义式的诠释实践。有关维京海盗的历史记载从根本上就是文史不分的，创作者和历史研究者都必须面对当时关于维京海盗和维京文化的记载都出自文学传奇作品（萨迦）的事实。也因此，育碧得以摆脱历史“真实”的束缚，用非常当代的视角和当代的历史态度，多元化地展现出一个超越性的维京海盗历史图景。然而我们的问题是，育碧能够成功完成“走钢丝”表演，就意味着一切当代的历史读解都不会从钢丝上摔下来吗？我们当代所面临的，难道都是如《英灵殿》这般“恰到好处”的新历史主义实践吗？

显然这个答案是否定的，这也是为何《元史学》一方面被当代文学和历史学研究高度评价，一方面却又被当作“恶之花”而不断被警醒、提防的原因。它指向一个“阴谋论”和“文学虚构”的温床，它预言并宣告了如今已经实现的“后真相时代”——而新历史主义对此的态度是暧昧的。反智主义和保守主义甚至可以找到机会与之合流，后现代主义的虚无性一旦失去了反抗的立场就将成为愚昧和保守的保护伞。我们能保证每一次对历史记忆的新历史主义改造都如《英灵殿》般优秀吗？要知道纵观《刺客信条》的过往作品，如《英灵殿》般优秀的历史解读水准也是少见的。

尽管我们不得不赞叹育碧创作团队在历代《刺客信条》中对历史建筑、历史风貌和历史事件还原和解读的水准和尝试，但是不得不承认的是，整个《刺客信条》系列的文本创作，是建立在一个颇为简单的“阴谋论”之上的，即将人类历史的进程和发展，归结于“刺客组织与圣殿骑士组织之争”和“先行者文明的复活努力”。一代代《刺客信条》在历史解读上的进步，都表现为对最初创作中二元对立的历史阴谋论的深化和落实。在对“阴谋论”不断深化、改造和丰富的过程中，“扯淡”被迫越来越严肃，被迫越来越要以历史证据说话；在对阴谋论不断的更新和发展中，创作者客观上越发贴近历史真实的发展和操演进程。一次次成功而精彩的“走钢丝”，代表着对新历史主义方法的成功实践，却也同时不断提醒着我们新历史主义必然会带来的某种“信仰危机”。

我们必须承认传统历史“真相”论的孱弱、过时，以及其作为一种文本“霸权”被击溃的必要性，但如果“阴谋论”在文本水平上达到了一定程度，就会在部分人群中成为另一种主流而权威的“历史观点”——甚至，它都不需要有如《英灵殿》这样出色的历史诠释能力，而仅仅只需要满足固定相关人群的“情动”需求，就可以成为传遍整个世界，数千万人深信不疑的“历史真相”。打开手机，“匿名者Q”的阴谋论早已突破特朗普支持者、美国保守主义者、英语的限制，成为席卷整个世界的信息洪流，塑造了数千万人对于历史和真实的理解，掌握了近乎无限的话语权力。他们相信人类已经被蜥蜴人所统治，相信现在白宫里的乔·拜登是唐纳德·特朗普做了整容手术。

类似《刺客信条：英灵殿》这样的沉浸式历史旅程所带来的符号操演预示着，历史、记忆、意识形态终究是可以被重新塑造的，这会是21世纪的我们，未来的多元文化组成的我们对历史一种全新态度的缩影。新历史主义的态度会如何影响人类未来的心理、文化和思维图景？“本虚构作品受到历史事件和人物的启发，由不同信仰、性向和性别的成员组成的多元文化团队设计、研发与制作”，这样的文字声明是一种商业范畴上的免责书，可面对汹涌而来浩浩荡荡的历史大势，真正能够承担人类对历史记忆责任的力量和判断标准又在哪里？

唯一确定的是，无论是从理论还是实践，我们手里都握着一把通往多元开放，抑或是潘多拉魔盒的钥匙。

宫崎英高“魂”系列世界中的死亡、他者与后人类预言

刊发于2021年6月2日

在3A游戏和明星制作人相继陨落的游戏业界乱世，随意追捧和视创作者为“神”的行为开始显得珍贵而罕见。玩家总是认为自己受到过很多“欺骗”，究其原因也可能是他们过分轻易地将信任和追随，交付给那些曾经做出过一两部优秀作品的人。在那些“万众期待”的作品依次翻车后的2021年谈论这些其实已经过时，只是为了引出可能是如今全世界唯一还能保持“必出精品”的节奏，始终未曾“跌下神坛”的人——From Software公司社长，《恶魔之魂》《黑暗之魂》《血源》《只狼》的主创作者：宫崎英高。

作为现今游戏业界“明星制作人”的唯一期待，很难想象如果预计2021年推出，与乔治·R·R·马丁合作的《艾尔登之环》遭遇失败，会是一幅如何的技术浪潮和商业资本吞噬独立创作者的

悲剧图景。从这个意义上来说，宫崎英高不能“跌下神坛”，已经不仅是为了自己。

值得赞叹的是，宫崎英高的持续成功同时又是一种游戏范畴下“古典主义”的成功。在好莱坞电影化、仿真沉浸化潮流侵染的商业游戏大潮下，宫崎英高的所有作品都仿佛是几十年前传统日本街机厅中《恶魔城》清版过关游戏的当代化身。一个玩家打开“魂”系列游戏，可以不用在乎剧情，不用在乎人物塑造、情感等叙事性元素，也不激动于图像外观和感官刺激，只是怀着一颗最纯粹的、最古典的“游戏精神”之心——杀光所有敌人，清除地图内的所有障碍——去进行游戏，从而获得完全“Gameplay”（游戏可玩性）层面上的快乐。

然而就在彻底将游戏快感简化或者说“纯化”为“击败敌人”的指导思想之下，宫崎英高却又能让玩家感知到无数润物细无声的，在潜移默化中深入人心，绝非刻意灌输进来的艺术性和思考内容，以至于层不出穷的“魂学研究”已蔚然成为一种网络亚文化。

要谈论“魂学”，应该从哪里说起呢？一则广为人知的段子说，《只狼》在文化输出上的最大功绩，就是教会了全世界说各种不同语言的玩家“死”字的汉字写法。宫崎英高的游戏给玩家最直观的印象，毫无疑问就是超高的操作难度和玩家不可避免的无数次死亡体验，而正是这些无可避免的死亡和“受苦”的体验，组成了宫崎英高游戏与玩家同步生成的“元叙事”效果。“玩宫崎英高的游戏，没有人能够不死。”这句话的意思同时就是，如果“不死”，就无法彻底地感知到宫崎英高的游戏所要表达的含义与魅力。在21世纪纷繁复杂的数字游戏世界里，“魂”系列仿佛意味着当代人类对稍纵即逝的确定性的一种绝望渴求。

死亡辩证法:“不死世界”中的死亡含义

电子游戏中玩家所操控的角色，或者说“化身”的失败和死亡是玩家体验中不可或缺的一部分，让玩家对此不产生超出游戏范畴之外的“元叙事”体验几乎是不可能的。最早的街机游戏里，玩家投入金钱所买来的“游戏币”就意味着玩家有“几条命”，吃下去可以加一条生命的“蘑菇”是玩家两眼放光竞相争夺的对象。在电子游戏的叙事空间里，“失败”“机会的丧失”和“死亡”之间有一道先验的天然等号，这也规定着在电子游戏世界里的“死亡”不仅不是生物学意义上的生命终结，竟也不是人类心理和认知层面上对于“意识消亡”和“肉体毁灭”意义上的死亡，而更多是一种“重新再来”的轮回意识。玩家不会对自己操作的角色“死亡”真正产生多少情感上的认知和触动，对大多数玩家来说，这不过是一次“游戏机会”的丧失，对于损失游戏进度的遗憾和烦躁，远大于真正对操作角色“死亡”的共情体验——哪怕现在图像技术优异的游戏可以把“化身”的死亡弄得血肉横飞、惨绝人寰，恐怕都很难激起玩家任何一点感性上关照到自身的情感波澜。

与此同时，对于游戏的叙事形式来说，玩家的“死亡”也只是一个“意外”，是“调剂品”而不可能是叙事的必须成分。一个完整的故事中，玩家操作的主角怎么可能中途死亡呢？中途死去的角色还怎么能够完整讲述这个故事呢？因此如果玩家操作不当导致游戏失败，角色死亡，叙事者只能将这个情况当作一种“平行世界”来处理：玩家在角色死亡后选择“读取存档”重新进行游戏，一个新的“可能世界”被塑造和打开，在这个世界里的玩家得以存活并击败了敌人，并将游戏的故事继续讲述下去。也就是说，一个玩家通关游戏的过程意味着以玩家可以避免，但的确会存在多次的“死亡”为节点，生成了数量为玩家死亡次数+1的平行“可能世界”，最终在唯一一个玩家躲开所有死亡的可能世界里体验到了完整的游戏故事，走完了英雄的冒险旅程——那些玩家角色中途死亡的世界随着“读取存档”的行为而立刻消亡，它们在故事完成的刹那，就已经失去了存在的价值。

也就是说，在这些游戏里，无论玩家角色的操作性（非剧情规定性）死亡多么逼真可见，都无法触及到玩家真实的情感体验分毫。首先，它们只是“机会的丧失”，不是玩家在日常生活中能够感知到的死亡；其次，每一次读取存档意味着发生死亡事件的平行世界的消亡，经过对平行世界的不断筛选和删除，玩家最终体验的根本上是一个没有死亡的世界。以上的讨论可能在读者看来是老生常谈甚至是废话，因为99%的电子游戏都遵循这一套“死亡”的逻辑。《仙剑奇侠传》系列每次在玩家角色死亡之后显示的“胜败乃兵家常事，请大侠重新来过”不仅是玩家记忆中的经典，更是对游戏中“死亡”事件性质的极佳概括。有趣的是，这些游戏所塑造的世界在生死观念上都是与日常生活世界相同的，恰好就是这些存在正常人类认知内的“生死”观念的游戏世界，会给予玩家最后一个“不死”的乌托邦，宛若詹姆斯·邦德在枪林弹雨中毫发无伤的同时，有“子弹数量+1”数目的平行世界同时存在。

然而有一句鲁迅的名言：从来如此，便对吗？显然宫崎英高和他的“魂”系列正作此想。第一次游玩“魂”系列游戏的玩家最大的惊异就在于，至少在游戏内部的机制里，天经地义的“存档”和“读取存档”的行为居然显得颇为多余。游戏采取实时的即时存档机制，除非是故意要把游戏玩出“邪道”的硬核玩家用强退游戏的方法进行存档，平常状况下玩家根本没有将自己的游戏体验固定在一个瞬时“存档”中的办法。操作不当导致角色死亡的玩家在死亡前的一刹那，根本来不及在还活着的电光火石间存档，也不可能不让游戏自动把你的死亡记录并覆写在存档上，只能老老实实地跟随宫崎英高的指示，延续本存档继续游戏——等一下？如果你的角色已经死亡，而且即时存档也用死亡将你的游戏体验覆盖，你应该如何继续进行游戏呢？

疑惑的玩家看着游戏画面一黑，自己所操作的角色重新在一片篝火之前站起身来——是的，在宫崎英高"魂"系列的游戏世界里，无论是中世纪、维多利亚克苏鲁还是日本战国，都有一个独特的设定：你操作的角色是"不死"的，这个世界存在一股令生物不死的力量，当你意外死去后，就会在最近的灵魂聚集的"篝火"处复生。是的，相比于传统游戏作者以"玩法"为核心来构筑剧情，宫崎英高在这里其实体现了剧情对玩法的决定性反作用——正是这个"不死人"世界的情节设定决定了玩家在"魂"系列中独特的游玩体验。这里不存在"平行世界"，死亡是情节中玩家操作的角色必然会遇到的事情，角色在每一次死亡之后的复活都是游戏故事的一部分。时间不再被扭曲为无数的选择树和平行世界，而是被拉回到一条单纯的线型结构，不断向前流逝，你的每一次死亡都活在你的记忆之中。

可以说只有在这样设定"死亡"的"魂"系列里，玩家才能够真正认知和感受到"死亡"的分量和对角色的情感意义——因为只有在这里，死亡才作为一种玩家会感知到后果的实体存在。在《恶魔之魂》和《黑暗之魂》中，玩家角色每一次的死亡都意味着消耗了“人性”，玩家的“化身”无论从外观还是精神都会逐渐“活尸化”，如果玩家不及时采取办法“救治”自己的人性，不仅会折损相应的生命数值，提高游戏的难度，甚至会在游戏剧情中走向堕落的黑暗道路（这个设定和《冰与火之歌》中不断复活，每一次复活都损失一点记忆，在永生中饱受折磨的“闪电大王”贝利·唐德利恩有一致之处）；在《只狼》中，玩家扮演的角色“狼”的复活是因为一种“龙胤之力”，玩家的死亡复活次数决定了“龙胤之力”的消耗量，“龙胤之力”的折损直接会导致游戏世界中一种名为“龙咳”的传染病加速传播，导致游戏世界中NPC的死亡和环境的恶化。

宫崎英高将电子游戏传统中对玩家来说无负担、无责任的角色“死亡后读档重来”的机制，改造成与剧情密切相关，玩家需要为之负责、从而主动减少死亡次数的具身体验，真实世界中的“死亡”所蕴含的意义借助“不死”的形式流溢到游戏世界中。实际上这正是一种“死亡”的辩证法：正是在一个会存在“永生不死”的世界里，玩家和角色才能够感知到“死亡”的重量和意义。相比于其他游戏中玩家在一个可能死亡的世界中寻求“不死”，“魂”系列的剧情主题往往是在一个“不死”的世界里寻求死亡和安息。我们走向一种有关自我存在的，主体与这个“不死”的世界之间互为意向的死亡现象学。

死亡现象学：死亡作为戴着面纱的他者

虽然正是“不死世界”的剧情设定给游戏的角色死亡机制奠定了合法性，但宫崎英高的“魂”系列的古典之处在于，一切设定皆是由“玩法”决定。看似古怪的、去除掉“存档／读档”的角色死亡机制虽然伴随着对“死亡”概念的独特表达，但从创意生发的角度来看，其实只是经典街机游戏币机制的复活，无非是街机玩家死掉之后从上一个存盘点用自己花钱买来的命重新开始的当代演绎。一如任何一个21世纪的“魂”系列游戏玩家都能从游戏体验的一开始就感知到一种80年代老清关游戏才有的“被抛入”感：简单粗暴。游戏直接开始，你不知道自己是谁，不知道这是哪里，也不知道要干什么，唯一能做的，就是前进，杀死所有挡路的敌人，然后在一次次的死亡和复活体验里，清干净这张从陌生到熟悉的地图。

如海德格尔所说，“魂”系列的玩家可谓是真真切切被“抛入”到大地之中。没有任何文字和剧情的提示，玩家连自己是谁都不知道，整个游戏的体验便是一次玩家操控的“主体”与整个游戏世界交互和认知的现象学历程。没有小地图，需要靠脚来丈量和测算每一寸土地；世界对你充满着不知道何来的敌意，挡在路前的都是你的敌人；你不知道你要做什么，好不容易遇见“防火女”“灰心哥”，他们都满口“谜语”，仿佛你就是他们要找的天降大任之人，语焉不详地给你派出任务，至于你为什么要接受，只能在三百六十五里路上慢慢回味。最终，你似乎明白了你作为“不死人”“灰烬”或者“余灰”的使命，你要用给不死者带来死亡的方式来换取世界的重生，但这条道路上你是永远孤独的，你甚至都遇不到多少你可以称作“他者”的对象。胡塞尔认为，主体认识“他者”是感知到了他者与主体的某种相似性，一种从思维到身体，再从身体到思维的相似性结构，但这种“相似性”在“魂”系列的世界里几乎是可遇而不可求的。玩家的“化身”在这即将熄灭的灰烬世界里能遇到的往往只是无法交流只能杀戮的敌人，只能在玄妙的驱动力下默默向前，成为唯一试图走向死亡的人。

于是，玩家的“魂”系列体验，竟与法国哲学家伊曼努尔·列维纳斯的“他者”理论相类似：玩家所能遇见的唯一确定性的他者，是带着“面纱”的死亡。在无数的不确定和迷惑之中，玩家唯一确定的事情，就是自己的死亡必然伴随着在篝火之前的复活，而这种死亡是清晰可触的，是可以表现在自己的化身从“俊男靓女”变为干枯活尸的，是可以表现在无数次被敌人杀死倒下的痛苦中的，是可以表现在弥漫在空气中，无法前进、无法摆脱生死轮回的绝望中的。死亡戴着残忍的面纱成为了玩家唯一能够触摸到的对象和他者，在自身不断的死亡和复活中，玩家与“死亡”建立了独特的心理联系，逐渐开始可以与“死亡”共存。死亡不再是一个需要被避免的事件，而成为一种时刻发生并且绵延不断的状态，也开始幻化为一种能够被称作为对象的实体。在“魂”系列的世界里，一切文本、故事和建筑的废墟都带着一层不真实的滤镜，一切情感都伴随着灭亡和销损的危机，唯独死亡以他者的身份成为玩家确认自己存在的证据，成为主体能够在这个世界里生存，能够与这个世界进行认知交互的凭据。玩家和他者产生关联，玩家带来死亡，玩家就是死亡，玩家要用死亡拯救这个世界，玩家旅途的终点是结束自己不断的复活，世界的重生就意味着自我永恒的安息——在永恒的死亡中找到主体存在和与这个世界得以互相认知的可能，也就如列维纳斯所说，我们借助他者建立了与世界的关系，并在与他者共一的永恒状态中确认自身。

于是，“魂”系列的死亡现象学意味着游戏是以一个与现实体验相反的主体间性角度，来刻画玩家作为主体与世界的意向关系。在现实生活和其他游戏中，我们在一系列先验施加在我们身上的确定性之中规定了与外部世界的联系，我们以短暂的“存在”作为我们不坚实的确定性，以“向死而生”的、随时都会化为一摊露水的身体感知来确认世界的存在性，以短暂的存在来肯定自身。而在“魂”系列游戏中，玩家操作的主体被凭空抛入，唯一的确定性是“不死”，同样也就是“死亡”。它以死亡来确认自身的存在，也以将不应该活着的“薪王”们杀死作为与世界交流并且改变世界的方式，从而反向地以自身“死亡”的确证作为现象学可能的根本依据——正因为玩家角色的不断死亡，才保证了世界的存在，才给予玩家角色在世界中存在的合法性。开修改器、没有经历过死亡的玩家，将一开始就站在游戏和世界的边缘与终点，也就无法理解自我存在于这个世界之中的确证性。这也就解释了“魂”系列游戏难度设置的必要，因为只有玩家不断的、不可避免的、无法通过操作规避的不断死亡，才能够使他们寻求到主体生存在这个世界中必须有所作为的动力，包括最后延续还是熄灭世界大火的选择权利。

死亡的后人类性：歌颂死亡，也“超越”死亡

“你是谁？”有趣的是，在这场现象学历险之中，玩家和整个世界都在不断忽略这个哲学史上至关重要的经典命题。一般情况

下，玩家会说自己就是游戏中的那个“化身”，这个“化身”在游戏世界的故事中扮演了重要的角色。然而，这个问题在另一位“明星制作人”横尾太郎的游戏作品中就很有疑问。他的代表作《尼尔：机械纪元》有5个结局，玩家必须至少将游戏进行三个周目，才能够完全窥见剧情的全貌，“多周目才能看到全结局”已经成为他昭彰鲜明的个人风格。此时问题在于，玩家操作的“化身”一直在变化，那么在一个线性的个体心理时间范畴内，玩家究竟是谁？此时，本身作为沉浸式、具身化媒介代表的电子游戏突然回退到纯粹的文学文本层面，玩家再次成为应该全知全能的上帝，因为只有上帝才能够横跨各个角色的视角，从而拼凑起这样一个一周目无法完全了解的故事。

相比于至少在严格地进行呼应对照，用多人物视角讲述一个尽管复杂但还是具备确定性的完整故事的横尾太郎，“魂”系列给予玩家作为“主体”的迷惑和疑思就更多了。如果只是顺着游戏的指引玩下去，可能会很容易地觉得宫崎英高的游戏不存在所谓的“剧情”，玩家扮演的只是一个要完成既定任务的“工具人”。作为一款纯粹的“游戏”，击败所有敌人，体验到杀戮和战胜敌人的快感是这款游戏唯一的情感体验。但实际情况绝非如此，否则“魂学研究”不可能进行得如此如火如荼。我们所能知道的是，宫崎英高是先做游戏的玩法，后编写游戏的世界观和剧情的，因此他并非是事先画好了事无巨细的图纸后，再按部就班地搭建游戏世界，相反是在游戏世界根据玩法需要逐步完成之后，才开始在其中填充碎片化的文本和情节叙事的。因此真正投入的“魂”系列玩家实际上并不是把自己全部的代入感放在所操作的这位“不死人”身上的，无数玩家玩多周目、甚至十周目，固然是为了更好的装备、武器，更好的网络PK体验，但同样也是为了做一名“魂”系列的地理学家和历史学家，通过散落各地的尸体、废墟、道具上的文字说明、NPC语焉不详的台词，拼凑出这个世界的前因后果。在纯粹游戏论的范畴内，宫崎英高和横尾太郎等人，仿佛又将游戏这样的新媒介带回了纸面文本的狂欢场域。

在这个过程中，在文本的狂欢场中，在信息等于一切的状态中，玩家逐渐不再在乎“人性”，不再在乎自己的“活尸化”，“化身”对玩家的身体意义已经折损到零，玩家也逐渐开始因为技术和装备的强大开始摆脱或者躲开死亡。多周目游戏意味着之前游戏所有的剧情叙事都被抛弃了，玩家之前对于死亡的追求历程也不再重要，逐渐掌握了世界确定性的玩家，开始以一种机械化的“全知上帝”的心态重新在“魂”系列游戏中驰骋：在一个死亡作为唯一确定性的地方，玩家在与死亡的共存和交互中逐渐战胜了死亡。

这又成为了另一个维度的吊诡，或者根本是“魂”系列内在的本质张力：我们是如何先验地设定“不死”，从而以此为一种确定性来介入到主体和世界的交互图景之中的？我们借此所获得的现象学合法性是不是一个空中楼阁呢？这种“反向”的死亡辩证法蕴含的难道不是一种“超越”和“战胜”死亡的矛盾性张力吗？借助对于“不死”的阐述，借助对超越死亡尝试的到达，再回头阐释死亡的确定性和必要性的“魂”系列游戏，恰好是一种“后人类”对“前人类”挽歌场景的书写。宫崎英高在不了解死亡的现实下提前把死亡当作一种工具和确定性反复把玩，也就是说人类提前预测了自己对死亡的胜利，然后站在胜利的宴席上“愧疚”地歌颂失败者，畅谈对于失败者的感恩与喜爱。

凯瑟琳·海勒（N. Katherine Hayles）在《我们何以成为后人类：文学、信息科学和控制论中的虚拟身体》（*How We Became Posthuman: Virtual Bodies in Cybernetics, Literature, and Informatics*）中说，如果算上我们对于“计算”或者是“语言阐释”的长久性坚持，我们其实从来都是后人类，实际意义上文艺复兴以来对于“人类”本体论的建构是短暂的，也很快就被当代社会所消解。相较于力图“拟真”和“沉浸”的、试图把玩家作为绝对主体来构建，其实是在制造一种数字资本主义幻觉的主流电子游戏，“魂”系列透过中世纪奇幻风格的外表，透过继承经典电子游戏传统的外壳，才更加指向一种对玩家身体存在的不屑一顾，指向某种对主体性的彻底取消。系列以“死亡”作为唯一确定性的同时，也从逻辑上将“不死”“永生”同样立为一种确定性，从而指向真正的“后人类”图景。

在战胜死亡的停滞了的世界里，将死亡作为孜孜追求的无上美丽，将自我毁灭和真正确定的死亡作为拯救和世界重生的解药，可能正是“后人类”世界到来后的人类日常。就像在无限的死亡和复活的轮回往复中，终于有一次打败了古达，得以摆脱轮回继续游戏那样，对“后人类”的期待和反思，可能也应该是寻觅能够打破“死亡／不死”这一确定性循环的一瞬——所谓的弥赛亚时刻。

尾声
“神话修辞术的必要性与界限”

我们对现实的把握是不稳定的，凭借这点无疑可以推度我们目前的异化状况：我们不停地在对象与对象的揭秘（揭露其神话制造过程）之间漂浮不定，没能力赋予其总体性。因为我们若是渗透到对象中去，我们就解放了它，同时也破坏了它……看来我们在一段特定的时间里要遭受指责，说我们总是过度地谈论现实。这或许是因为意识形态主义和它的相反者仍然在铸造幻觉的行径，因社会阶层的断裂而引出的令人恐怖、缺乏理智、蛊惑人心的行径。

——罗兰·巴特《神话修辞术的必要性与界限》，屠友祥译

罗兰·巴特在21世纪：知识分子、赛博与写作

刊发于2020年2月20日

蒂菲娜·萨莫瓦（Tiphaine Samoyault）在她2015年纪念罗兰·巴特诞辰一百周年出版的《罗兰·巴特传》里感叹："'巴特与福柯'这四个音节便用来指一个时代，指法兰西思想的一种光辉，指社会科学的更新，指理论可以产生'重要姓名'和'重要人物'的时刻。今天，人们不止一次地感叹再也没有大思想家了。"此类感叹在中国并不陌生，知识界几乎无时无刻不在慨叹"最后一个知识分子"的风骨逝去，以及那个知识界掌控话语权的时代不复再临。这是知识分子作为阶层的自哀自怜还是主体生长的必然需要？不得而知，但这引发的更加值得提出的问题是，那些曾经呼风唤雨的一代思想家们，在21世纪除了发挥基础性的启蒙作用之外，还有没有其他被记住的意义？

1980年被一辆洗衣车撞倒后猝然离世的罗兰·巴特，几乎一生都与启蒙无关。任何写作20世纪下半叶法兰西风云诡谲的著作，几乎都会遗忘这个遇见风暴远走摩洛哥的“沙龙知识分子”，甚至有人不怀好意地指出巴特在被车撞倒前，出席的即是法国前总统密特朗组织的午餐会。他似乎过时了——他是英美文化圈钦点的法式优雅文化最后的代言人，如果你需要为文章增添一丝鹅肝酱似的风雅，你就尽情没头没尾地引用一句罗兰·巴特；他的符号学和叙事学已经无人问津，符号学分析已经被当作古董和文字游戏，只供本科生瞻仰戏仿；就连法国人如今都大多把他当作一个蒙田继承者、杂文随笔家，他每天在花神咖啡馆和地下同性酒吧之间游走的八卦更惹人眼球。

当一个知识分子在启蒙思想上付出毕生精力时，他的光辉还会时刻被团团星星之火引燃——可这个结交了福柯、德勒兹、阿尔都塞等“斗士”却向来远离一切政治活动的“中性”人，从来不会出现在21世纪任何有关启蒙和觉醒的网络文字中。一个远离街道，藏身书斋，理论已经陈旧，创作晦涩难懂的“高雅知识分子”对21世纪的我们还有什么用呢？当我们似乎总能为某位学人或是艺术品找到其“当代性”的时候，我们是否思考过这种“当代性”是必然与其相关的吗？我们究竟是在寻找一个思想家的当代意义，还是在保护思想家、甚至在保护知识共同体的某种不用自证的权力与威严？

在这些前提之下，罗兰·巴特与21世纪的讨论才不是陈词滥调。

公共知识分子的消亡？

罗兰·巴特毫无疑问是具有社会影响力的“公共知识分子”。依靠《神话学》写作社会时事成名，也并非隐居大学阁楼的学院派，《恋人絮语》(*Fragments d'un discours amoureux*) 卖出了畅销小说的销量，文化艺术领域的新事件发生后第一时间有记者约稿采访，电视节目和电影中也都能看到他的身影，出入于各大沙龙结交社会名流 …… 当然，他对政治和社会公共事务不感兴趣，但这并不影响他成为媒体大众关注的重要思想家。一种社会默契是：巴特只关注自己熟悉的事物，而他的博学已经足够令人惊叹。一个段子是：给巴特吃一块牛排，他就能写出一篇牛排的符号学论文。

公共知识分子这一概念的生成与学者的专业性密切相关.学者在自身专业领域进行前沿探索的同时，肩负将本专业关切社会生活的知识普及给大众的社会责任。这一行为也是互惠互利的：媒介大众得到专业性的指导意见，学者获得自己、乃至整个专业的声名提升。当然，媒体不可能彻底了解当代学术复杂而坚固的学科壁垒，学者发声必然存在“跨专业”状况，这与20世纪下半叶的法国理论界轰轰烈烈的跨学科运动恰好一拍即合——运用结构主义理论方法和学科普遍的文科转向，任何领域的话题都可以被纳入到文学理论体系之中。晚年的巴特不聊政治是因为他对现时政治彻底的绝望与漠视，而并非身处专业之外无法表述。

但是这种跨学科热潮足以长久吗？结构主义退潮的速度令人惊讶，“法国理论”在当代的冷清也有目共睹。人们从根本上发现了跨学科热潮深层次的破坏性，因为其反复操演的永远是同一套方法论，是介入的行为而不是被介入的学科本身。所有学科的本体发展都建立在建构、规训和自我分化上，而跨学科力量本质是对其建筑地基的质疑和颠覆。学科必须反拨这种对自身学科语言的符号学化和对其学科建构的解构行为，也就是说，在现代社会还处于进步和发展阶段时，反现代、后现代的反思力量是过早的，其目前的颠覆性指向的是破坏而不是革命。在这点上，巴特的公共知识分子身份显得特殊起来。这个一手塑造了结构主义文学批评方法而又迅速将其抛弃的弄潮儿在公共话题上的严谨和恪守专业令人惊讶——虽然看起来他是在将一切话题都归结到语言问题上，但他接下来的确心无旁骛，只谈语言。

这在当代舆论环境里是少见的。尽管学科壁垒重新提高了，公共知识分子与媒体的合作不再容易，但是媒体依然要求能对自己专业之外的事物发表普遍看法的“通才”型知识分子的存在。单纯讨论自己熟悉领域的知识分子并不具备“公共性”，他们的结论也没有大范围传播的必要。当今的传播态势似乎指向了一种生成语法，即媒体采访知识分子并不再是为了诉诸权威或者笃求专业（媒体已经对其采访对象有了足够的心理预设，做好了对象对此话题并不熟悉的准备），而仅仅是一种固定作业模式的流水线生产。面对众声鼎沸的社会议题，媒体的采访对象里必然要有几个著名的教授级人物，他们的专业可能并不重要，重要的在于其社会权威和声誉。实际上，在大多数情况下，处于学科壁垒之外的知识分子们很难迅速得出具备专业性的创见，往往不得不跟随媒体提供的“主流”判断。然而他们一旦发声，就可有力地证实“主流”的正确，甚至可以借助其超越新闻语法的修辞与文采，达成“主流”本不具备的共情效果，从而掩盖这一“主流”本身的霸权性。

在这样的模式下，媒体和知识分子都在讨论“公共知识分子”的消亡。媒体意识到“通才”越来越难得，专业性的参考意见越发难以获取，与知识界建立的顾问关系逐渐沦为意见的同义反复，与其说寻找“公共知识分子”不如说是在寻找意见相似的同路人。而面对大多数复杂的社会公共议题，专业之外的知识分子则意识到他们沦为了一种文字或者是大众情绪的玩物，甚至要开始考虑自身观点的大众性和方向性来以求自保。但是媒体与知识界的这一合作模式也已经过时了。这一范式的前提是媒体能够综合处理各方意见并完善地呈现给公众，然而在实际运行中，大多数资本和权力控制下的媒体自然而然地将自己的工作转变为选择出“一个声音”并将之鼓吹为主流。当媒体引用学者的话语时，是希望获得专业意见还是希望获得符合报道基调的答案？当学者面对传媒时，他究竟能不能在已经无法做到专业性的情况下承担起“选择一种意见”的责任？

我们对“正确”结果的渴求最终吞噬了我们达到“正确”的过程。

此时，罗兰·巴特的最后的“公共知识分子”身份就在原始前提下显示出某种未来性：他其实代表了“公共知识分子”模式早期的健康态势，即媒体和知识界的专业性合作，以及知识分子对学科壁垒在反抗前提下的尊重，而这种态势又似乎是这个“公共知识分子消亡”的时代所亟需的回归式方案——有两种可能，要么严守知识分子在专业前提之下的“公共性”，要么依靠知识分子本身过人的能力与责任感来超越严酷的学科壁垒。后者是巴特毕生在理论上的尝试，然而前者却是巴特在日常生活中的现状。21世纪，我们也许需要呼吁一些罗兰·巴特式的对跨界异常谨慎的思想家，尽管他曾经以破坏一切壁垒的“通才”形象进入“公共知识分子”的序列；21世纪，我们同样需要呼吁一些罗兰·巴特式的敢于跨界打破学科壁垒的思想家，因为专业性在当代既是积极的福音，同时也是少数的暴政。

赛博艺术：我们都还不够罗兰·巴特

本年度的奥斯卡获奖影片《1917》虽然在题材上是一部老生常谈的一战电影，但是从某种意义上说，这部电影唯一陈旧的只有题材。贯穿全片的第一、第三人称视角切换的长镜头将2个小时的电影变成了主机电子游戏的一个关卡，每个观众都变成了紧握手柄的玩家，于是，一种对于现实环境强烈的浸没复制感反而造成了后现代式的反面效果：玩家亲身参与的强大自我吞噬了依靠浸没感塑造的真实性，战争的残酷与紧张被转码为游戏过关的任务性激励。实际上，这种电影和电子游戏融合的超媒介指向一种失去人类传统感知和情绪的“新人类”，这就像我们已经习惯不再作为故事的参与者在游戏中体验情节，而是轻盈地走到游戏中的角色身边，从他们身上掏出信件或者身份信息，碎片式的脑补发生在开放世界广大舞台上的多元生态。21世纪的艺术媒介变革显然基于网络赛博空间走向互动性和多元格式的“影像”，这一切拜计算机科学的发展所赐，也同样来源于普鲁斯特开始文学创作者所创造的文字迷宫：巴特将其敏锐地规定为“文本间性”或“互文性”。

有一种说法是，20世纪90年代计算机领域的“超文本”理论学家们寻找到巴特作为理论支持的深层次缘由，其实是新兴学科为获取主体性认证与话语权从而请求法国理论为之背书。巴特的“互文性”在他自己的理论著作和追随者的实验里也证实了印刷纸面文字在阐释这一理论上的无能。的确，网络技术和视频拍摄技术的发展促使“互文性”从文本介质提升到影像介质的存在，并使其成为当代艺术的基本存在形式。但同时，一个应该被提出的问题是，现在的艺术（这里指的是流行艺术而不仅仅是美术馆的先锋艺术）足够罗兰·巴特了吗？巴特在条件所限，只能借助纸张和印刷的情况下所创造的文本场自由奇迹，在当代我们轻松超越了吗？

这个答案也许是否定的。

事实是，不仅在创作还是接受上，赛博艺术在这个赛博时代都还未达到主流。随着商业化和消费主义的无孔不入，流行艺术全面后退和停滞到“讲好一个故事”的程度，上个世纪的古典审美在21世纪席卷重来，巴特在《写作的零度》（*Le degré zéro de l'écriture*）里阐释的资产阶级古典现实主义审美大行其道。流行艺术后退的潮流是和后现代理论在学术体系内的退潮同步的，对叙事模式进行颠覆的行为在长篇累牍的电视剧集里几乎绝迹，在电影行业也屈从于成本限制，在戏剧界则被当作异端遭到猎巫，唯独可以在电子游戏里做些许尝试：至今真正将碎片化叙事和可能世界理论运用到大众层面的，只有主机游戏领域。但是，这并不仅仅是观众的“后退”，在呼唤大众尽快面向当代的同时，我们应该意识到这也是创作者的中庸和贫乏所致。除了情节悬念，我们再没有第二种可以吸引主体的方式了吗？进而言之，我们所有的创作逻辑都被禁锢在了因果关系和时间顺序之上了吗？我们可以调动起欣赏主体除了传统的戏剧“净化”观之外的投入方式吗？

正如“文本间性”一词来源于“主体间性”的概念，当代去中心化的网络赛博艺术需要更加关注的，也许不仅是巴特让人一眼得见的拆解、拼贴和断裂，而是隐藏其中用以聚合或联合的形式所表现的“影像性”，从而推动主体从可读进入可写。巴特的“互文场域”成立的根本在于“文本的愉悦”，迷宫般的寻找过程伴随着身体性的极乐快感，而我们的赛博艺术创作有时却只创造了庞大的场域，错失了真正让主体进入和探索的驱动力。互文性的存在是为了创造无限的可能，而不是限制于只作为“第二种”路径的存在——哪怕再大、再丰富、再浸没的影像环境，在去中心化的同时要是失去了主体得以投入意向性的期待，那么这种文本场的存在都只是“无人之境”而已。

创意写作：艺术还是学术？

巴特被不少英美的创意写作从业者奉为先驱。他创造了一种结合学术理论和文学创作的新式文体，这种文体将传统“随笔”（essay）中说理和抒情结合的单一结构转换为理论建构与叙事单元组合的多元结构——尽管巴特多次重申他所追求的“零度写作”“白色写作”是一种超越人性意识范畴因而不可能存在的乌托邦，但他的写作还是尽量控制直接的情绪内容，任何的抒情都必须与追问这种抒情是否在本体论上成立的形而上学研究融合在一起，就像他在哀悼母亲去世时留下的“摄影现象学”和“哀恸的情动理论”。如苏珊·桑塔格（Susan Sontag）和茱莉亚·克里斯蒂娃（Julia Kristeva）都提到的那样，巴特的文体中暗含着一种“明晰”。

从巴特的著作中可以看到他文风发展的轨迹：《写作的零度》《神话学》时期是严肃规整的议论文体，逻辑清晰说理通畅，在具体章节字句上多有修饰，一如他所阐释和批判的资产阶级古典写作；以《符号学原理》（*Éléments de sémiologie*）、《叙事结构分析导论》(*Introduction à l'analyse structurale du récit*)、《流行体系》(*Systeme De La Mode*)为代表的结构主义时期则是仿照理科论文的数理逻辑式写作，擅长分类，考虑周全，刻意躲避文学性的显露;《符号帝国》(*L'Empire des signes*)、《罗兰·巴特自述》(*Roland Barthes*)、《恋人絮语》则是随笔卡片性质的片断化写作，追求日本俳句既"虚无"又多元的"意义"，构建了整体性和不固定路径共存的互文场；而到了巴特晚年的《明室》(*La chambre claire: note sur la photographie*)以及他试图创作的小说《新生》(*Vita Nova*)，则慢慢"返璞归真"成为平易的说理性文字，理论性并没有降低而是更与语言的叙事性和修辞性相融合。但无论哪个时期，就如同巴特始终未能完成他的毕业论文，他永远拒绝只存在一种单独规格的固定文体，拒绝当时法国的学院派，甚至是全世界的知识共同体一致接受的这种大学话语式的"学术文体"。

所以，某种自法国理论风行之后，以诸多理论大词所构建的，被索卡尔(Alan Sokal)以"量子力学论文"所嘲讽的"后现代学术文体"与巴特无关，他尤其对此类"话语砖块"所组成的"套路"(doxa)式文本深恶痛绝。而这种文体的产生固然来自后现代理论跨越学科壁垒的文学转向尝试，实际上却是后现代思潮被学术体制驯化收服的产物——因为实际上此类文本在结构上未曾有任何改动，其显著的差异仅是对原有词汇进行能指层面的刻意更新。

那么，那些试图在对“后现代学术文本”进行批判的同时附带对巴特等人的理论性批判的行为是值得警醒的，因为这模糊了大学话语式的“学术文体”本身的僵化现状，造成了外界对“学术文体”和后现代理论文本之间的理解断裂。巴特的文本之所以无法被学术体制接受绝非因为其文体的“晦涩难懂”，而根本是因为其理论的非建构性。

那么，回到“创意写作”的根本问题上来：创意写作是在文学创作范畴内部的一种新式创作方法的探索，还是对学术理论文本和文学创作文本之间边界的探索？这样的争议甚至制造了欧美大学体系内两种截然不同的创意写作教学体系，也影响着巴特在“创意写作”领域中究竟起到何种作用。实际上，因为学术共同体的强大力量，前者已经无形中成为世界和中国“创意写作”教育的主流，甚至在中国，这一专业某种意义上就是为了填补“中文系不培养作家”的遗憾，但如果仅仅将“创意写作”限制于此，这种教育显然就会沦为单纯的文体学习和应用，实践性将取代其本身的理论先锋性。

将巴特作为“创意写作”的先驱指向彻底的针对大学话语的破坏性，它呼唤的是理论结构与语言结构的共振，拒绝将语言仅仅作为单一的表义工具，因为准确客观虽然是学术文体引以自傲的科学主义武器，但同时也是将语言刻板萎缩为平面符号系统的权力操演。实际上，这意味着巴特一项重要的事业曾经因为法国理论的退潮而被遗忘，但21世纪的我们则必须面对，那就是必须彻底解决学术共同体理论的先锋性与语言结构的陈旧性之间无法通约的根本矛盾。认为“法西斯式”的语言权力帝国不会限制思想和理论的活跃性和反抗性是荒谬的，这一层面的“创意写作”的目标，即是创造一种符合当代理论结构和思想进程的全新文体。它必须是清晰可读和多元可写这两大特征的共存，这也与赛博时代的艺术创作产生共鸣 —— 未来的学术理论研究需要崭新的媒介形式，不仅仅用于传播，更要运用于本体创造。

巴特这样理解他所处的时代：“马克思曾认为，就像古代的人民都靠想象在神话中经历了他们的史前时代一样，德意志人靠思考在哲理中经历了我们的后历史时代。我们是现在时的哲理同代人，而不是它的历史同代人。同样，我只是我自己的现在时的想象的同代人：与他的言语活动同代，与他的玄想同代，与他的系统同代（也就是说与他的虚构同代），一句话，与他的神话或与他的哲理同代，而不是与他的历史同代。”（［法］罗兰·巴尔特，著. 怀宇，译. 罗兰·巴尔特自述［M］. 北京：中国人民大学出版社，2010，第73页）

我们应该如何梳理一个思想家所处的时代，以及他给予后世、给予当代的思想遗产？眼光必须是当代，甚至面向未来的。如罗兰·巴特这样几乎等于一个时代的“法国理论的最后一位大师”，他的当代价值不应该仅限于对资产阶级运转逻辑进行揭露的《神话学》，也不应当仅限于一名“沙龙知识分子”而被塑造成高雅文化和逝去时代的代言人，更不仅仅是如格拉汉姆·艾伦（Graham Allen）所说，代表着学术研究应当不断拓展思维的“多重范例”。

巴特有他过时的理论，有他躲避抗争的行为，但他所能给我们提供的方法论层面的警醒是预言性的。他自身被欧美文化“神话”为空虚的“大师”符号的事实，本身即是我们应对各类现代“神话”的隐喻，他的“中性”是一种斗争的策略而不应该被理解为失败和妥协，因为他在风暴过去的澄明海岸依然坚持亮起明灯。在巴特的旗帜下，21世纪还有无数的问题亟待挑战，还有无数权力机制需要变革。无论是大众传媒、流行文化还是理论进展，我们不能永远停留和满足于启蒙叙事和随之而来的二元对立——

如安迪·斯塔福德（Andy Stafford）所说，既然马克思曾说“我不是一个马克思主义者”，巴特也没有单一的“巴特特性”，我们也时刻不满足于只生活在当代。

图书在版编目(CIP)数据

现代神话修辞术/孔德罡 著. -- 桂林：漓江出版社，
2023.1
ISBN 978-7-5407-9347-0

Ⅰ. ①现… Ⅱ. ①孔… Ⅲ. ①神话—中国—文集
Ⅳ. ①B932.2-53

中国版本图书馆CIP数据核字(2022)第216449号

现代神话修辞术
XIANDAI SHENHUA XIUCISHU

作　　者：孔德罡

出 版 人：刘迪才
品牌监制：彭毅文
责任编辑：彭毅文
助理编辑：张心宇
书籍设计：余　音
责任监印：陈娅妮

出版发行：漓江出版社有限公司
社　　址：广西桂林市南环路22号
邮政编码：541002
发行电话：010-85891290 / 0773-2582200
邮购热线：0773-2582200
网　　址：www.lijiangbooks.com
微信公众号：lijiangpress

印　　制：北京盛通印刷股份有限公司
开　　本：787 mm×1092 mm　1/32
印　　张：14.5
字　　数：255千字
版　　次：2023年7月第1版
印　　次：2023年7月第1版
书　　号：ISBN 978-7-5407-9347-0
定　　价：58.00元

胭砚计划：

《现代神话修辞术》，孔德罡著
《给年轻读者的日本亚文化论》，[日]宇野常宽著，刘凯译
《皮扎尼克：最后的天真》，[阿根廷]塞萨尔·艾拉著，汪天艾、李佳钟译
《科塔萨尔：我们共同的国度》，[乌拉圭]克里斯蒂娜·佩里·罗西著，黄韵颐译
《巴罗哈：命运岔口的抉择》，[西班牙]爱德华多·门多萨著，卜珊译
《少年世界史·近代》，陆大鹏著
《少年世界史·古代》，陆大鹏著
《男孩的心与身——13岁之前你要知道的事情》，[日]山形照惠著，张传宇译
《噢，孩子们——千禧一代家庭史》，王洪喆主编
《同盟的真相：美国如何秘密统治日本》，[日]矢部宏治著，沙青青译
《回放》，叶三著
《大欢喜：论语章句评唱》，李永晶著
《多情的不安》，[智利]特蕾莎·威尔姆斯·蒙特著，李佳钟译
《在大理石的沉默中》，[智利]特蕾莎·威尔姆斯·蒙特著，李佳钟译
《〈李白〉及其他诗歌》，[墨]何塞·胡安·塔布拉达著，张礼骏译
《珠唾集》，[西]拉蒙·戈麦斯·德拉·塞尔纳著，范晔译
《雪岭逐鹿：爱尔兰传奇》，邱方哲著
《青春燃烧：日本动漫与战后左翼运动》，徐靖著
《自我的幻觉术》，汪天艾著
《阿尔塔索尔》，[智利]比森特·维多夫罗著，李佳钟译
《海东五百年：朝鲜王朝(1392—1910)兴衰史》，丁晨楠著
《昭和风，平成雨：当代日本的过去与现在》，沙青青著
《送你一颗子弹》，刘瑜著
《平成史讲义》，[日]吉见俊哉编著，奚伶译
《平成史》，[日]保阪正康著，黄立俊译
《看得见的与看不见的》，[法]弗雷德里克·巴斯夏著，于海燕译
《群山自黄金》，[阿根廷]莱奥波尔多·卢贡内斯著，张礼骏译
《诗人的迟缓》，范晔著
《亲爱的老爱尔兰》，邱方哲著
《故事新编》，刘以鬯著
《国家根本与皇帝世仆——清代旗人的法律地位》，鹿智钧著
《父母等恩：〈孝慈录〉与明代母服的理念及其实践》，萧琪著
《说吧，医生1》，吕洛衿著
《说吧，医生2》，吕洛衿著
《摩登中华：从帝国到民国》，贾葭著
《一茶，猫与四季》，[日]小林一茶著，吴菲译
《暴走军国：近代日本的战争记忆》，沙青青著
《天命与剑：帝制时代的合法性焦虑》，张明扬著
《古寺巡礼》，[日]和辻哲郎著，谭仁岸译
《造物》，[日]平凡社编，何晓毅译